Think COMMUNITY《シンク・コミュニティ》

MASTERING COMMUNITY: The Surprising Ways Coming Together Moves Us from Surviving to Thriving

「つながり」こそ最強の生存戦略である

クリスティーン・ポラス　早野依子 訳

Christine Porath

PHP

MASTERING COMMUNITY
The Surprising Ways Coming Together Moves Us
from Surviving to Thriving
by Christine Porath

「マイティ」なポラス家のみんなへ
マイク、サラ、アナベル、アイザック、ヘンリー、そしてノア

Think COMMUNITY「つながり」こそ最強の生存戦略である

contents

第2部

チャレンジ――それはあなたから始まる

＊ウブントゥとは、ズールー語で、「他者への思いやり」や「皆があっての私」といった意味。

※本文中の番号のある注は、下記URLを参照ください。
https://www.php.co.jp/books/dl/pdf/9784569853475.pdf

イントロダクション

深い愛と帰属意識は、全ての男性、女性、そして子供が求めてやまないものです。私たちは生物学的にも、認知面、身体面、精神面においても、愛し、愛され、所属するようにできています。これらの欲求が満たされないと、私たちは本来の機能を果たせなくなります。壊れて、バラバラになってしまうのです。そして麻痺《まひ》し、痛み、他人を傷つけ、病気になります。

――ブレネー・ブラウン

私たちは、つながりを切望しながら、断絶しています。自分がコミュニティの中ではなく、プラットフォームの中にいることを感じているのです。昔ながらのコミュニティの源泉の多くは涸《か》れてしまっています。近所に住む子供たち同士が集まることはあっても、大人は違います。多くの人が教会に行かなくなりました。そして、職場に足を運ぶ人も少なくなっています。職場の未来と、職場で感じていたコミュニティの感覚は、まさに危険にさらされているのです。

帰属意識を持ちたいと深く願っているにもかかわらず、私たちの多くはチームの一員であると感じること（あるいはチームを見つけること！）がなかなかできずにいます。傍観者として、立ち往生しています。その時間が長ければ長いほど、辛《つら》さは増します。自信は失われ、意志は弱まり、孤独感は増す。そして弱体化し、壊れ、麻痺してしまいます。

しかしそんなふうになる必要はないのです。私たちは、ただ共に生存するだけの関係から、共に繁栄する関係へと進むことができます。その方法を教えてくれたのは、私の家族でした。

2008年、弟のマイクと彼の妻のサラは、人生を一変させる最悪の日を迎えました。朝、医師から、生まれてくる子供には腎臓とその他の臓器が欠けている可能性があると告げられたのです。その午後、さらに彼らを打ちのめす知らせがもたらされました。2歳の娘アナベルは、珍しい染色体異常（dup15q）であり、精神が5歳児以上に発達しない可能性が高いというのです。

迷い、恐れ、孤独を感じたマイクは、グーグルを開きました。「聞いたこともないような非常に稀《まれ》な病気を突きつけられ、私はただ戸惑いました」と彼は言います。「こういう子供をどのように育てたらいいのか見当もつきませんでした」。ネットで見つけた情報は、ほとんどが役に立ちませんでした。しかし、彼はあるPDFファイルをクリックします。そこには、自閉症、一日に30～40回の発作、その他の障害を負う子供を持つ親たちの、6つの体験談が載っており、ABCニュース、NBCニュース、ニューヨーク・タイムズでジャーナリストとして活躍してきたマイクが、これまで読んだ中で最も心揺さぶられる物語でした。喜びとユーモアがあり、希望が感じられたのです。この親たちが障害に対処し、その過程で喜びすら見出《みいだ》すことができたのなら、自分と妻も同じことができるかもしれない……。

さらにマイクとサラは、親としての別の難題を克服し、希望を持つようになりました。通常、子供は人差し指と親指を使って食べ物などをつまむ〝挟《はさ》みつかみ〟をします。アナベルはこの挟みつかみがうまくできず、彼女の大好きなものもつまめませんでした。マイクとサラは、セラピストや医師、小児科の専門家などに相談しました。しかし何も解決しなかったので、マイクは再びグーグルに頼ったのです。掲示板に挟みつかみの質問を投稿したところ、dup15q の子供を持つ母親が解決策を返信してくれました。マイクとサラは彼女の指示に従い、靴下に人差し指用と親指用の小さな穴を２つ開け、その手袋型靴下を彼女の右手にはめました。左手には普通の靴下をはめて、両手を使って物をつかむズルができないようにしました。毎日、食事の時間になると、両親は嫌がるアナベルに手袋型靴下を装着し、美味《おい》しそうなブルーベリーを食卓のトレーにのせました。すると1カ月もしないうちに、アナベルはなんなく挟みつかみができるようになったのです。

マイクは、医療的な解決策は時にシンプルであり、専門的な知識よりも生活の経験を反映して最善の策がもたらされることもあることに気づきました。そして家族や友人も素晴らしいけれど、健康問題に直面している人々には仲間が必要だということにも。彼らに必要なのは孤立した掲示板で質問することではなく、ネットワーク、生身のコミュニティ、冷静に討論できる適切な場なのです。

そこでマイクは、医師、介護士、研究者、患者など、様々な人が親密かつ気楽に集《つど》い、質問をしたり、サポートを求めたりできるディナーパーティーの開催を思いつきました。やがて、このディナーパーティーは、グローバルネットワークのような、より大きな、継続的なものへと変化していくだろう。そうしたネットワークは、世界的な広がりとインパクトを与える可能性を秘めている。うまくいけば、これからの医療の青写真が描けるかもしれないと思ったのです。

2014年、マイクとサラは、病気や障害に直面する人々をつなぐデジタルメディア企業「ザ・マイティ」を立ち上げました。以来、数十人の小さな集まりだったマイティは、世界最大の、最も熱心なヘルスケア・コミュニティへと成長しました。マイティは数百万ドルのベンチャーキャピタルを集め、現在では300万人以上の会員が78の異なる言語でアドバイスを交換し、サポートを行っています。

2019年、対面でのミーティングを求める会員の声を受け、マイティは1000を超える非デジタルミーティングを企画しました。マイティのストーリーは毎月1億回以上閲覧《えつらん》され、コミュニティから会員に送られるメールは2000万通を超えます。多くの会員が他の会員に質問を投稿しており、ポルトガルのある男性は双極性障害について質問したところ、翌日にはアフリカの発展途上国を含む15カ国の人々からフィードバックがあったそうです。

近年、我が子が絶望的な診断を受けた日のマイクのように、孤独と断絶を感じている人が増えています。私たちの社会は、伝統的なコミュニティが持つ安心感、サポート、温かみを失い、分断と軋轢《あつれき》は増す一方です。

ある調査によると、1985年にアメリカ人が回答した〝親しい他人〟の数はわずか3人でした。2004年には1人にまで減り、25パーセント以上のアメリカ人が「個人的な問題を共有できる人がいない」と答えています。その結果、私たちの幸福度は低下しました。

米国の非営利医療保険連合ブルークロス・ブルーシールド協会の4100万件の健康記録データによれば、2013年から2016年にかけて、うつ病は33パーセント増加したそうです。[※1] 米国疾病《しっぺい》予防管理センターによると、アメリカにおける自殺の割合は1999年から2016年の間に28パーセント増加しています。

また、孤立はビジネスのパフォーマンスを低下させます。同僚のトニー・シュワルツと私は、世界中の様々な業界や組織に属する2万人以上の人々に、仕事と生活の質についてアンケートをとりました。

私たちは、「仕事において、より満足感を得て、より生産性を上げることを阻《はば》むものは何ですか?」と、問いました。

このアンケートは『ハーバード・ビジネス・レビュー』に掲載され（その後「ハフポスト」にも掲載され、ごく一部から回答を得ました）、その結果を『ハーバード・ビジネス・レビュー』とニューヨーク・タイムズ上で公表しました。

私たちの調査によると、65パーセントの人が職場でコミュニティの感覚を得ていないことが明らかになりました。別の調査では、76パーセントの人が職場のチームメイトとつながりを持つことが困難だと報告しています。[※2] 40パーセント以上が職場で身体的・精神的な孤立を感じています。[※3] 孤独感が強い人ほど、仕事への満足度が低く、昇進回数が少なく、転職回数が多く、今後6カ月以内に現在の仕事を辞める可能性が高いと報告されています。[※4] また、孤独感が強い従業員ほど、仕事の質が下がる傾

向があります。[※5]

米国公衆衛生局長官ヴィヴェック・マーシーが説明するように、「仕事において、孤独は作業のパフォーマンスを低下させ、創造性を抑制し、推論や意思決定など実行機能面に悪影響を及ぼします。私たちの健康と仕事のためには、孤独の蔓延《まんえん》に迅速に対処することが不可欠なのです」[※6]。

職場でコミュニティ意識を持つと、仕事への取り組み方が74パーセント向上し、81パーセントの確率で組織に留まることがわかりました。また仕事における充実感、そして活気に満ち、生き生きとし、成長しているという感覚が83パーセント上昇しています。グレッチェン・スプライツァーと私は、様々な業界の6つの組織を調査し、職場で充実感を得ている人は16パーセント業績が上回っていることを明らかにしました（上司からの報告による）[※7]。彼らはまた疲労による体調不良も少ないことから、欠勤したり、医師にかかる回数も少ないので、その結果、医療費は大幅に削減され、会社にとっても時間のロスが減りました。

この研究は、私にとって非常に個人的な意味を持つものです。私は自分自身、そして他の人々も、コミュニティや帰属意識を感じることによって、生き延びたり、成長したりすることができるのだと痛感させられる経験をしました。この世にはコミュニティが存在しないどころか、有害であるとさえ思える職場があります。そのような職場は、活力を与えてくれるようなつながりを与えてくれるどころか、活力を奪うような人間関係によって私たちから生命を奪い、精神を吸い上げるのです。私は今でも、オハイオ州のクリーブランド郊外の病室で、胸に電極をつけられた屈強な父の姿を目にしたときのことを鮮明に覚えています。何が父をそんな状況に追いやったのでしょう？　それは、２人の有害な上司による仕事上のストレスでした。

当時は、父の経験が我が家の習わしになるとは思ってもみませんでした。その数年後、大学を卒業したばかりの私は、念願のグローバルアスレチックブランドのスポーツアカデミーの立ち上げに携わることになりました。しかし不運なことに、私が飛び込んだのは、いじめや不作法など、あらゆる非礼がはびこる野蛮な職場だったのです。それ以来、私はコミュニティを体現する場所で働く喜びと、コミュニティがない場所で働く失望とフラストレーションの両方を経験してきました。このような経験から、私は職場文化について、また、従業員や組織を成長させるためにリーダーがどのように協力できるかを研究するようになりました。

◎繁栄するコミュニティを作る

私は、コミュニティとは、互いの幸福に配慮し合う個人の集まりであると定義しています。チームや仲間というと比較的少人数のコミュニティと考えられがちですが、私はチームや仲間を集めて大きなコミュニティを作る人をコミュニティのリーダーと呼んでいます。コミュニティやチームや仲間は、家族、学校、礼拝所、自治体など至る所にあります。そこには得てして義務や責任が伴い、メンバーはアイデア、興味、距離の近さ（たとえリモートであろうと）など、様々なことを共有することができますが、特徴的なのはお互いを思いやる気持ちです。コミュニティやチームや仲間は主観的なものであり、人々の間に存在する絆《きずな》を反映するものなのです。

残念ながら、マイティのようなコミュニティに根ざした組織は、今日《こんにち》のビジネスシーンではまだ稀《け》有《う》な存在です。組織は相変わらず、コミュニティの価値を過小評価しています。彼らが重視するのは、従業員の愛社精神、定着率、使い道といった要素です。コミュニティを最初に構築すれば、これらが後からついてくるという考えがないのです。帰属意識やつながりを求める気持ちは、自律性、有能感と共に、人間の3つの基本的心理欲求のうちの1つです。この3つのうち、「つながり」が最も重要であることは議論の余地がありません。※8

私は、マイクのようなコミュニティファーストのビジネスを、みんなで作っていければと思っています。そのために、私はマイティのような組織を何百と調査することで、成功するコミュニティの根底にある力学を明らかにし、より多くのコミュニティを作る手助けができるように努めています。私は、新興企業、「フォーチュン500」の大手企業、病院、非営利団体、学校、大学、スポーツチーム、宗教団体、政府機関、そして地域自治会、各種業界団体、リーダーシップ協会、コーチング協会、学生団体など、6大陸にあるほぼ全ての業界と種類の組織で、数十万人にインタビューと調査をしてきました。そして、世界中の多様なコミュニティでコンサルティングを行う中で、企業やリーダーが最善のコミュニティを構築するために、次のような方法があることがわかってきました。

- 情報を共有する
- 人を解き放つ
- 尊重し合える環境を作る
- 率直さを実践する
- 意義を与える

・メンバーの幸福度を高める

本書の第1部では、これらの特徴を順番に説明し、従業員の能力を最大限に引き出すコミュニティ作りに、それぞれがどう役立つかを考えていきます。このセクションは、繁栄する職場作りを目指すリーダーやマネージャー、そして職場でより有効かつ影響力のある人材になろうとする全ての人のための実践的なガイドとなればと思っています。もちろん、組織を率いていないからといって、自分自身を含む全ての人のためのより良い組織作りができないということはありません。実際、私の研究では、重要なのはコミュニティであり、一人ひとりの優しさ、思いやり、尊敬が仲間の間にポジティブな力学を生み出す上で大きな力を持つことが確認されています。小さな行動を積み重ねることで、コミュニティを強くし、組織を高めることができるのです。

第2部では、私たち一人ひとりが最善の自分を発揮することでコミュニティに貢献できるということを解説していきます。ここでは、自己認識、運動、栄養、回復、マインドセットなどの基本を探っています。筋肉は、私たちの身体システムに「希望分子」を送り込む薬局のようなもので、孤独や孤立を癒やす力を与えてくれますが、それは私たちが立ち上がって動けばこそ、です。睡眠不足は心身の不調のみならず、孤独感にも拍車をかけます。睡眠不足のせいで社会に反発するようになると、人間関係はこじれ、誤解が生まれます。自分の精神状態と、あらゆる意味で自分自身に何を与えているかを意識するようにしましょう。

私たちが消費するソーシャルメディア、音楽、その他のエンターテインメントは、自分自身だけでなく、私生活および仕事上のコミュニティの人々にも影響を与えます。これらの情報源やソーシャルネットワークから摂取したものは、私たちの気分やメンタルヘルスを左右します。そして私たちが抱える不安、うつ病、ストレスは周囲に伝わってしまうのです。[※9]

実際、あなたの体の中には、37兆個以上の細胞からなる、ダイナミックで複雑なトライブ（集合体・部族）が存在します。自分に問いかけてみて下さい。私と私の中の複雑な生態系は繁栄しているのか、それとも単に生存しているだけなのか？　生存することに甘んじてはいけません。繁栄に向けて少しずつ歩み始めましょう。私が10年かけて蓄積した、様々な業界や役割にいる何万人もの従業員から得たデータは、私たちの大半が単に生存しているに過ぎないということを示しています。内なる集合体、つまり自分の体をうまく管理できている人は10パーセント未満で、許容範囲にいるのは25パーセントだけです。40パーセントの人は体にかなりの負担をかけながら働いており、25パーセント近くが本格的な危機に陥っています。合計すれば、65パーセントが危険領域であることになります。

内なる集団を尊重して大切にすることを奨励し、自らその模範となったときこそ、リーダーは真価を発揮します。リーダーが従業員に対して、より持続可能な働き方を強く奨励し、自らも持続可能な働き方の手本を示した場合、従業員の愛社精神は55パーセント、集中力は53パーセント向上し、会社に留まる可能性も飛躍的に向上します。リーダーやマネージャーが、人が成長するカルチャーを作れば、従業員はより幸せで健康で充実した生活を送れるようになり、ひいてはコミュニティに貢献し、その価値を高めるようになるのです。

今日《こんにち》、あまりにも多くの人たちが、私の弟のマイクが（かつて）そうだったように、断絶され、苦しんでいます。私たちの社会は、分裂しているのではなく、壊れているのです。今こそ基本に立ち返り、人と人とのつながりを優先するときです。私たちはひとりでいるようにはできていないのです。コミュニティは、困難な状況にある人々を支え、楽しい時間をより良いものにするのに役立ちます。

この本に書かれているパワフルな物語や研究が、あなた自身が繁栄するトライブを作る上でのインスピレーションとなり、力を与えてくれることを願っています。組織とそのリーダーには、つながりを強化するグループを作り出す力があります。そして、そのようなグループの中で能力を最大限に引き出された人々が、さらなるチームやコミュニティを向上させていくのです。

本書を活用することで、あなたの部下だけでなく、社会全体の個人や組織に利益をもたらす波及効果を引き起こすことができるでしょう。

第 1 部

繁栄するコミュニティを築く

第1章

団結する

部下を解放することができなければ、
彼らの潜在能力を解放することもできない。

――ブレネー・ブラウン

シカゴ・ブルズ〈全米プロバスケットボール協会〈NBA〉のチーム〉を6度の優勝に導いたフィル・ジャクソン監督は、その後ロサンゼルス・レイカーズの監督に就任してからも、自らの記録に迫る5度の優勝を達成しました。伝説の監督である彼は、ニューヨーク・ニックスでの選手時代にも2度のリーグ制覇を成し遂げています。しかしジャクソンが際立っているのは、その並外れた能力やスキルを超えた何かであると語るのは、かつてジャクソン監督の下でプレーし、彼の記録に迫った数少ない人物の一人であるスティーブ・カーです。カーはゴールデンステート・ウォリアーズのヘッドコーチとして3度、選手として5度――そのうち3度はジャクソン監督指揮下のシカゴ・ブルズで――、通算8度の優勝を経験しています。彼曰《いわ》く、ジャクソンの監督としての成功は、選手たちにコミュニティの一員であるという意識を持たせたことと大いに関連していました。彼らは一つにまとまった、互いに支え合うコミュニティであり、単なるスポーツチームを超えた、絆《きずな》で結ばれた兄弟だったのです。

カーがシカゴ・ブルズでプレーしていた頃、選手たちの一日はいつもジャクソンのフィルムルームから始まりました（ここで自分たちや相手チームのビデオを見るのです）。この部屋は、木製の矢、煙草《たばこ》入れ、クマの爪で作られたネックレス、フクロウの羽根、クレージー・ホースの物語を描いた絵、そしてスー族の伝承で最も聖なる動物とされているホワイト・バッファローのふくらはぎなどで飾られていました。[※1]こうしたネイティブ・アメリカンの工芸品は装飾品として美しいだけではなく、選手たちにあるメッセージを伝えるためのものであったと、カーは言います。

「ジャクソンは、私たちのことを部族（トライブ）と呼び、私たちも自分たちが部族であると感じていました。チームのミーティングというよりは、集会のような雰囲気で、そこから会話が生まれていくのです。それはオフェンスかディフェンスのどちらでいくかといった内容ではなく、私たちはただコミュニケーションを取っていたのです[※2]」

ジャクソンがネイティブ・アメリカンの部族とその文化に初めて触れたのは、サウスダコタ州のパインリッジ居留地でした。6年連続で行われていたバスケットボール教室のために、ニューヨーク・ニックスのチームメイト、ビル・ブラッドリーと共に訪れたのです。ラコタ・スー族の慣習に感銘を受けた彼は、彼らの価値観を自らの指導法に取り入れ、遂《つい》にはラコタ族の正式な儀式で「スウィフト・イーグル」という名前まで授けられました。ジャクソンはネイティブ・アメリカンの文化に関する自らの知識を整理し、毎シーズン、神聖なる探究に重点的に取り組むという考え方を選手たちに伝授しました。[※3] そしてラコタ族と同様に、シカゴ・ブルズも聖なる儀式を実践しました。試合の前、彼らは毎回手を合わせてチームのかけ声を唱え、自分たちが追い求める神聖なる目標を呼び覚ましました。それがつまり、4度目の優勝です。

ジャクソンの下で6シーズンプレーしたB・J・アームストロングは、選手たちに対するジャクソンの取り組みの中心にあったのは、自分たちに「仲間意識」を与えることであったと語っています。これは、ジャクソンの監督としての他の専門知識と同様、彼らにとっては重要なものでした。

「我々は集団として共に呼吸し、同じ空間を共有し、コートでバスケをする以外の何かを見つけようとしていました。この〝スピリチュアルなもの〟が、コミュニティとしての動きを我々にもたらしたのです[※4]」

それぞれがチームの一員であり、役割があると感じさせることこそが、ジャクソンの戦略の核であり、彼がトライアングル・オフェンスに頑《かたく》なまでにこだわった理由もそこにありました。これは、全員一丸となって考え、動くことが求められるオフェンスです。とりわけジャクソンがこのトライアングル・オフェンスに惹《ひ》かれたのは、これがチームの全員に力を与え、集団にとって必要なことのために個々の欲求を抑えることを求める点でした。

当時チームには、NBA史上最高とも言えるスター選手マイケル・ジョーダンがいたことを踏まえると、これは驚くべき選択だったかもしれません。大抵の監督は、ジョーダン一人に頼るオフェンスを考案するでしょう（実際、それ以前の監督はそうしていました）。しかしジャクソンは、ブルズをジョーダンに固執したワンマンチームではなく、ボールを他の選手にも回すことで、全員が自分の貢献度を感じられるチームにしたかったのです。

ブルズでプレーしていた頃、カーはトライアングル・オフェンスを「チームワークと接続性という哲学の一部」と捉えていました。「ブルズにいるときには、そのことを肌で感じていました。あのときほど、選手としての自分の重要性を感じたことはありません[※5]」。

ジャクソンはチームワークが要求され、かつ報われるカルチャーを築き上げました。そこでは、全員がチームの重要な一員であることを実感しているのです。これは、スター選手やスターティングメンバーではないロールプレイヤーにも当てはまりました。ベンチの隅に座っている選手でも自分の存在意義を感じられたおかげで、集中力を切らすことなく、出番があればいつでもプレーする準備ができていたのです。選手のジョン・サリーはこう言っています。「このチームでは、12番目の選手でも自分の価値を感じることができた[※6]」。自らの存在意義と帰属意識の実感が、全員の潜在能力を解放したのです。

未《いま》だ破られていないジャクソンの監督としての優勝記録は、彼の勝利へのこだわりをはっきりと示していますが、彼はチームを結びつける共通の精神にもこだわり、勝つことだけが全てではないと理解していました。１９９０年、ブルズのスター選手の一人スコッティ・ピッペンの父親が亡くなりました。彼はプレーオフの1試合を欠場し、戻ってきた後も不調でした。ジャクソンは、チームがスコッティの喪失感を理解し、支えることが重要だと考え、選手たちにスコッティを囲んで祈りを唱えるよう促しました。当時、ＮＢＡでこのように親愛の情を示すシーンは稀《まれ》であり、「スコッティの心が動いたのは明らかだった」とジャクソンは語っています。チームメイトたちに鼓舞されたスコッティは、その夜29得点を挙げるという大活躍をし、ブルズはプレーオフでフィラデルフィア・セブンティシクサーズを下したのです。[※7]

しかし次のシリーズの最終第7戦で、ストレスがスコッティに牙《きば》を剝《む》きました。偏頭痛に襲われた彼は物が二重に見えるようになり、まともにプレーすることができなくなってしまいます。結局チームは敗北し、一部のメディアはスコッティを糾弾しましたが、自身もガッカリしているはずのジャクソンはスコッティを擁護しました。それはチームメイトも同じで、彼らは一丸となってスコッティを庇《かば》ったのです。ジャクソン曰く、こうした思いやりと友情こそ、優勝チームを生み出す種なのです。[※8]

コーチとしての経験を綴《つづ》った著作の一つ『シカゴ・ブルズ 勝利への意識革命』（PHP研究所）（バスケットボールのリングと、生命の輪を指すネイティブ・アメリカンの比喩「実在するものの輪」の両方をかけています[※9]）で、ジャクソンは「コミュニティと思いやりを捨てるという危険な代償を支払った勝者に報いる」ことを重視する社会を非難しています。彼はそんなやり方を変えたいと考えました。全員が互いに助け合い、一人が勝利の重圧を背負い込む必要のない、支え合う環境を作ろうとしたのです。彼は、部族が「親密な感情を高め、犯すことのできない神聖な何かに関わっているのだという感覚を持つこと[※10]」を目指しました。

その親密な感情と信頼関係を築くために、ジャクソンは日課であるフィルムルームでのミーティングを、バスケットボール以外の話題に関する各自の意見交換の場として用いました。「監督によっては、地獄のような海兵隊式のトレーニングを課すことで、選手同士の絆を強めようとします」と彼は書いていています。「それは、せいぜい短期的な解決策でしかありません。本音での意見交換を土台にすれば、より深く、より長続きする結びつきが生まれるのです」。

この意見交換の場において彼が重視した議題の一つが、倫理観についてでした。毎シーズン、12人の出場登録選手を選抜した後、ジャクソンは「十戒」の現代語訳を配付し、議論を活性化するために、選手の一人にその一部を朗読させました。「あるとき、チームの飛行機に銃を持ち込んだ者がいることが発覚した後には、銃について激しい議論が交わされました」と彼は書いています。選手の中には護身のために銃が必要だと考える者もいましたが、彼は瞬間の怒りに身を任せて引き金を引くことの危険性について考えてみろと反論しました。「ブルズの面々は、悲劇的な事故が起こる前に、そのことを学ぶ必要がありました[※11]」。

率直な会話を交わし、自らの考えや気持ちを進んで明らかにしたことから、選手の間には深い信頼関係が築けました。「シーズンの終わりには、ミーティングのときに泣き出す者たちさえいました」とカーは言います。「一緒に飲みに行くようになった者たちもいて、本当に信じがたい経験でした。ジャクソン自身も弱い部分を見せ、コミュニケーションと信頼のカルチャーを築くことで、そうした環境が整っていったのです[※12]」。

選手たちが安心して弱さや本音を互いにさらけ出せる場所である、支え合うコミュニティ、および部族を作るためにジャクソンが行ったことは全て、彼らが成功を手にするためには必要不可欠でした。そして選手にコミュニティを感じさせるために彼がしたことの多くは、あらゆる種類の組織に適用できます。

この章では、シカゴ・ブルズ、シスコ・システムズ、クリーブランド・クリニック、スパンクス、そしてグーグルX（現X）といった多種多様な組織が、どのようにして人々の潜在能力を解き放つ環境を生み出したか、そしてそれをどのように応用できるかを説明します。

患者同士の経験の共有：健康への宇宙船

「共同医療予約（SMA）」は未来の医療かもしれません。これは読んで字のごとく、従来の1対1の診察の代わりに、複数の患者が直接、またはバーチャルで一人の医師と面談するというものです。集団医療の創始者と言われてきたジェフリー・ゲラー博士が集団医療を始めたのは、彼がまだ医学生だった1997年で、その頃はまだ実践している人はほとんどいませんでした。研修医1年目だったゲラー博士は、そうした集団が秘めているパワーを感じ取ったのです。

研修医として患者の治療に当たるうちに、彼はある疑問を抱きます。病気になったとき、回復力が強い患者がいる一方で、完全に打ちのめされてしまう患者がいるのはなぜなのだろう？　調査をしてみた彼は、孤独な人がそうでない人に比べ、医療相談所を利用する頻度は4～6倍、緊急治療室を利用する頻度は2～3倍多いことを発見しました。つまり、孤独は医学的な問題なのだと彼は考えたのです。

研究への助成金を獲得した彼は、私的にグループワークを行っていた患者の一人を参考にして、糖尿病に取り組むための2つのグループを作り、マサチューセッツの医療サービスが不足している地域を中心に活動。グループワークに力を入れてきたゲラー博士は、グループワークは孤独の問題に対する解毒剤であると考えたのです。彼のこの発見は、デジタルメディア企業「ザ・マイティ」を立ち上げた後の、私の弟マイクが気づいたことと通じています。マイティの傘下《さんか》にある組織は、個々の健康上のニーズに対処するために生まれましたが、さらに孤立という社会の根本的な問題の解決にもなっていました。

ゲラー博士はグループの患者たちにどう接するかを説明する中で、最初の訪問では親密な関係を築くことが最優先されると語ります。なぜ彼らがこのグループに来たのか、今彼らの人生にのしかかっている健康上の問題に対処する必要がなかったら、一番やりたいことは何かを尋ねるのです。

最近開催された糖尿病のグループでは、あるメンバーが「糖尿病のせいで何度もトイレに行かなくちゃいけないのが本当に厄介《やっかい》です。そのせいで、家族がいるニューヨークにも行けません。長時間バスに座っていられないんです」と発言したそうです。こうした問題提起がされると、大抵グループの誰かが「こうしたらどう？　これは試した？　食生活を変えてみたら？」などと解決策を提示します。これらのやり取りが、人々を結びつけるのです。[※13]

その後、この手法は根を下ろし、多くの組織や施設に広がっていきました。１９９９年にクリーブランド・クリニックにＳＭＡプログラムを発足させたマリアンヌ・スメゴ博士は、以来その発展を見続けてきました。クリーブランド・クリニックの機能性医学センターで行われる通常のＳＭＡでは、同じ疾患を抱えた患者10～12人からなるグループに、看護師、栄養士、ヘルスコーチ、アドバンスト・プラクティショナー（上級看護師）、または話し合われる特定の症状に最も役立つ分野の専門家などが、進行役として一人付きます。

まず医師が、患者の一人と話して病状に関する情報を聞き出し、対処法の計画を立てます。それが終わったら次の患者にも同じことを行い、全員と話をして、皆が質問するチャンスを与えられるようにします。全20回のセッションのうち、14回を医師とヘルスコーチが、6回を食事療法士が担当します。このプロセスの中で、患者たちは医師からだけでなく、お互いからも学ぶことができ、同じ問題に取り組む仲間がいることを実感できます。スメゴ博士曰く、SMAは1対1の診察が苦手な患者に、楽な気持ちで支え合える環境を提供しているのです。

スメゴ博士は、SMAが1対1の診察より有効であることを物語る、ある患者の話をしてくれました。その女性の家系には代々結腸がんの既往歴があったのですが、本人は結腸内視鏡検査を受けることを長年拒《こば》んでいました。スメゴ博士が何度勧めても、彼女は頑なに首を縦に振らなかったのです。その後、この患者はスメゴ博士が主宰するSMAに参加し、自分が結腸内視鏡検査を拒んでいることをグループに話しました。するとメンバーの一人が、具体的に何が怖いのかと尋ね、結腸内視鏡検査の重要性をわかっていない彼女に、自分の体験談を話し出したのです。

実はこの女性も、ずっと結腸内視鏡検査を拒み続けていたのですが、ようやく受けた結果、がんが見つかったという経験をしていました。幸いにも早期発見だったために、彼女は治療を受け、今ではすっかり回復していました。彼女は頑なになっているこの女性に、検査を受けたほうがいいと励まし、どんなふうに乗り越えていけばいいかを説明しました。それを聞いた女性は、長年スメゴ博士が勧めてきた検査を遂に受けたのです。

スメゴ博士が言うように、患者はコミュニティに加わることで孤独感を覚えずにすみ、同じ問題を抱えた人々の経験談を聞くことができます。患者たちは互いに「大丈夫、あなたならできる。私ができたんだから、あなただってハードルを越えられる」と声を掛け合います。それは医師から言われるより、ずっと本人の心に響くのです。同じ問題を抱えている人たちが他にもいることに気づいたＳＭＡの患者たちは、互いに学び、励まし、力づけ、奮闘を讃《たた》え合います。同調圧力はグループの原動力の一部でもあり、医師の勧めより効果的であることは、スメゴ博士の患者のエピソードからも窺《うかが》えます。

ベストセラー作家であり、ウルトラウェルネス・センターの創設者兼ディレクター、およびクリーブランド・クリニック機能性医学センター所長のマーク・ハイマン博士によれば、医療への共同アプローチはヘルスケアに革命を起こす可能性を秘めています。特にハイマン博士の専門である機能性医学の分野の問題に取り組む上で非常に有効です。機能性医学は、慢性疾患の治療や管理を、医療を通じて行うと同時に、行動や生活様式、特に栄養の分野に取り組みます。

機能性医学が取り扱うのは心臓発作から糖尿病、自己免疫疾患から肥満、喘息《ぜんそく》から様々な依存症、関節炎から慢性疼痛《とうつう》と多岐にわたります。２０２０年の時点で、アメリカの人口の半数が慢性疾患を抱えており、25パーセントが２つ以上の疾患を抱えています。慢性疾患はアメリカ人の死因第１位であり、２０５５年までには慢性疾患にかかる国費は95兆ドルに上ると試算されています。[※14]

クリーブランド・クリニックに勤務して20年以上になる、ハイマン博士の同僚タウニー・ジョーンズは、現在、機能性医学センターの事務長を務めています。センターが患者を受け入れるようになって以降、その需要は高まる一方で、現在は最長18カ月待ちの状態となっています。この状況に対処するために、ジョーンズは「ファンクショニング・フォー・ライフ」プログラムを考案しました。これは、SMAの対象となる疾患に取り組むための10週間のプログラムを提供するもので、患者はここから自分に合ったものを選ぶことができます。現在提供されているプログラムは、次の疾患に重点を置いています。

•自己免疫疾患：全身性エリテマトーデスや乾癬《かんせん》などの症状を含む
•糖尿病、メタボリックシンドローム、境界型糖尿病
•女性の健康問題：更年期、多嚢胞《たのうほう》性卵巣症候群（PCOS）、月経前症候群（PMS）などの症状を含む
•炎症性腸疾患（IBD）、過敏性腸症候群（IBS）、胃食道逆流症（GERD）などの消化器疾患／逆流症などの胃腸関連の問題
•体重管理
•疼痛管理――慢性偏頭痛、変形性関節症、線維筋痛症、軽度の腰痛

患者は毎週、医師やフィジシャンアシスタント（医師の監督下で手術や薬剤の処方などの医療行為を行う専門職）、ナース・プラクティショナー（簡単な医師の仕事をする資格を持つ登録看護師）、食事療法士、ヘルスコーチ、そして行動健康療法士など、機能性医学を提供する様々な分野の人々からなるチームと話し合いをします。また10週間を通じて、ケアチームのメンバーによる個別のサポートや継続的なコミュニケーションを取ることができます。

ジョーンズによれば、患者は1対1の診察よりも、このSMAプログラムのほうを3分の1から3

分の２高く評価しているそうです。患者の40パーセントがメンタルおよび肉体の健康面において、臨床的に有意義に変化しており、驚くべき短期間での成果です。10週間のコースを完遂した患者の割合は80パーセントに上り、ジョーンズ曰く、これは〝衝撃的に〟高い数値です。その原因の一端は、セッションで患者同士が構築した人間関係、そしてそこから彼らが多くを学んだことにあるとジョーンズは推測します。患者の多くは最終的に、１対１の診察のときには話すことを考えもしなかった自分の詳細な経験談を明かしています。つまり、ジョーンズの言葉を借りれば「健康になるのはチームスポーツ」なのです。10週間が終わる頃には、彼らは自分の体調を自己管理するために必要なことを全て学んでいます。それは食生活、栄養不足が身体に及ぼす影響、ストレス管理、リラックス方法、健康的な睡眠、運動の重要性などに関する情報です。

この親密なグループの形は患者をより開放的にします。みんなで集まり、お互いに気心が知れてくると、彼らは医師との１対１の面談のときよりも進んで自分のことを語るようになります。そうやって体験談を共有すればするほど、彼らは多くを学び、自己管理についての理解を深めていきます。ジョーンズによれば、患者は自分の持つ力の使い方がわからないことが多く、そうした人たちは他の人の力を借りる必要があるそうです。それでも「プログラムが中盤に差しかかる頃には、彼らは自分の声を見つけ、力を得て、孤独感は薄れていきます……そして前へ進もうと互いに励まし合うのです」[※15]。彼女はこれを「浄化作用」と呼びます。「患者はこのグループで、自分がひとりではないことを実感するのです」。

ハイマン博士とタウニー・ジョーンズは揃って、成功例としてある女性の体験談を挙げます。65歳の彼女は糖尿病、脂肪肝、うっ血性心不全、腎不全を患《わずら》っており、心臓と腎臓の移植も必要でした。彼女は子供の頃からずっとジャンクフードを食べ続けており、家族も同様でした。ジョーンズは言います。

「しかしプログラム開始から数週間後には、糖分とデンプンを抑えたアンチインフラマトリー・ダイエット（抗炎症作用が期待できる栄養素を多く摂《と》ることで体内の免疫力を高め、炎症を抑えようというもの）のおかげで数値が正常になり、体重は3カ月で43ポンド（約20キログラム）減少しました。1年後には、彼女はこのプログラムの信奉者となっていました。体重は116ポンド（約53キログラム）減り、症状は全て改善しました。現在、彼女は投薬を一切受けておらず、そのおかげで年間2万ドルの医療費を節約できています」

この女性はそもそも医師との1対1の診察を望んでいましたが、順番待ちリストがあまりにも長かったのでSMAに変更したのでした。彼女にとって、グループの持つ力、仲間から食事や自己管理について学ぶ経験は、人生を変える出来事となりました。ジョーンズが言うように、「グループの中で魔法が起こった[※16]」のです。ジョーンズは、参加者が心を開き、包み隠さずに話をすることで、繁栄するコミュニティが生まれる様を幾度となく見てきました。彼女はこのグループへの参加を、人々の健康のための宇宙船と捉えています。

機能性医学センターのグループ形式の成功を受けて、クリーブランド・クリニックの他の科でもグループ形式を取り入れるようになり、その効果が確認されています。2002年から2004年にかけて、述べ385件だったクリーブランド・クリニックのグループ療法の予約数は、2019年だけで3万5000件という驚くべき数に上っています。

また、SMAを取り入れる科の多様さにも目を見張るものがあります。現在、クリーブランド・クリニックには260種類もの共同医療のグループが存在します。例えば、クリーブランド・クリニックのマイノリティ・メンズ・ヘルス・センターは機能性医学センターと提携し、男性5〜6人が健康や性的機能不全の問題について率直に話し合う場となっています。創設者であり、前ディレクターのチャールズ・モドリン博士は「こうした問題は、羞恥心《しゅうちしん》が邪魔をして奥さんや医師にはなかなか話せません」と言います。しかしグループでは、そうした不安を「振り払うことができるのです」。彼らは非常に強い絆を築き、中には「グループとは別に会い、何年も支え合う人たちもいます」。

クリーブランド・クリニックのSMAの患者たちは、たとえ当初は参加を躊躇《ちゆうちよ》しても、1回目の共同コンサルタントを受けると納得します。クリーブランド・クリニックのSMAに参加した患者の85〜90パーセントの患者が、次回もグループ形式での診療を予約します。[※17] そして、クリーブランド・クリニックのチーフPX（ペイシェント・エクスペリエンス）オフィサー（最高患者体験責任者）であるアドリエンヌ・ボアシーによれば、彼らは「ファンクショニング・フォー・ライフ」プログラムを受けた患者と同様、SMAを従来の診察よりも2〜3倍高く評価しているそうです。

患者たちはSMAでの体験に満足しているだけでなく、著しい成果も上げています。機能性医学の患者2455人を対象にしたクリーブランド・クリニックの調査では、SMAプログラムを受けた患者は個別診療を受けた患者に比べて、（3カ月で）肉体的にも精神的にも遥かに健康になり、体重も減少したことが明らかになっています。また医療費も、SMAは個別診療に比べて低く抑えられていました[※18]。

SMAで元気になっていく患者を目《ま》の当たりにした医師たちは、往々にして自身もこのプログラムの信奉者になります。マーク・ハイマン博士とタウニー・ジョーンズの2人は、当初戸惑っていた医師たちも、今では理解を見せていると言います。それは彼らの患者の状態が改善したからだけではなく、このプログラムが彼らの現場での経験を変えたからです。ハイマン博士は、SMAは医師のプレッシャーを軽減し、医療行為をより楽しいものにすると語ります。「あなた方が患者とつながり、語り合い、向き合い、笑い合っていることを嬉しく思います。SMAはあなた方を疲弊させるものではなく、むしろ医療への愛を蘇《よみがえ》らせる、双方向の人間関係なのです[※19]」。

別の医師からはこんな報告があります。「SMAのおかげで、私はより創意工夫をして患者の要求に応えるようになりました。時には、患者自身が解決策を示してくれることもあります。彼らはよく、糖尿病と付き合う上での試練や困難を克服するために、実に賢いアイデアを思いつくのです。つまり、私自身の意識が変わったことはもちろんですが、優れたヒントやアイデアを得ることもできました。個別診療しかしていなかったら、気づかなかったことがたくさんあります[※20]」。

クリーブランド・クリニックは、他の組織や地域のグループと提携して、この共有体験の手法を紹介しています。例えば、その地元では、30以上の教会で教会員たちの健康を向上させるための6週間プログラムを提供しており、投薬治療からの脱却や体重減少といった成果を上げています。一部の教会は、健康になることの重要性を礼拝で説いているほどです。

SMAが提供するコミュニティの感覚は、最も強力で希望を与える特徴の一つです。ハイマン博士が言うように「みんなつながりを渇望《かつぼう》しているのです[※21]」。だからこそ、ゲラー博士とハイマン博士のグループのメンバーたちの多くが、グループそのものが解散して数年、さらには数十年経っても、未だに交流を続けているのでしょう。

ヘルスケアへの需要が高まり、医師の数が減っている現状を踏まえると、SMAは患者と医師双方にとって革新的な流れになり得るかもしれません。ゲラー博士、ハイマン博士、スメゴ博士、タウニー・ジョーンズ、そして私の弟マイクが目の当たりにしたように、グループは患者にとって重要です。それは、患者がそこから情報を得られるからというだけではなく、メンバー同士の交流が孤立という根本的な問題を解決するからです。互いに支え合っていることを実感し、帰属意識を持つことは、健康上の問題に直面した際の回復力を生み出します。そして、SMAにおいてこうしたコミュニティの絆がバーチャルな環境にもうまく移行していることから、この種の医療行為の将来性は有望と言えるでしょう。

シスコのコンシャス・カルチャー

シスコ・システムズの企業文化は20年以上もの間、高評価を維持してきました。1998年以降、『フォーチュン』誌で発表されている「働きがいのある会社ベスト100」に、毎年ランクインしている数少ない企業の一つなのです。もちろん、これは見事な快挙です。しかしもっと見事なのは、6000人の従業員が解雇された激動の時期にも、ランクインし続けたことです[※22]。その後、シスコにはさらなる波乱が訪れます。２０１５年にチャック・ロビンスがＣＥＯに就任してからの３年間で、シスコはそれまでの30年を上回る変革を経験しました。ロビンスは、ハードウェアを主軸とした事業から、ソフトウェアを基盤とした事業へと舵《かじ》を切ったのです。

これだけの大規模な変化は、企業の根底を揺さぶります。従業員の士気が下がってもおかしくありませんし、実際、幾多の企業がプレッシャーに沈んでいきました。しかし、シスコは違いました。首脳陣が大なたを振るって、この巨大な多国籍企業の事業の主軸を移行しても、従業員たちは力強く成長し続けたのです。２０１９年と２０２０年に「World's Best Workplaces（世界の最高の職場）」の第１位に輝き、世界中の７万７５００人の従業員のうち、なんと95パーセントが雇用主を誇りに思っており、素晴らしい職場だと答えていることが、何よりの証拠です。

シスコの快挙の要因に、偶発的なものは何一つありません。シスコのエグゼクティブ・バイス・プレジデント兼顧問弁護士のマーク・チャンドラーは、「我々はかねてより、全ての株主、顧客、サプライヤー、そして私たちのチーム全体に対して、自分たちをこんなふうに扱ってほしいと思う態度で接するようにしてきました※23」と言います。元ＣＥＯのジョン・チェンバースは、シスコの代名詞とも言える協働的なカルチャーの構築に力を注いできました。その象徴とも言える従業員用のイニシアチブ「アワー・ピープル・ディール」がスタートしたのは彼の在任中です。

２０１４年に最高人材活用責任者に就任した勤続20年のフラン・カツオダスが、従業員から収集した情報をもとに「ピープル・ディール・マニフェスト」を書き上げました。「ピープル・ディール」は、「会社が提供するもの」と「従業員に期待すること」を明確にし、「責任の共有」を確立するものです。従業員と会社が互いに恩恵を受け合う、双方向の関係性を生み出したのです[※24]。

その後、２０１５年にＣＥＯおよび取締役会長に就任したチャック・ロビンスもこれらの価値観を踏襲し、シスコの未来はその企業文化にかかっていると強調しました[※25]。そして、変革の時期を乗り切るのに不可欠な透明性と信頼を育むために、シスコは「コンシャス・カルチャー」を確立しました。これは、何が機能していて何が機能していないか、そして会社がどのように向上していけるかを意識するカルチャーです。（現在はエグゼクティブ・バイス・プレジデント兼チーフ・ピープル・ポリシー・パーパス・オフィサーの）フラン・カツオダスによれば、コンシャス・カルチャーは「ピープル・ディール・アンバサダー」のイニシアチブだったそうです。これは、リーダーたちが捉えているシスコの姿と、実際の従業員の経験との乖離《かいり》を埋めることを目的に、２０１８年に会社全体から選出された従業員15人からなる委員会です。彼らがアンバサダーと呼ばれるのは、仲間の従業員の代表として、本人たちが言いづらい厳しいフィードバックを経営陣に届けるからです。カツオダス曰く、コンシャス・カルチャーが生み出す環境では「全員が責任を持ち、難しいことについて進んで話し合うことで、会話がどんどん自然になっていく」のだそうです。

こうした会話には得てして、差別やいじめ、ハラスメントなど様々な偏見に対する苦情が含まれます。その苦情が正当な根拠のあるものだと確認されれば、役員会に報告されます。各事案はエンプロイー・リレーションズ（企業の従業員や労働組合に対する広報活動のこと）のチームによって調査されます。深刻な申し立てがあり、必要と判断されれば、シスコ側が詳細を提供します。取締役会はこの情報をもとに、従業員が進化できる環境作りに献身的に取り組むという会社の理念を守るための決断を下すことができます。

マーク・チャンドラーは、あるエンジニアへの苦情に対処した際の話をしてくれました。そのエンジニアはオフィスのパーテーションに「ブロックチェーンズ・マター」と書かれたTシャツを貼り付けていました。当初チャンドラーは、「エンジニアとしては、面白いシャレだと思ったんだろうな」と考えたそうです。しかし黒人のスタッフと話をすることで、別の見方ができるようになったのです。彼女は言いました。「考えてみて下さい。12歳の息子に警察への対応の仕方を教えなくてはならず、いずれ息子が傷つけられるんじゃないかと毎日心配している従業員が、ブラック・ライブズ・マター運動を茶化すことをどう感じるかを。そしてそのシャレを面白いと思う人がいても、ただ知らんぷりするしかないという事態を」。この会話を経て、苦情は役員会に報告されました。カツオダスによれば、チャンドラーはこの一件を会社のミーティングで取り上げ、自分の学びの過程について説明したそうです。彼女が言うように「人は時に、自分が相手に及ぼす影響力に気づきません」。だからこそ、そうしたことを率直に話し合える環境作りが大事なのです。コンシャス・カルチャーはそれを可能にし、そこから結果以上のものを学ぶことができるのです。[※26]

カツオダスは、これまでに職場での問題行動に関連する報告が何件かあったと打ち明けてくれました。しかし彼女はそれを、従業員が懸念を表明しやすい環境にある証《あか》しだとして、前向きに捉えています。[※27]

シスコには、従業員の好き嫌いの感情を用いたフィードバック方法もあります。年に一度、業績評価を行う代わりに、毎週電子チェックイン調査を行い、従業員が自分たちの仕事、リーダー、チーム、会社の好きな点と嫌いな点に関するフィードバックをマネージャーに報告することができるのです。従業員がイヤだと思っていることについて話せるようにすることで、問題が大きくなる前に解決することが狙いです。

従業員がどのように苦しんでいるかがわかれば、リーダーは迅速に解決策や援助を提供できるかもしれません。あるいは、（個人またはチーム内にある）特定の傾向を理解できるかもしれません。また仕事の好きな点について語ることは、リーダーがスタッフの強みやスキルを生かすことができているかどうかを確認する手立てとなります。従業員が仕事を辛いと思っているなら、マネージャーが本人に合った仕事をやらせていないということかもしれません。仕事の一部だけ好きということなら、それを仕事の中心にさせるためにマネージャーには何ができるでしょう？　好き嫌いを明らかにすることでリーダーと従業員はお互いをさらに知ることができ、そこから信頼感とコミュニティの感覚が育まれます。

ある調査では、毎日のちょっとした交流が重要であり、会社に長く留まるかどうかは上司との関係が大きく左右することが示されています。カツオダスも、直属の上司であるチャック・ロビンスへの週に一度の報告書をうまく活用しました。彼女は金曜日の夜遅くに書いた報告書の中で、「今週は本当にキツくて、イヤだった」と告げました。するとロビンスは月曜日の朝8時にミーティングを設定し、彼女の不満に耳を傾けました。「彼は敏感に反応し、私のためにすぐにチェックイン・ミーティングを開いてくれました」とカツオダスは言います。

シスコのコンシャス・カルチャーは、職場以外での不安も安心して話せる場を従業員に提供することにも熱心に取り組んでいます。これが強烈な効果を発揮したのは、ケイト・スペードとアンソニー・ボーディンの自殺が起こった直後でした。

この悲劇について話し合い、いかに多くの人がメンタルヘルスの問題で悩んでいるかを改めて実感したカツオダスとロビンスは、従業員たちのことを懸念しました。ロビンスは「この瞬間、何人のシスコの従業員が、命を絶つことを考えているんだろう」と呟《つぶや》いたそうです。翌朝、ロビンスは心のこもったメモを従業員全員に送りました。それは、あなたはひとりではない、私たちはコミュニティであり、あなたの側《そば》にいる、いつでもあなたの力になるという内容でした。反響はすさまじいものでした。100通以上の返信が一斉に寄せられ、従業員たちは感謝と共に、自分や愛する人たちに関する内輪の話を打ち明けていました。

その勢いを受けて、シスコは大規模なミーティングを開催し、そこでは数人の従業員がステージで体験談を語りました。翌年の同様のミーティングでは、ある従業員は自殺をはかった友人の話をし、別の従業員は子供時代に受けた虐待の話をしました。

以降、体験談を語ることは彼らのカルチャーの確固たる一部となったとカツオダスは言います。従業員たちは、会社のウェブサイトのブログや、自らの考えや疑問や試練を共有することが奨励されているシスコ・ビートで、驚くほど率直に個人的な悩みについて語っています。

メンタルの病《やまい》といった、偏見を受けやすいデリケートな話題の沈黙を破ることで、シスコは安心して弱みを見せられる場所なのだということを従業員全体に知らしめました。そして、動画、内部および外部の支援団体のリンク、従業員の体験談などが閲覧できる内部ネットワークの「セイフ・トゥ・

トーク」コミュニティなどの援助を、従業員に提供し続けています。

シスコのリーダーたちは、メンタルヘルスの症状を察知し、チームを支えるための訓練を受けています。またシスコは、従業員たちがメンタルヘルスケアにアクセスしやすくなるように、従業員一人につき、24時間年中無休のカウンセリングを極秘で年に10回まで受けることができるようにしました。これはアメリカ以外の海外の支社でも同様です。

チャック・ロビンスは自殺を心配するメモや、心理面および仕事面での試練と向き合うために必要な援助を何万人もの従業員に提供するプログラムを通じて、会社全体の気風を作り上げました。

シスコのイニシアチブがもたらした成果、それはより強く結びついた、健全で楽しいコミュニティでした。そしてそれは成功をもたらすものでもありました。カツオダスによれば、日常的に自らの強みを活用できている従業員は、より生産的でクリエイティブであり、仕事へのエンゲージメントも6倍高いそうです。シスコはそのカルチャーの進化を測定する際、完全にエンゲージメントしている従業員の割合を基準にしています。そして、完全にエンゲージメントしている従業員の割合は、この4年間で14パーセント上昇しました。彼女は言います。「完全なエンゲージメントを生み出すために最も効果的なのが、週に一度実施するチェックインのための対話です」。

シスコはこの4年間で、600万人近くの従業員と対話を行ってきました。「そして私たちは、仕事の状況について従業員に尋ねることの大切さを学びました。自分の意見を共有する機会に恵まれなかった従業員は8・7倍の確率でシスコを離れていきます」。

恐怖心と失敗

失敗への恐怖心を排除、せめて軽減することは、人々が互いに信頼し、心理的な安心感を覚えるコミュニティを作り出す上でもう一つの鍵となります。失敗を恐れなくていいと言ってくれる会社で働いている従業員は、自由にリスクに挑むことができ、結果的にうまくいかなくても正直に報告することができます。結局のところ、進んで失敗をするこうした姿勢こそが、従業員ひいてはその会社を成功に導くのです。これは、心理的安全性（組織の中で自分の考えや気持ちを誰に対しても安心して発言できる状態のこと）について何十年も経験している私の同僚エイミー・エドモンドソンが発見したことで、サラ・ブレイクリーもきっと同意してくれるでしょう。

２０１２年に史上最年少の〝セルフメイド（自分で成功した）〟の女性ビリオネアと命名されたブレイクリーは、アメリカの補整下着会社スパンクスの創業者です。彼女は、自らの成功は失敗を恐れない精神の賜物《たまもの》であるとしています。彼女のこの姿勢は、父親から学んだものでした。幼い頃、彼女と弟は毎週父親から、今週はどんな失敗をしたかと尋ねられていました。失敗したことを挙げられないと、父親はガッカリしました。それはつまり、彼女たちが自分の能力を超えるような、自分を限界まで追い込むような何かをする勇気を持たなかったということだからです。

かくして、彼女にとって失敗とは、望むような結果を出せないことではなく、挑戦をしないことを意味するようになりました。そして本当に打ち込むべきものを見つけるまで、彼女は幾度も失敗を重ねます。LSAT（ロースクールに入学するための適性と学力を判定するためのテスト）では2回連続で思うような点数が取れず、その後7年間はファックスの訪問販売員として働きました。[※28]
失敗を成功へ至る道のりと捉えている彼女は、スパンクスで「ウップス（やらかしちゃった）・ミーティング」と呼ばれるものを始めました。ここで彼女は自分の失敗談を披露《ひろう》し、従業員にも同じことをするよう奨励します。それぞれが互いに学び合い、自分のヘマを笑い話にすることでコミュニティとして結びつくことができるこのミーティングは、安全で親密な集会場となりました。しかし、これには真面目な狙いがありました。「従業員が失敗を恐れないカルチャーを作ることができれば、彼らの生産性は上がり、もっと革新的になるでしょう」と彼女は言います。[※29]
ある「ウップス・ミーティング」で、サラは自身のやらかした瞬間について語りました。彼女はかねてより、ウォータープルーフの素材で水着を作るようアクティブウェア部門に発破《はっぱ》をかけていました。その熱意に押されるように、アクティブウェア部門は自分たちが理想どおりと考えた素材を使って商品を作り始めました。
ただ問題だったのは、サラが使われている素材そのものに注意を払っていなかったことでした。実際に出来上がってきた商品は肌触りが悪く、彼女が満足する出来ではありませんでした。当初の彼女の熱意に勢いを得ていたアクティブウェア部門は、彼女に確認しないまま、この生地を使った水着を大量に生産してしまっていました。結局彼らは、最終的には却下されることになる商品のために何カ月もの時間を無駄に費やしてしまったのです。彼女は、もっと定期的かつ頻繁《ひんぱん》に確認をしなかったのは自分の過ちであったと認めました。彼女が進捗《しんちょく》状況を確認し、生地をテストさせていれば、彼らはもっと早い時期に軌道修正できていたはずです。

一方、アクティブウェア部門も、進行途中でもっと積極的にサラに情報を提供すべきであったと学びました。彼らが猛スピードで突き進んだのは、サラがウォータープルーフで塩素耐性の商品を望んでいると思ったからでした。確かにサラはそれを望んでいたのですが、彼らが使っている生地ではなかったのです。しかし彼女がそれに気づいたのは、実際に生地に触れた後でした。その時点で製作プロセスはかなり進んでおり、結局いくつかの重大な延期をせざるを得なくなりました。

サラは「ウップス・ミーティング」で従業員たちに、自分が何かを提案したら、いつでも好きなときに自分のところへ来て、その意図を正しく理解できているかを確認してほしいとはっきりと告げました。彼女はコンセプトが気に入ったからといって、品質の悪い製品を世に出すつもりはありませんでした。商品開発の段階で、もっと情報の共有や活発な会話があるべきだったのです。失敗作について率直に語り、その責任を自ら負うことで、彼女はチーム内に心理的安全性をもたらしました。そうやって、従業員の発展と能力向上には欠かせない相互の信頼と尊敬を生み出したのです。[※30]

失敗は成功への必要なステップだと主張する人は他にもいます。X（旧グーグルX）を統括するアストロ・テラーです。製品を作ることよりも、イノベーションを体系化するカルチャーを作るほうに興味があると語るテラーは、自らをXのカルチャー・エンジニアと称します。彼は、失敗を受け入れることが社会の常識となり、皆の心理に浸透して初めて、真のイノベーションが可能になると考えています。そこから、過ちを認めてもらえることに対する深い心理的安全性が生まれるのです。

仕事をより良いものにするために、トップビジネス、人的資源、研究者、ソートリーダー（あらゆる分野における第一人者）などを招集して人材発掘と共同研究を推進するグーグルのリワーク・ミーティングで、テラーは私たちに、なぜ大胆なプロジェクトを推進する上で失敗を受け入れることが必須なのかを説明してくれました。

グーグルの「ムーンショット・ファクトリー（革新的プロトタイプ製造工場）」として誕生したXのウェブサイトで公表されているように、ムーンショット的な思考とは、実行不可能に見えるけれど、もし実行できれば、人類の未来を変えるような何かを追求することです。Xが目指すのは、①世界中の数百万、さらには数十億の人々に影響を及ぼしている問題を特定する。②その問題に対して、急進的で荒唐無稽《こうとうむけい》とも思える解決策を提示する。そして、③その解決策の実現のために突破口となる技術を開発する、ということです。そうした過程から生まれたムーンショット的な成果には、巨大利益事業になりつつある自動運転車や、数十億の人々を高速インターネットでつなげる可能性を持つ、風船を動力にしたインターネット計画「ルーン」などがあります。

彼らが断念したムーンショット・プロジェクトの中には、装着時の格好の悪さが揶揄《やゆ》された眼鏡タイプのウェアラブル端末グーグルグラス、実行可能ではあったものの、価格の面でガソリンと張り合えなかった海水由来のクリーン燃料のほかに、空中風力発電機があります。この試みは、まったく新しい風力エネルギー技術を生み出すことを目指したものでしたが、Xと親会社のアルファベットは、支援を続けるにはあまりに長期的すぎるプロジェクトだと判断したのでした。

うまくいかないものもある――これがムーンショット・プロジェクトの代償です。しかし、チームが野心的なプロジェクトに取り組むことを奨励し、その失敗を許すことで、真に素晴らしい結果へとつながっていくのです。テラーの、突拍子もない創造性を解き放つための10のヒントの中に「失敗を学びと捉える」が入っているのはそのためです[※31]。

Xのチームメンバーはイノベーションの特殊部隊です。Xのプロジェクトは高いリスクを伴うことから、壁にぶつかったり、予備検査で結果が出なかったり、大切なプロトタイプが役に立たないという結論に至ったりすることは想定内です。これは避けられない事態であり、時に数千万ドル、さらには数億ドルをプロジェクトに投資するXは大規模な出費を強《し》いられることになります。リスクが高ければ高いほど、失敗を恐れる気持ちは大きくなります。ここで不可欠になってくるのが、プロジェクト開始時にチームで設定するデータポイントなどのマイルストーンです。定められた期間内にマイルストーンに達しなければ、そのプロジェクトから撤退すべきというサインになります。

テラーは自分のチームに、失敗を大っぴら、かつ率直に認めるよう求めています。これは、そう簡単にできることではありません。大半の人は、子供の頃から失敗をしないように教え込まれているからです。しかし、失敗をしないということは、リスクを取らないということを意味します。そしてテラーが求めているのはリスクを取ることであり、これこそ彼の会社のDNAなのです。彼は言います。「Xでは画期的なアイデアとはテクノロジーではなく、従業員を指します。人間を型にはまった楽な場所へと退避させる強烈な力を乗り越えることができるカルチャーや組織を作ることなのです[※32]」。

テラーはこのカルチャーを作り上げるために、上出来ではあるものの最上ではないと気づいたプロジェクトから撤退するチームを、賞賛することにしているそうです。2週間おきにムーンショット・ファクトリーのホールで開催されるXの全社会議では、そうしたシーンが頻繁にあります。グーグル本社から半マイルほど離れた、カリフォルニア州マウンテンビューにあるこのホールは、天井が高く、コンクリートと鋼鉄が剝き出しになった工場風の広々とした空間で、会社の中心となる斬新なデザインのアトリウムです。

ここで、プロジェクトを断念することを決めたチームは、会社全体にその理由と、自分たちが何を学んだかを発表します。するとテラーは彼らをステージに上がらせ、彼らは失敗を認めたことで、ここにいる誰よりもイノベーションを前進させることに貢献したのだと従業員全員に告げます。そして、この敗北したチームの面々にボーナスを与え、さらには休暇を取って少し骨休めをするよう勧めることもあります。それは彼らに、次に何をするかを考えてほしいからです。別のチームで進行中のプロジェクトを発展させてもいいし、新しいプロジェクトを始めてもかまいません。それは彼ら次第です。

Xのやり方にまだ馴染《なじ》んでいない従業員には、失敗を讃えるこの式典はあり得ないものに映ります。そんなことは、テラーは百も承知です。彼らが往々にして「こっちはがむしゃらに働いているっていうのに、さっさとプロジェクトを切り上げた彼らだけボーナスをもらえるなんておかしいじゃないか」と憤慨し、最初の数回は、自分が彼らから頭がおかしいと思われることも織り込み済みです。それでもテラーは自分のアプローチに自信を持っており、これが効果的であると知っています。5回目にこの式典を見る頃には、失敗を認めてもかまわないのだという彼の教えは、彼らの中に浸透しています。かまわないどころか、プロジェクトを頓挫《とんざ》させたチームはスタンディングオベーションを受けます。ハイタッチをされ、昇進もするのです。

「大胆な目標アワード」も、テラーがXのカルチャーに浸透させたい規範を促進するための式典の一つです。彼にとっての大胆な目標とは、実現の可能性が10パーセントしかないものだそうです。この賞を巡る競争はきわめて熾烈《しれつ》で、受賞は非常に名誉なこととされています。ある授賞式では、受賞した特許弁護士のチームがステージ上で感涙にむせいだといいます。「大胆な目標アワード」は四半期ごとに授与されますが、一度それが延期された年がありました。次の四半期末には3チームが候補となりましたが、会社側はどこが一番大胆かをなかなか決められずにいました。[※33] ようやく結論が出て、授賞式当日、テラーはトロフィーを渡すためにチームをステージ上に迎えました。重い足取りでステージに上がったチーム代表グラントは、こう言いました。「とてもありがたいのですが、私たちは十分に大胆だったとは言えないと思います」。彼らは会社に感謝しつつ、どうせなら納得できる形で賞をもらいたいと訴えました。そしてグラントはテラーにトロフィーを返し、ステージを降りたのです。

テラーは呆気《あっけ》に取られ、まるで空振りをしてしまったような不快な気分になりました。しかしすぐに「いやいや、彼らは私が思うグーグルのあるべき姿を、私よりもよくわかっているんだ」と思い直しました。そして、従業員が自ら目標を達成できなかったことを認め、自分が十分に大胆でなかったと数百人もの同僚の前で安心して言えるカルチャーが築き上げられていることを誇りに思いました。自分が懸命に作り出そうとしてきた心理的安全性を得られる空間が実現しているのを目の当たりにして、テラーは感無量でした。

コミュニティであれ、少人数のチームであれ、その責任者は、失敗を表に出しやすく、また受け入れられる環境を作るには何ができるかを考えてみましょう。失敗を、物事を成し遂げる上でのプロセスと皆が捉えられるようにするにはどうすればいいのか。『Radical Candor（徹底した率直さ）』の著者キム・スコットは、グーグルに勤務していたときに週一度の「ウップス・ア・デイジー」というミーティングをチームのために実践していました。そこでは、その週に誰が一番やらかしたかについて話し合うのですが、失敗を認めやすい雰囲気を作るために、彼女はいつもデイジーの花を持参しました。そして弱点をさらけ出す手本を示すために、リーダーであるキムが口火を切ります。するとチームの面々も話に乗ってきて、その週に自分が失敗したことについて、順番に話し出します。そして最大の失敗をやらかした人に、キムがデイジーを贈るのです。こうした時間はグループ内に親密な空気を作り出し、信頼の種を蒔《ま》きます。そして、より強く成長する人間関係の土台が築かれるのです。

危機に育まれる連帯感

逆境は時に、コミュニティを生み出します。分裂していたチームやコミュニティがそれを機に結びつくのです。レベッカ・ソルニットの著書『災害ユートピア――なぜそのとき特別な共同体が立ち上がるのか』（亜紀書房）では、地震、火山の噴火、ハリケーンといった災害を生き延びた人々の話が登場します。こうした人たちは往々にして当時を、他の人たちと一緒に危機を乗り越えることで、人生で最も有意義な（そして意外にも喜びを感じた）時期になったと振り返ります。社会学者のチャールズ・フリッツはこの本の中で、危険や喪失を分かち合うことで、周囲の人たちとの間に親密なつながりが生まれると説明しています。試練のときが彼らに「通常の状況では得がたい帰属感や一体感をもたらした」のです。

リーダーにとって、危機はコミュニティと向き合うチャンスとなります。試練を通じてチームをより強く結びつけ、新しい解決策や力を育むことを促すのです。それこそ、自らの組織が1年に及ぶ過酷な危機に陥った際、ラルフ・ボイドが成し遂げたことでした。

ボイドの経歴は華やかです。主だったものだけでも、米連邦地検ボストン支部の重大犯罪部の連邦検事補、ボストンの大手弁護士事務所のパートナー、ジョージ・W・ブッシュが大統領だった当時の司法省公民権局を率いるアメリカ合衆国司法次官、フレディマックのエグゼクティブ・バイス・プレジデントおよび法務担当責任者、フレディマック財団の会長兼社長兼CEO、そして最新では適正価格の住宅と福祉を提供するワシントンD.C.の企業SOME（So Others Might Eat）の社長兼CEOです。

彼がキャリア史上最大の試練の一つに遭遇したのは、二大政府系住宅金融機関（GSE）の一つ、フレディマックに在任中のことでした。トラブルの兆《きざ》しは、2008年9月初頭の月曜日の朝、彼がオフィスに足を踏み入れたときにやって来ました。その前の週、彼は出張中でした。ちょうど住宅バブルの崩壊によって、世界の資本市場の危機が最高潮に達していた時期です。その日早朝に出勤すると、彼のオフィスに我が物顔の見知らぬ女性がいました。ギョッとした彼が「何かご用ですか？」と尋ねると、彼女は間髪入れずに「私が来るのを知りませんでした？」と答えます。ラルフが当惑して「で、あなたはどなたですか？」と尋ねると、今度は彼女が驚いたような顔をして、フレディマックの金融監督官である連邦住宅金融庁（ＦＨＦＡ）の局員であることを明かしました。

２日前、フレディマックとファニーメイ（もう一つのＧＳＥ）の取締役会は、ＧＳＥ２社の経営を安定させるために政府管理下に置くという財務省の計画に同意することを、投票で可決していました。しかし連絡に不備があったのか、そのことはラルフの耳に入っていませんでした。ＦＨＦＡの局員であるこの女性はフレディマックの経営幹部であるラルフの、政府管理下の初期段階における「お目付役」として派遣されたのです。

これが、フレディマックとその従業員たちにとっての、すさまじく煩《わずら》わしい時期の幕開けでした。ラルフ・ボイドには、始終影のようにつきまとう番犬がくっついたのです。冗談抜きに、彼女は彼が電話をかけるときもミーティングに参加するときも、常に腕を伸ばせば届くところに張り付いて、自分の存在を彼にアピールしていました。挙げ句の果てには、同僚との廊下での何気ないやり取りまで監視する始末でした。ラルフは冗談交じりに「彼女を振り切ることができるのはトイレの中だけでした。いえ、トイレですら絶対について来ないとは言い切れませんでした」と言います。

ラルフ・ボイドは、たとえプレッシャーにさらされようと、いえ、プレッシャーにさらされたときほど、信じられないほどの前向きさを発揮する人物です。彼はそんな経験を山ほどしてきており、重大犯罪部にいた頃は麻薬取引、武器の密輸、殺人、犯罪組織の暴力、爆撃などを捜査および起訴し、時には殺害の脅迫を受けて、連邦保安局が彼の自宅や子供たちのスクールバスのルートを警護する事態にもなりました。アメリカ同時多発テロの後には、連邦検事補としてテロ攻撃へのアメリカの対応に携わり、厳戒態勢に置かれました。

つまり、危機に対処することはラルフにとって慣れたことであり、新しい「影」の出現にも動じることはありませんでした。しかし彼は、始終監視されていることで彼のコミュニティの一部に悪い影響が及んでいることを感じ取り、彼らがこの新しい試練に対処する手助けをすべきだと感じました。

ＦＨＦＡの局員が9時~17時の勤務時間を厳守していることに気づいた彼は、就業時間後の夕方に、従業員の対話集会を招集しました。彼は集まった従業員たちに向かって、現状を、彼らの決断力や自身が試される「度胸試し」の時期にたとえました。そして、ＧＳＥに向けられているマスコミの雑音、詮索《せんさく》、非難のせいで彼らが受けている心労をねぎらった上で、彼らの優秀さ、特にここ数カ月の間に事業を好転させようとしてきた彼らの努力について改めて触れました。彼らは確かに今試練に直面している、しかしそれを、彼らの努力の成果を監視役に見せつけるチャンスにしようではないかと訴えたのです。

彼は私にこう説明しました。「我々はすでに投資ポートフォリオを分析し、自分たちの計算の正確さを確信していました。そして管理下に置かれる直前までの数年間に、助成金提供のプロセスを厳密化していたおかげで、プロセス全体はより透明性があり、量的にも質的にも分析に則《のっと》ったものだったのです」。

業務におけるこうした進歩は、フレディマックに対する主な批判と関連するものでした。「ただ私たちには、そうした批判を反証するチャンスがこれまでなかった。でも監視役にはそれができる」とラルフは従業員たちに告げました。「世間に、間違っているのは彼らで、我々は正しいことをしていると主張することは可能だ。でも、私たちがそれを実践しているのを見た監視役から世間に公表されるほうが、ずっと効果的だ」。

これはまさにチャンスであり、彼は従業員たちにもそう捉えてほしいと思っていました。彼らを調査するために派遣されたＦＨＦＡの局員を恐れる必要などなく、むしろ利用すればいいのだと。実のところ彼女は、彼らの真の価値が認められるための最大のチャンスとなる存在でした。彼らの仕事がいかに優れているか納得すれば、彼女はそのことをＦＨＦＡに、ひいては世間に伝えてくれるでしょう。だから、この試練を最大限生かせとラルフはチームに発破をかけました。サッカーをする娘を持つ父親であり、自身もサッカーの審判をしたことがあるラルフは、どんなに一流の選手でも、ボールが自分のほうに向かってくると緊張で固くなることを知っていました。女子サッカーのアメリカ代表チームの元監督ピア・スンドハーゲは、ライナーや難しいパスを受ける際にパニックになりかけている選手に、いつも「楽しんで！」と声をかけていました。そこには、そのボールを受けてプレーできることは幸運なのだというメッセージが込められていました。彼もチームに対して、同じメッセージを抱いていました。

やがて彼の影であるＦＨＦＡの局員は、フレディマックがいかに機能しているかをその目で実際に見ることで、「フレディマックとファニーメイは最悪」と扇情的に騒ぎ立てるメディアの結界から抜け出し、ラルフのチームの味方となりました。「彼女はもはや私たちの看守というよりはむしろ、公平で客観的な庇護者でした」とラルフは言います。「ＦＨＦＡが議会やメディアに私たちのことを語る上では、彼女の影響力が大きく働いたと思います。それは、政府系金融機関を即座に業務停止にするという当初の計画をＦＨＦＡが放棄する上で、決定的な要因となりました」。

財務省に資産として2億2000万ドルを転送する代わりに、「フレディマックは次の10年もそのまま運営され、弱い立場の大人や子供たちに住宅、福祉サービス、教育、職業訓練などを提供する非営利団体に、経済的および技術的な支援をすることになりました」。フレディマックの監視役であった彼女とFHFAの主張には、ラルフ・ボイドやフレディマックのCEOを遥かに上回る説得力がありました。

ラルフは、辛い時期を利用してコミュニティをより強く、より有能にする術《すべ》を知っていました。フレディマックでの経験を一言でまとめた彼の言葉「良い危機を無駄にするな」は、この章でご紹介した人々が私たちにもたらしてくれる数々の教訓の一つです。

コミュニティの潜在能力を開花させたいなら、フィル・ジャクソンがしたように、全員が互いにつながり、支え合っていることを実感できる、安全な場所を作って下さい。人は帰属意識を、そして共に試練や苦難を乗り越える団結したチームの絆を切実に求めるものです。シスコのチャック・ロビンスのように、従業員やメンバーの間にコミュニティの感覚を生み出すことができれば、チームが繁栄し、ビジネスが成功する可能性は高まります。ロビンスやフラン・カツオダス、そしてシスコの他の大勢の人々は、透明性と信頼関係、思いやりと共有を特徴とするカルチャーを意識的に築くことで、会社の成功に貢献しているという実感と、そこで働く誇りを従業員に与えました。そしてラルフ・ボイドがしたように。

チャンスを最大限に生かし、楽しむよう、コミュニティの人たちの背中を押してあげましょう。

第2章

解放する

支配は迎合へとつながり、
自律性はエンゲージメントへとつながる。

――ダニエル・ピンク

「10万人ホームズキャンペーン」のディレクター、ベッキー・カニス・マージオッタはある日、広報責任者から驚くべきメールを受け取りました。ハワイ州ヒロの地域住民の団体が、登録週間を実施したというのです。「10万人ホームズキャンペーン」の登録週間とは、10万人のアメリカ人に住まいを提供するという長期的な目標を掲げるキャンペーンに参加する都市で行われる5日間のワークショップで、とてもシステマチックに運用されていました。

登録週間の月曜日には、ボランティアたちが、健康上の問題を抱えている人たちを特定する脆弱《ぜいじゃく》性指数（VI）の使い方を学びます。これは、恒久的な住まいを早急に必要としている人を優先するためです。火曜日、水曜日、木曜日の早朝には、ボランティアたちは町中へ出て、午前4時～6時の間に路上で寝ている全ての人たちに脆弱性指数を当てはめます。そして金曜日には、ボランティアたちが入力したデータや写真を活用して、マージオッタのチームが、住民や市議会議員や市長など、コミュニティの中心となる人たちにパワーポイントを使ったプレゼンテーションを行います。コミュニティにこの問題の緊急性を理解してもらい、すぐに手を打たないと命の危険がある人がいることを示すために、名前や顔のデータには加工などの処理はしません。

登録週間は「10万人ホームズキャンペーン」独自の、根幹となる手法でした。この登録や脆弱性指数をマージオッタが開発したのは、彼女がタイムズスクエアのホームレス問題に取り組んでいた２００３年から２００８年にかけてでした。しばらくの間、彼女はタイムズスクエア周辺の20ブロックを一晩中車で巡り、ホームレスそれぞれの名前、顔、ホームレス歴、そして脆弱な要素などの情報を集めました。そして、ホームレスの人々のデータを、よりシステマチックに収集・記録するために、登録週間を開始したのです。彼女は「10万人ホームズ」の母体であるコモン・グラウンド・コミュニティの同僚ベス・サンダーと共に国中をまわり、登録週間のワークショップに参加した人々にホームレスの調査法を指導しました。こうして登録週間は「10万人ホームズキャンペーン」独自のものを確立したのです。だからこそヒロでそれが行われたと聞いて、マージオッタは当惑したのでした。ヒロはキャンペーン参加都市ではなかったからです。一体なぜ、ハワイ州ヒロで登録週間が実施されたのでしょう？

ヒロの登録週間で得られたデータを見たマージオッタは、再び驚きました。「教科書どおりの、完璧な登録週間だったのです！」と彼女は言います。事態の経緯を把握し、自分の知らないところで実施されたこのワークショップをコントロールしなくてはと考えた彼女は、ヒロのグループのディレクターであるブランディーに２週間連絡を取り続けましたが、返事はありませんでした。彼女は当時を振り返り、自分がいかに「憤慨」していたかを語ると同時に、「『10万人ホームズキャンペーン』のディレクターは私よ！　勝手なことしないでちょうだい」と思っていたと告白しました。もし彼らが登録週間をやりたいなら、「10万人ホームズキャンペーン」に参加させなくてはと息巻いていたのです。

やっとブランディーと連絡が取れたとき、マージオッタはまず、彼女の登録週間が「とても良い出来だった」と褒めてから、「どうやってやり方を覚えたの？」と尋ねました。するとブランディーは、ホノルル在住のソフィアから、登録週間の全ステップが記載されたバインダーをもらい、そのとおりに行ったと答えました。それを聞いたマージオッタは驚くと同時に愉快な気持ちにもなりました。

というのも、２年前に６都市からの参加者たちに登録週間の手法を教えるためにニューメキシコ州アルバカーキで開催したブートキャンプのことを思い出したからです。ホノルルからの参加者たちは時差ぼけのせいで疲れ切っており、ブートキャンプの間中、ずっと寝ていたように見えました。「ずっと机に突っ伏していたので、私は彼らを起こさないようにしたのですよ」。

しかし、どうやら登録週間のバインダーの情報は有益だったようで、研修の間ずっと寝ていた人でも使いこなすことができたようでした。それだけでなく、研修に参加していなかった人でも有効に使うことができるほど、よくできたバインダーだったのです。その経験から学んだことを振り返り、マージオッタはそのときまで自分がその場にいることが肝心だと思っていたと告白しました。「なんて傲慢《ごうまん》だったのでしょう。私がいなければ、研修は機能しないと思い込んでいたのです」。しかし彼女は気づきました。「私がいなくても、私に会わなくても、私のことなんて気にかけなくても、研修を受けることはできたのです。研修の間ずっと寝ていた人からノートをもらえば、それで大丈夫。私は謙虚さを学びました。あと、良いバインダーを作ることの大切さもね」。

それに気づいたマージオッタは、コントロールできないことの恐怖ではなく、現状に対する喜びを感じるようになりました。「すごくないですか？　私が寝ているときでも、私の知らない人たちが私のやるべきことをやってくれているんですよ。自分にしかできないと思い込んで全て背負い込んでいたとき、私は疲弊しきっていました。でもよかった！　もう私がいなくても大丈夫なのです！」。

ヒロで起こったことは、意図せぬ「解放」でした。これはソーシャルセクターにおける取り組みの規模拡大の専門家であるジョー・マッキャノンとベッキー・マージオッタが創設したビリオンズ・インスティテュートが提唱する言葉です。マージオッタのチームがアルバカーキで研修を行ったのは、規模拡大のためでした。自分たちだけで登録週間を行うには大きくなりすぎたので、参加都市の人々に登録週間の手法を指導したのです。

その時点で、彼らはマッキャノンとマージオッタが提唱した解放を実現できる段階にきていました。つまり、彼らが何を達成したいかは明確で、「登録週間用のバインダー」に辿《たど》り着くまでの段階を記した手引き書も作成していました。そして、何千人もの熱心な人々が、彼らの目標達成のために膨大な時間を進んで費やそうとしていました。そして、彼らはマッキャノンと協力して、意図せず発生した解放のプロセスについてや、国際的に、効果を最大限に高める術も学んでいったのです。

ジョー・マッキャノンは、行政と非営利の世界でいくつもの社会を変えるイニシアチブに携わり、大規模な変革を起こしたい人たちの力を一つにまとめることを趣旨とする、ビリオンズ・インスティテュートとシェアード・ネイションの共同創業者です。アメリカのみならず多くの国々の組織や運動に助言を行ってきました。彼は「解放」を、目標に向かって進むクリエイティブな人たちへのコントロールを、意図的に手放すことと定義しています。このプロセスには、明確な目標が必要です。それは、人々の奥深くにあるモチベーション、彼らの価値観を揺り動かすような目標です。マッキャノンは私にこう言いました。

「変革を起こせるコミュニティを作るには、人々をミッションに賛同させ、彼らの価値観をそれに沿わせなくてはなりません。ただその後の達成方法は、彼らに委ねるべきです。彼らがエキスパートであることを尊重し、協力するのです」

マッキャノンによれば、壮大な目標を掲げた運動に従事する人々を解放するには、彼らのために基本ルールを作成し、前進するためのツールやサポートを提供して、その枠組みの中で彼らがどう動くか、どう適応するかを見守らなくてはなりません。つまり解放には「私がやりたいことをこの人たちにやらせるにはどうしたらいいだろう？」という考えから、「この人たちがやりたいことをやるために、私はどう手助けしたらいいだろう？」という考えに移行しなくてはならないのです。この移行ができれば、解放のためのステージは整うと彼は言います。コントロールを手放すことは、このプロセスにとって不可欠なのです。※1

少々逆説的ではありますが、リーダーは指揮を執りながら、意図的にコントロールを手放し、グループを独自の道のりで正しい方向に進ませます。作業を前に進める責任はコミュニティにありますが、達成すべき目標を設定し、そのために必要な支援の枠組みを提供するのはリーダーの役割です。

解放がうまくいけばいくほど、リーダーたちは、特に当初は、違和感を覚えるかもしれません。というのも、それは彼らが学んできた人材マネージメント法とかけ離れているからです。マージオッタは、「自分が何かヘマをしたせいで、コントロールを失ったような気がしました」と当時を振り返り、マッキャノン同様、解放には逆説的な面があると語ります。[※2] なぜなら「マネージメントに関する文献に書かれているのは、どうやって人をコントロールするかということです。でも実際は、コントロールを手放すことから、正しいマネージメントが始まるのです[※3]」。

支柱の役割を果たす

解放のためにコントロールを手放すということは、ただ放り出すということではありません。むしろ、その逆です。マッキャノンも、そしてコモン・グラウンドの代表であり、「10万人ホームズキャンペーン」の創設者（そして栄《は》えあるマッカーサー・フェローの受賞者）でもあるロザンヌ・ハガティも、解放を成功させるにはリーダーの役割が核になると語っています。リーダーはコミュニティに決定権の多くを委ねる一方で、精神的支柱となって人々を一つにまとめ、連帯感を高め、彼らが効率的に動くために必要なデータを提供し、彼らの学び、コミュニケーション、組織作りをサポートしなくてはいけません。

「10万人ホームズキャンペーン」でも、コミュニティがミッションと目的を共有し、リーダーが彼らにフィードバックやデータやツールを提供したことで解放が実現しました。マッキャノン曰く、コラボレーション文化を機能させるには信頼と継続的な学びを基盤とし、各段階での合意を求めないことが肝心です[※4]。彼の格言のとおり「合意が流れを止める」のです。重要なのは、チームの全員が同じ目標に突き進んでおり、彼らがリーダーだけでは思いつかないようなアイデアやブレイクスルーやイノベーションをもたらすということを、リーダーが信じている環境を作ることです。

解放は最終的に望みどおりの成果をもたらし、その途上でコラボレーションを促進して、コミュニティのメンバーに充足感を生み出します。自分に発言権があると思えれば、エネルギーもモチベーションも上がります。信頼されていると感じれば、自信を持って問題に取り組み、解決に乗り出すことができます。自らの裁量に任されることで、メンバーは抑圧されることなくコミュニティのために力を発揮し、より効率的かつ革新的な方法で問題を解決するために、自らの経験や知識を生かそうとするのです。そして自分の責任において決断を下したメンバーは、何かで失敗したときにはそれを隠したり、誰かのせいにしたりするのではなく、過ちから何かを学ぼうという姿勢を見せます。

この章でご紹介する解放の成功例では、組織のリーダーが支柱としての役割を果たしています。彼らはメンバー同士の結びつきを促進し、データを提供および分析し、最良の実践例を提示し、コミュニティ内のコミュニケーションと組織作りをサポートしたのです。

数百人から10万人へ

ベッキー・マージオッタ、この運動の創設者であるロザンヌ・ハガティ、そして「10万人ホームズキャンペーン」のチームはいかにして解放について学び、違和感を克服していったのでしょう？　それを解明するために、このユニークなキャンペーンが始まった頃に戻ってみましょう。

１９９０年、長年にわたり、様々なホームレスシェルターでボランティアをしてきた29歳のロザンヌ・ハガティは、自らの天命を形にしました。ホームレスに暫定的もしくは恒久的な住まいを提供する非営利団体コモン・グラウンド・コミュニティを立ち上げたのです。マンハッタンのミッドタウンにあった、悪名高い単身者用住居であるタイムズスクエア・ホテルの家主がその劣悪な環境を理由に追い出された後、コモン・グラウンドは（市と連邦政府から資金援助を受けて）建物をホームレスおよび低所得者用の住居にリノベーションするチャンスを得ました。[※5]　そして１９９４年には、困窮している人々に支援を提供する、国内最大の住宅支援コミュニティとして開業しました。６５０人の入居者の半数は低賃金で働く人々で、一部は建物1階のショップやレストランで働くことになりました。そして残りの半分はホームレスだった人たちでした。

このプロジェクトは成功したものの、ロザンヌ・ハガティはその後もニューヨークの町中からホームレスの数が減らないことに驚き、まだこれほど大勢の人に住む場所がないのはなぜかと考えました。そしてスタッフを派遣して、ホームレスたちに何が必要かを直接尋ねた結果、ホームレスへの住居の提供という問題は、どの個人も機関も非営利団体も〝掌握〟していない〝お役所仕事の悪夢〟なのだということに気づきました。

彼女の住む地域は、ニューヨークで最もホームレス密度の高い場所でした。そこにはホームレス問題に対処するための機関が13もあるにもかかわらず、互いの連携はまったく取れておらず、共同での活動もありませんでした。彼らのすることと言えば、ホームレスの置かれた状況を少しばかり改善するだけで、実際に住居を提供しているところはありませんでした。それどころか、住居を提供することを目標ともしていなかったのです。彼らはただ、サンドイッチや毛布の提供という形でホームレスと接触をはかれば、それで良しとされていたのです。

状況をもっと深く掌握するために、ハガティは「ストリート・トゥ・ホーム」という新たな取り組みを開始し、その責任者としてアメリカ陸軍士官学校を卒業した退役軍人のベッキー・マージオッタを雇いました。[※6] 軍隊経験があるマージオッタなら、ハガティが求めるスキルや資質を持っているだろうと考えたのです。それは「大胆で、チームを作る能力に長《た》け、データの使い方を理解し、地図なしで行動することを恐れず、独自のやり方を編み出す」ことで、3年以内にミッドタウンのホームレスの数を3分の2に減らすというこの取り組みのミッションを実現できる人でした。

2003年、マージオッタはタイムズスクエアでの新しい取り組みを開始し、3年以内にターゲットエリアにおけるホームレスの数を87パーセント、周辺のミッドタウンエリアで43パーセント削減という驚きの成果を上げました。また、ニューヨーク市が行っていたホームレスへの出張サービスプログラムの改善にも尽力しました。彼らの成功談が他の都市のホームレス支援団体に広がるに伴い、マージオッタは同様の問題に取り組む方法を彼らに教えるためのツールの開発に取りかかりました。そこから生まれたのが登録週間と脆弱性指数であり、双方とも彼女自身がタイムズスクエアでのプロジェクト用に生み出したものでした。

2008年には、ロザンヌ・ハガティとベッキー・マージオッタはより多くの人たちを自分たちのネットワークに取り込むための方法を模索し始めます。その矢先に知ったのが、米国医療改善研究所の「10万人の命を救えキャンペーン」でした。これは医療過誤を減らして命を救うための方針や実践法を医療関係者に徹底させようというもので、3000を超える米国内の病院が参加しました。その内容は、感染症の拡大を防ぐために医療従事者に手洗いを促すといったことから、人工呼吸器をつけた患者の肺炎のリスクを軽減するためにベッドの角度を最低でも45度に保つことといったことまで、シンプルかつ実用的なものでした。その結果、米国内の病院では、予防可能な死が18カ月で12万3000件減少しました。これらの病院は治療に関する新たなスタンダードを設置し、その後も命を救い、患者の健康に貢献し続けていました。

これに感銘を受けたマージオッタは「同じことをホームレス問題にも適用できないだろうか?」と考えます。そして2009年、「10万人の命を救えキャンペーン」のマネージャーだったジョー・マッキャノンに連絡をしました。「ストリート・トゥ・ホーム」の人々と話をしたマッキャノンは、すぐにコンサルタントとして協力することを決めました。「私は去り際に、これはやらねばならないと口にしていました。夜だろうが週末だろうが、力になろうと」[※7]。彼らの話を聞いたマッキャノンは、彼らのやろうとしていることが(それまで彼に協力を求めてきた団体とは違い)「雲をつかむような話」

ではないと確信していました。彼らは、自分たちが解決しようとしている問題を深く理解し、何年もかけて目標と戦略を磨き上げてきており、次のステップに進む準備は整っていました。そして2010年、彼らは2013年までに10万人に恒久的な住居を提供するという目標を掲げて、「10万人ホームズキャンペーン」をスタートさせたのです。

ジョー・マッキャノンが授けた数々の教訓の中でも、核となったのは断固とした行動の重要性でした。際限なくミーティングを重ねたり、完璧な計画を立てるために延々と時間を費やしたり、起こりそうな問題や不測の事態を想像したりする代わりに、現場に飛び込んで一刻も早く行動すること。なぜなら、次に何をすべきかを話し合っているその一瞬一瞬が、人助けのために使える時間だからです。マージオッタはそれを実践しました。2匹の飼い犬と車で寝泊まりしながら、彼女は町から町へと移動して登録週間を実行しました。そして行く先々で、「ストリート・トゥ・ホーム」を展開するコミュニティからの情報提供を求め、何が効果的で何が効果的でないかを判断していきました。「10万人ホームズキャンペーン」の期間中には、マッキャノン本人も現場に出向きました。あるとき彼はシャーロットの空き家で見つけたホームレスの男性相手に、脆弱性指数を調べようとしました。「彼のことは鮮明に覚えています」とマッキャノンは言います。「最初、彼はかなり威圧的でしたが、話をしているうちに私はその内容に胸を打たれました。『ああ、この世に名もない、顔もない人なんていない。全ての人にストーリーがあるんだ』と目が覚める思いでした」。そのとき、彼はマージオッタが開発し、「10万人ホームズキャンペーン」に登録したコミュニティに広めている手法の効果を実感したのでした。彼は彼女にこう告げました。「あなたの功績はなんといっても、彼らが独自の夢や志《こころざし》を持った人間であることを、私たちに思い出させてくれたことです。彼らをただの統計結果として見てはいけないのです※8」。

マッキャノンが推奨する解放は、様々なステージで発生しました。2010年、ロザンヌ・ハガティはコモン・グラウンドから派生した新組織「コミュニティ・ソリューションズ」を設立し、2011年には、ロサンゼルスとニューヨークで地元のリーダーや組織と提携して、人々に恒久的な住居を提携するプロセスを立案するためのブートキャンプを開催しました。そこで、彼らのチームはリーダーたちにすごろくゲームの「シューツ・アンド・ラダーズ（ヘビと梯子《はしご》）」を模した地図を提示し、コミュニティの人々に住居を提供する道筋を、マグネットを使って示すよう指示しました。すると、一人のホームレスのための道筋を定めるだけで、平均3時間20分もかかったのです。これは、ホームレス一人に住居を確保するのに平均245日かかっていた当時の状況を反映していました。それどころか、どうしても住居を見つけられないと諦めてしまうことも珍しくなかったのです。

ロザンヌはその時点で初めて気づいたそうですが、コミュニティのメンバーたちは細く長い、曲がりくねった「シューツ・アンド・ラダーズ」の道筋に縛られており、そこから外れるにはキャンペーン側の許可が必要だと考えていたのでした。彼らはもはや梯子を探そうともしていませんでした。問題に全力で取り組むのではなく、決まりきったやり方を踏襲しているだけだったのです。私たちの多くと同様、彼らもまた列に並んで決まった道筋を辿ることに慣れてしまっていたのです。そこで「10万人ホームズキャンペーン」のリーダーたちはこうしたチームに、ステップを省く許可を与えました。人々がシステムにはまったり、健康や雇用や飲酒といった特定の問題で行き詰まってしまったりして停滞する箇所を飛ばしてもよいとしたのです。

キャンペーンのチームは、「シューツ・アンド・ラダーズ」の定まった手順どおりに行進させる代わりに、彼らを解放して自由にプロセスを描けるようにしました。彼らはコミュニティのメンバーにもっと大胆になって、住居提供のプロセスを進めるための梯子を見つけてほしかったのです。ロボットのように道筋どおりに進むのではなく、殻を破って考えてほしかったのです。支柱としての役割を果たすことで、キャンペーンのリーダーたちは理想的なプロセスを描くと同時に、既存のルールや慣例とうまく折り合う着地点を見つけることができました。マッキャノンが言うように、支柱としての役割とは「全てのお膳立てをして、目標を明示し、安全な空間を共有させること」なのです。

解放がうまくいけば、あらゆる種類のイノベーションへとつながっていきます。テネシー州のナッシュビルでは洪水が発生したとき、連邦緊急事態管理庁からクーポン券が配布されました。マージオッタによれば、ナッシュビルのリーダーたちはそのとき「人々への住居提供にこれを使います」と言っていたそうです。「柔軟性、斬新さ、イノベーション、事態を改善したいという気持ちが瞬時に働いたんです」[※9]と彼女は言います。これこそ、マッキャノンが「ジャズの演奏」と呼ぶ現象です。ナッシュビルのように柔軟かつ臨機応変であること。それが、解放されている証しなのです。

それでも、その途上には何度か挫折もありました。その一つが、2013年7月までに10万人に住居を提供するという目標を期日までに達成できそうもないということが判明した日です。マージオッタは当時を「あれは本当に最悪の日でした」と振り返ります。しかも彼女の体には、自分たちの挫折を示すしるしが、非常に目立つ形で刻まれていました。それは、1万人への住居提供を達成したときに入れた10000という数字のタトゥーでした。「最後のゼロは、10万人達成のためのゲン担ぎ、そして私の決意の証しのつもりであえて入れなかったんです」。今やマージオッタは、今後一生この0の抜けたタトゥーを見なくてはいけないのかとおののいていました。

彼らは、もっとデータに基づき、野心的かつ達成可能な目標を達成するための戦略を練り直した上で、達成期限を1年延ばさなくてはならなくなりました。しかし遂にその日はやって来ました。チームメンバーからマージオッタのもとに、10万人を達成したという電話が入ったのです。「最高の気分でした」と彼女は言います。ようやく彼女は、10万人ホームズのロゴに最後のゼロを付け加えることができたのです。[※10] 2014年6月10日、「10万人ホームズキャンペーン」は目標を達成したことを公式に発表しました。彼らが住居を提供したホームレスの数は10万1628人になっていました。アメリカのホームレス10万人に住居を提供することで、節約できる税金は年間13億ドル以上との試算もあります。[※11]

解放の方法

解放はコミュニティの潜在能力を開花させます。それでもなお、ベッキー・マージオッタが指摘するように、リーダーたちは解放よりも、コントロールや抑圧といった行動に逆戻りしがちです。なぜでしょう？　それは、恐怖心に負けるからです。自分が監督しなければ、どうなってしまうのだろう？　チームが大失敗をしたら？　マージオッタもロザンヌ・ハガティも、こうした恐怖心と戦ってきました。それは彼女たちだけではありません。うまく解放を成し遂げた企業の重役たちの例を、いくつかご紹介しましょう。

◎サウスウエスト航空

創業50年を超えるサウスウエスト航空は世界最大の格安航空会社であり、従業員を鼓舞してきた長い歴史があります。それは全て、従業員の雇用と研修から始まります。採用の際に重視されるのはその人の姿勢です。企業文化に適合する人を選び、その後スキルと価値観の双方において研修を行います。サウスウエスト航空は意識して従業員に、共同創業者のハーブ・ケレハーが直接発信している会社の理念を教え込みます。彼の哲学は、かの有名な「会社は恐怖よりも愛で結びついたほうが強くなる」※12という言葉に集約されています。彼はルールを破ることを良しとし、自分たちの仕事に大義を感じています。それは、飛行機での旅行を手軽にできるようにすることで、多額の貯金を持たない普通の人々でも自由に冒険し、新しい場所に行って新しい経験をし、家族や友人に会うことができるようにするという大義です。

新入社員は研修で、会社の理念と期待を一日半かけて従業員にたたき込む「フライクラス」に参加します。終盤には経営陣の一人が登場して、話をしたり、質問に答えたりします。現在サウスウエスト航空の投資家対応マネージングディレクターであるライアン・マルティネスは、14年前に入社したとき、当時の社長兼ＣＯＯコリーン・バレットが研修の場に現れたときの強い印象を、今でも鮮明に覚えています。彼女の登場により、新入社員たちは〝会社の理念を初っぱなから見て、感じることができた〟からです。バレットに会うことで、彼らは〝上層部の人間が会社の理念を実践している〟ことを実感しました。理念は社内のあちこちに掲げられていましたが、彼にとって「百聞は一見にしかず」であり、バレットはまさにそれを体現している人物だったのです。

1990年に広報のディレクターとして採用されたジンジャー・ハーデイジも同様の経験をしました。当時、彼女が参加したオリエンテーションで、CEOのハーブ・ケレハーが新入社員相手に話をすることになりました。会場に入ったジンジャーは、ケレハーが演壇に立っているものと思っていましたが、それは違いました。給仕スタッフの数の不足に気づいた彼は、従業員たちに食事を給仕していたのです。「その瞬間、自然に体が動いていました」と彼女は振り返ります。「私はお皿を2枚つかんで、給仕を始めました。リーダーたるもの、言葉よりも行動で示さなくてはならないとそのとき学びました」[※13]。

何年も後、テキサス州ダラスのサウスウエスト航空本社で講演をした私は、何十年も前から彼らのカルチャーの核となっているケレハーの哲学が、従業員たちの中に浸透しているのを目の当たりにしました。「サウスウエスト航空に加わるということは、大義に加わるということなのです」とCEOのゲイリー・ケリーは従業員たちに語りかけます。「顧客に仕え、大切にすることがあなた方の務めです」という彼の言葉は、ハーブ・ケレハーそのものです。彼はサウスウエスト航空の理念は彼らの信念体系の一部であり、それがガードレールの役割を果たしていると強調します。サウスウエスト航空の従業員は、自由裁量を与えられても道を外れることはないのです。そこには、同僚と顧客の双方に対して正しいことをしてほしいというだけでなく、何が正しいかを自分で判断しなくてはならないときに、心に浸透した理念に則って行動してほしいという、従業員への期待が込められています。

研修で大量の情報と会社の理念をたたき込まれた従業員たちは、それを行動に移すべく自由を与えられます。端的に言えば、サウスウエスト航空は従業員がサウスウエスト航空のやり方を実践することを前提に、手綱を放すのです。ハーデイジはこれを「枠組みの中の自由」と称します。なぜならサウスウエスト航空は、自分で判断する自由を従業員に与えることがいかに有益かを知っているからです。

些細《ささい》なことですがこのことがよくわかる例が、サウスウエスト航空に乗ったことがある人ならご存じの、客室乗務員が機内で行うシートベルトや非常口、酸素マスクに関する案内です。この案内はどの航空会社でも行われますが、大抵は聞き流されてしまっています。そこでサウスウエスト航空の客室乗務員たちは、乗客たちに耳を傾けてもらうためにそれぞれが工夫を凝《こ》らしています。歌う者もいれば、ラップをする者もいます。多くはジョークを交えることで、ともすれば無視されがちなこうした情報を、乗客が笑って楽しみながら受け取ることができるようにしているのです。

これは、サウスウエスト航空が従業員の手綱を放し、彼らの個性を発揮させた多くの成果の一つです。この考え方を従業員に最初に植え付けたのは、サウスウエスト航空の創業者ハーブ・ケレハーでした。「我々はあなた方に、型から抜かれたブリキの兵隊のように働いてほしくはない」と彼は言いました。「我々は従業員に、自分らしくいられるためのライセンスを与えるのです」。サウスウエスト航空が従業員に望む想像力、臨機応変さや革新性には、ある程度の自律性が不可欠であるとケレハーは信じていたのです。[※14]

この自律性と独創性を重視する姿勢に価値を見出し、ライアン・マルティネスは、サウスウエスト航空に入社しました。それ以前に勤めていた会計事務所はヒエラルキー型組織で、そこにうまく適合することを求められていました。個性など微塵《みじん》も求められていなかったのです。そんな風潮に特に抗《あらが》うこともなかった彼でしたが、サウスウエスト航空の従業員である妻を見ているうちに段々と羨望《せんぼう》を抱くようになりました。彼女は「自分自身でいることができている」ように彼には見えました。そして、サウスウエスト航空で働く妻の姿から、「適合するために自分を変える必要はない」、さらに言えば変えるべきではないのだと気づいたのです。

サウスウエスト航空は、従業員が自分らしさを存分に生かして働くことが、会社の繁栄の鍵になると考えていました。そして何よりここでは、「自分が正しいと思うことを実行する自由」が与えられているのです。マルティネスたちの語る、顧客に仕えるというサウスウエスト航空の価値観を体現する従業員の事例には枚挙にいとまがありません。彼らは、時にそれが会社に損害を負わせることになったとしても、ペナルティーを恐れることなしに、通常のやり方から逸脱した決断を下すことができるのです。

あるパイロットはチケットカウンターで、一人のみすぼらしい身なりの乗客に目を留めました。その男性は、会社の規格の旅行用のキャリーケースがなければ、ペットの犬を飛行機に乗せられないと告げられて悲嘆に暮れていたのです。男性にそのキャリーケースを購入するお金がないことを見て取ったパイロットは、自ら費用を出し、その場を立ち去りました。後にサウスウエスト航空には、この男性客の兄弟から懇《ねんご》ろな感謝の手紙が届きました。そこには、パイロットの行動が家族にとっていかに重要であったかが綴られていました。ホームレスで長いこと家族と音信不通だったこの男性客は、唯一の財産であるペットと一緒でなければ、家族のもとに戻ることはなかっただろうというのでした。

他にもあります。ジェシカ・シャトリエは、６カ月間の予定でクウェートの部隊に配備された夫の見送りに空港に出かけました。彼女と幼い子供たちは保安検査場から、サウスウエスト航空で出発する夫がゲートを過ぎ、振り返って手を振る様子を見つめていました。その別れの光景をこっそり見ていたのが、サウスウエスト航空の顧客サービス担当ケリー・エヴァンズです。ジェシカの夫が軍服を着ていることに気づいた彼女は彼に近づき、軍への派遣かと尋ねました。彼がそうだと答えると、彼女はジェシカに、子供たちと一緒にゲートの中に入るよう勧めました。驚きと喜びに顔を輝かせたジェシカたちは、彼が搭乗する直前まで一緒の時間を過ごすことができました。そして、別れの抱擁の後も、飛行機が飛び立つのを見送るために、その場に留まっていました。

そのとき、別のサウスウエスト航空の従業員で運営管理担当のフェリックス・ジョセフが近づいて彼女の肩を叩き、彼女たちのためにしてあげたいことがあると声をかけました。その瞬間ジェシカの頭に浮かんだのは「これ以上、今の私たちに何が望めるのかしら」という思いでした。しかしジョセフは飛行機の予定出発時間までまだ数分あることに気づいていたのです。彼は急いで電話をかけた後、彼女と子供たちに飛行機の中に入っていいと告げました。ジェシカはそのときのことをこう振り返ります。「子供たちはボーディングブリッジを走っていきました。飛行機の入り口に到着すると、客室乗務員がインターコムで、乗客の中にジョン・シャトリエはいないかと尋ねました。すると客席から夫の手が挙がり、子供たちは駆け寄って、最後のハグをしたのです」。その感動的な瞬間について、ジョセフは「乗客全員が拍手をして、涙を流していました」と語ります。クウェートに到着した夫と話したジェシカは言います。

「夫はあの経験で、みんなが私たちに目配りをしていてくれたことに気づいたそうです。彼らは私たちをサポートするために、ずっと見ていてくれたのです」

別のケースでは、ある男性が、サウスウエスト航空でフェニックスにやって来る高齢の母親を、アリゾナ州ツーソンから迎えに来ることになっていました。しかしその途上で車が事故に遭《あ》い、重傷を負ってしまったのです。母親がフェニックスに到着したとき、サウスウエスト航空にはツーソンへの便がなかったため、ある男性従業員は彼女を別の航空会社の飛行機に乗せようとしました。しかし、席を見つけることができません。「彼は本部に電話して、指示を仰いだりはしませんでした」と前CEOのジェームズ・パーカーは言います。「彼は即座に従業員用の駐車場に向かい、自分の車で彼女を、100マイル離れたツーソンまで送り届けたのです[※15]」。

サウスウエスト航空では「戦士のスピリット」という言葉がよく使われます。これは、試練に直面した際に従業員が体現すべきとされるスピリットです。9・11のワールド・トレード・センター崩壊とペンタゴン攻撃の際には、全ての飛行機の運航が見合わされました。この後に起こった数々の出来事は、サウスウエスト航空の従業員たちがいかにこのスピリットを自分のものとしているかを物語っています。

サウスウエスト航空の従業員の多くが、あの悲劇の一日における同僚たちの奮闘を私に語ってくれました。機内に足止めされた乗客全員のために食事を注文した客室乗務員もいれば、目的地以外の空港に着陸した機の乗客のホテル代を肩代わりしたパイロットもいました。彼らは全てこうした行為に、会社の許可を取ることなく、自分のクレジットカードを使用しました。そしてサウスウエスト航空は、こうした従業員の出費を全て補塡《ほてん》しました。

9・11のときに緊急着陸を余儀なくされた別のパイロットは、空いているタラップがないとの理由で、駐機場所で4時間の待機を告げられました。そこでサウスウエスト航空のクルーたちは急遽《きゅうきょ》、手荷物搭載車を使って仮設のタラップを作り、乗客たちを地上へ降ろしました。さらに彼らはバスを手配して乗客たちを鉄道の駅まで送り、家までの切符代も払ったのです。[※16]

こうしたエピソードからは、一つ明確なことが伝わってきます。サウスウエスト航空の従業員たちは迅速かつ断固とした行動をすることで、自分たちの中に注ぎ込まれた気遣いの精神、そして手綱を放されることで会得《えとく》したアントレプレナーシップ（起業家的行動能力）を体現するということです。「我々は、全体の99・9パーセントは正しく行動できていると思います」とマルティネスは言います。「それが顧客にとって最善であり、我が社の価値観に沿っている限りはね」。私の一番お気に入りの（そして多分一番笑える）アントレプレナーシップの事例は、サウスウエスト航空のマネージャーが喧嘩腰《けんかごし》の乗客を別の航空会社のカウンターに案内し、そのライバル会社のチケットを彼に購入してあげたというものです。[※17]

サウスウエスト航空は脱線防止ガードを提供した上で、従業員が自ら正しい決断を下すと信じているので、「10万人ホームズキャンペーン」同様、可能であればいつでも、障害物を自由裁量で取り除くよう従業員に推奨しています。サウスウエスト航空で16年間相談役を務め、その後2001年から2004年にかけてCEOを務めたジェームズ・パーカーは、サウスウエスト航空の成功の一因は、従業員が一丸となって顧客に仕えるという大きな目標に向かって進んでいること、そして時に職務を逸脱してでも、最善と思うことを実行する柔軟性を持っていることだと言います。[※18]

献身的に顧客に仕えるサウスウエスト航空は、従業員にも同様に仕えるべきだというのが、ハーブ・ケレハーの信条です。彼は「従業員は顧客のように扱われ、職務を超えることを賞賛されるべきだ」と考えています。これは、第6章でご紹介するマリオットホテルチェーンの創業者J・ウィラード・マリオットの考えとよく似ています。ケレハーは「会社が従業員を丁重に扱えば、従業員はお客様を丁重に扱う。そうすればお客様はまた戻って来てくれて、株主も満足する」[※19]と述べています。だからこそ、サウスウエスト航空は初期の段階から従業員に利益の分配を行っていたのでしょう。

職務を超える従業員を賞賛する、即ち手綱を放すということは、会社側もまた型通りの企業の責任の枠を超えて従業員を支援することを意味しています。サウスウエスト航空の企業文化・従業員エンゲージメントのマネージングディレクター、ホイットニー・アイヒンガーは、慈善運動に資金提供をするための手段を模索していた従業員たちに、会社がどのように協力したかを話してくれました。それは法的な必要条件を遵守《じゅんしゅ》するために、会社の中に新組織LLC（合同会社）を作るという方法でした。これにより社外の慈善運動に寄付をすることが可能になった上に、従業員たちは同僚のために寄付をすることもできるようになりました。こうして彼らは、CEOのゲイリー・ケリーが称するところの、サウスウエスト航空というコミュニティの「家族」を助けることができるようになったのです。

例えば、従業員の自宅が竜巻の被害に遭ったら、この基金を家の再建費用に使うことができます。LLCを設立することで、サウスウエスト航空には余分な仕事が増え、かなりの額の法的費用が発生しました。しかし彼らは、費用がかかりすぎるからとか、従業員への義務の範囲を超えた業務だからといって反対するのではなく、従業員の声に耳を傾け、彼らが自分たちにとって大切な人たちに資金提供することを奨励しました。

時に代償を伴うことがあっても、このように従業員をサポートすれば、必ずその成果はあります。この半世紀で、サウスウエスト航空は最も利益を上げた航空会社となっています。[※20]航空会社への苦情を調査している運輸省によれば、29年に及ぶランキングのうち26回で、サウスウエスト航空は最も苦情が少ない航空会社に選ばれています。他にも賞を軒並み受賞しており、従業員のモチベーションと生産性の高さは業界随一として知られています。言い換えれば、手綱を放せばそれなりの見返りがあるのです。

◎ゴーダディ、マイティなど 何が不可欠かを明確にする

手綱を放す前に、絶対に譲れない部分はどこか、そして目標に辿り着くためにどのような変更を取り入れることができるか、さらに言えば取り入れるべきかを明確にしましょう。

ジョー・マッキャノンはこの教えを、ターキーサンドイッチの作り方にたとえています。彼にとっ

て、ターキーサンドイッチにはライ麦パン、スイスチーズ、レタス、トマト、マスタード、そしてタマネギが不可欠です。しかし彼は、他の人は別の具材を好むかもしれないと承知しています。それはベーグル、クリームチーズ、ピクルス、キュウリ、マヨネーズ、ケチャップ、ホースラディッシュなどかもしれません。何らかの種類のパンの上にターキーがのっていれば、それはターキーサンドイッチになります。しかし、ターキーとパンだけは不可侵の領域です。「パンかターキーを取り除いてしまったら、それは問題です」。「10万人ホームズキャンペーン」のベッキー・マージオッタにとって、ターキーは脆弱性指数、パンは登録週間です。しかし彼女がこだわるのはそこだけで、それ以外の変更に対しては柔軟です。コミュニティのリーダーは、不可欠な部分が守られてさえいれば、変更を加えることに抵抗しません。

マイク・ポラスも、マイティに何が不可欠か、そして必要とあらば変更可能な点は何かを自分なりに決めています。「私たちはマイティという一つのコミュニティですが、同時に複数のマイティというコミュニティやトライブがあるのです。そこには、それぞれ独自のやり方や優先順位、そして時にタブーが存在します。例えば、あるトライブでは、体重などの個人的な情報は公にしません。ですが、ダイエットや糖尿病といった問題に取り組んでいるトライブでは、それは話題の中心となります。私たちはチームに手綱を渡し、『自由に走れ』と言えるようにならなくてはなりません」。簡単ではありませんが、手綱を放すとはそういうことなのです。

プレーブックはいらない

ドメインレジストラおよびウェブホスティング会社であるゴーダディのバイス・プレジデント兼CEOのアドバイザーのマイケル・ニクソンは、「プレーブックどおりに行動するな」という信条を学んだ経緯を私に教えてくれました。

何年も前、彼は会社の合併と買収を経験しました。そのときは、「3日目に、青いスーツ、赤いネクタイ、白いワイシャツを身につけた大手コンサルティング会社の人間がやって来ました。その手には今後13カ月で私たちをどのように変身させるかが詳述された、厚さ4インチ（約10センチメートル）のバインダーが握られていた」そうです。ニクソンは言います。「それは非常に厳密で、私たちは彼の言うとおり、13カ月で変身しました。それは衝撃的な体験でした」。ここで彼は間をおき、ため息をつきました。「しかし、私のキャリアの中で最も非人間的な13カ月間でした」。その枠組みはあまりにも厳格で、「従業員から生命力を奪った」のです。

ニクソンと彼のCEOアマン・ブータニは、長年エクスペディアをはじめとする数々の企業で共に働いた後、2019年9月にゴーダディに入社しました。彼らのやり方は、大手コンサルティング会社のそれとはまったく異なります。彼らも枠組みは作りますが、それは融通が利くものであり、学び、理解し、調整を重ねながら進行します。ニクソンは言います。「その柔軟性と学びへの意欲は、仮説の検証を重視するブータニの科学的姿勢に基づいています。学んで向上したいという意欲を忘れてはなりません」。ブータニはエクスペディアで、実験を重視する、データドリブンの「試して学ぶ」カルチャーを築いたことで名高く、彼はそのカルチャーを、ゴーダディにも持ち込みました。※21

変化に備える

ニューデリー出身で44歳のアマン・ブータニは、賢く謙虚でありながら、ユーモアのセンスと無尽蔵のエネルギーを持つリーダーとして知られています。彼は数十年前に父親から学んだ、ある教えを大事にしています。彼はよく父親から「トラを乗りこなすにはどうすればいい？」と聞かれました。そして、彼が学んだ正しい答えは「トラの首に乗ればいい。もし尻尾に乗れば、トラが右に行ったら自分は左を向いてしまうし、トラが左に行ったら自分は右を向いてしまって、そのたびに尻尾で打たれることになる。でも首に乗れば、常にトラの進む方向に自分を合わせることができる。トラがどんな動きをしようと、どれだけ素早く方向転換をしようと、自分も同時に動くことができる。変化というのはこのトラのようなものだ。だから正しく乗りこなさないといけない」というものでした。急激な変化が次々と訪れる現在こそ、ブータニの父親の助言は重い意味を持ちます。そして見事にトラを乗りこなして、常に変化に適応することを受け入れるブータニ自身は、従業員がトラに乗って好きな場所へ進むことを奨励しているのです[※22]。

この理念は効果を発揮しているようです。あらゆる意味で記録的な数の変化が起こった２０２０年、ゴーダディは著しい成長を遂げました。第２四半期と第３四半期の両方で、それぞれ40万人の新規顧客を獲得したのです。「これまでで最大の飛躍を遂げた時期でした[※23]」とブータニは言います。

従業員を信じる

従業員の手綱を放し、彼らを成功へと導くためのブータニの手法はシンプルです。それは①従業員を信じ、②チャンスを与え、③失敗しても許して指導をする、というものです。ブータニはこのやり方で大規模な構造変革を成し遂げ、様々な状況で成果を上げてきました。それを目の当たりにしてきたニクソンは言います。「相手を信じなければ、その能力を最大限に生かすことはできません。彼らが優秀であるほうへ賭けるしかないのです」。

ゴーダディの戦略的イニシアチブのバイス・プレジデントを務めるジェン・オトゥームニーは、長年ブータニやニクソンと共に働き、ブータニを追ってエクスペディアからゴーダディへ移りました。彼女は苦い経験を通して、この教えを学んだと言います。エクスペディアにいた頃、ブータニがエクスペディアで働くある男性を彼らのM&A（Mergers〈合併〉and Acquisitions〈買収〉）チームに入れたいと言い出しました。しかし、彼の能力に懐疑的だった彼女は乗り気ではなく、それをそのままブータニに伝えました。するとブータニは、彼女が彼を信じさえすれば、彼はきわめて優秀な仕事をするはずだと言って譲りませんでした。

結局、この男性は失敗しました。それを受けてブータニは「彼がしくじったのは、きみが彼を見捨てたからだ」とオトゥームニーに告げました。彼女は言います。「そのとおりでした。私は彼を信じていなかったのです」。何がいけなかったのかを考えてみた彼女は、自分が他のチームメンバーの日常業務には積極的に関わり指導していたのに、この男性に対しては他のメンバーに比べて時間を割《さ》いていなかったことに気づきました。彼女は、彼の力量やチームへの適合に対する疑念を捨て去ることができなかったのです。「彼を成功させようという私の熱意の欠如が、彼の失敗を招いたんです」と彼女は認めます。

振り返ると、当時の自分は偏見にとりつかれ、彼の仕事の長所ではなく、短所ばかりに目を留めていたと彼女は言います。それは自己充足的予言でした。相手に最悪な評価しか与えなければ、最悪な部分しか引き出すことはできないのです。彼女は自分の仕草や振る舞いにもそれが現れており、そのせいで彼は指導を仰いだり、チームから学んだりすることができなかったのだろうと考えています。「この経験の後、私は意識して部下を信じるようにしました。すると成果は対照的なものになりました」と彼女は言います。とはいえ、彼女がサポートしたからといって、全員が目覚ましい結果を出すわけではありません。「たとえ期待どおりとまではいかなくとも、もし私が彼らを信じていなければここまでの成果は上がらなかったでしょう。そんな場面を何度も目撃して、私は今や信じることの大切さを確信しているのです」。

データを活用しよう!

データというのは、ただの数字や統計ではありません。そこには、経験と観察と熟慮に裏打ちされた、あらゆる種類のエビデンスが網羅されているのです。アマン・ブータニは、アイデアや仮説の実現性を試す際に、こうしたエビデンスを自らの行動で実証することにこだわります。彼は、それが私生活にまで及んでいることを示すエピソードを冗談交じりに語ってくれました。あるとき、彼は兄から「15年ぶりに一緒に住まないか」と持ちかけられました。当時、2人はすでに結婚しており、子供もそれぞれ2人いたことを踏まえると、少なくともアメリカでは、これはかなり大胆な試みでした。しかしアマンと兄はしばらくの間、社会的実験として同居を試してみることにしました。それがうまくいけば両親も呼び寄せ、３世帯同居をしようと決めたのです。それが２０１４年の話で、それ以来、彼らは仲良く一緒に暮らしています。

ジョー・マッキャノンもまた、効果の有無を測る上でデータを活用することにこだわっています。「10万人ホームズキャンペーン」時にマッキャノンから授けられた財産の一つが、手綱を放した後のデータの使い方です。「シューツ・アンド・ラダーズ」のゲームでも、これは重要です。マッキャノンは、このゲームの最中《さなか》に様々な梯子を心の中で試して、一番たくさん前に進める梯子と、逆戻りになってしまう梯子を見極めなくてはならないと言います。キャンペーン参加者に、目標到達への進展を早めるためにどのステップを省くかを決める自由を与えることで、キャンペーンのリーダーたちは彼らの手綱を放したのです。

マッキャノンはデータを、批判ではなく学ぶ目的で使うものと捉えています。データが学びのためのツールではなく、「なぜ目標を達成できなかったのか？」と相手を責める材料に使われることがあまりにも多いと、マッキャノンは感じています。※24

物語の力を使う

物語ほど人を動かすものはありません。物語は、会社のカルチャーや会社が望む振る舞いを従業員に伝える上で驚くべき効果を発揮するのです。従業員やコミュニティのメンバーが価値観に沿った働きをした場合、それを讃え、後押しするチャンスを逃さないようにしましょう。

サウスウエスト航空のＣＥＯゲイリー・ケリーは従業員に向けて毎週、前週の出来事や今週予定されている出来事についてメッセージを吹き込んでいます。従業員はその音声を聞くか、書面化されたメッセージをオンラインやメールで読むことができます。そしてメッセージの最後に、ケリーはいつも「サウスウエスト航空のやり方」を実践している特定の従業員一人に対して感謝を表明します。これにより従業員たちは、「どういう振る舞いが評価され、顧客サービスの質を上げることにつながるのか」[※25]を感じ取るのだとハーデイジは言います。そして、同僚たちの素晴らしい物語を私に誇らしげに語る従業員たちの声からも、物語の力が、サウスウエスト航空が従業員に望む価値観の推進に大いに寄与していることが窺えました。

ミスを学びの機会と捉える

コミュニティ内の恐怖心を軽減させるためには、「ミスして当然」とすることです。グーグルでは、仲間のミスから従業員たちが学ぶために、情報共有システムを取り入れています。彼らは協力して、何があったのか、なぜそれが起こったのか、どんな影響があったか、どうやって沈静化したか、そして同じミスを防ぐために何をすべきかを文書にします。特に彼らが重視するのは次の４つです。

- どんなことが効果的だったか？
- どんなことが効果的ではなかったか？
- 運に助けられたのはどの部分か？
- 次はどんな違うやり方ができるか？

重要なのは、彼らの狙いが糾弾ではなく、学びと成長にあることです。これは、心理的安全を育む上で不可欠です。失敗を挫折ではなく、成長と発展のためのチャンスと捉えるのです[※26]。第1章でご紹介したXのアストロ・テラーやスパンクスのサラ・ブレイクリーのように、失敗が受け入れられ、さらには讃えられるカルチャーを作ることは、従業員の手綱を放すための一つの手段なのです。

じょうご方式を取り入れる

手綱を放すとどうでもいい取り組みに労力が割かれることが増え、本当に良いアイデアへ注がれるべきエネルギーや資金が削《そ》がれてしまうのではないかという懸念を抱くリーダーの方々、どうか「じょうご方式」を試してみて下さい。従業員を鼓舞するという伝統を忠実に守っているサウスウエスト航空では、熱意に満ちた従業員たちが山ほどのアイデアを提案しますが、その全てが実行する価値のあるものとは限りません。そこでサウスウエスト航空では、組織内のあらゆるレベルの人たちからなる委員会プレジデンツ・カウンシルによって、実行可能なアイデアかどうかを見極めます[※27]。

ここには、パイロット、オペレーション担当者、チケット販売担当者、ゲート係員、客室乗務員など様々な専門知識を持つ従業員たちが参加し、たくさんの声に積極的に耳を傾けています。彼らは話し合いを通じて、時間やエネルギーやお金をつぎ込むに値するアイデアと、じょうごを通過できないアイデアを振り分けるのです。サウスウエスト航空独自の、搭乗番号順による搭乗プロセスも、この委員会を通過したアイデアから生まれました。

チームによる革新を受け入れる

ヘルス・リーズの創業者およびCEOであり、マッカーサー・フェローの受賞者であるレベッカ・オニーは、手綱を放すことに伴う恐怖の中でも大きいのは、相手が自分と同じようにうまく「やれない」ことではなく、自分よりうまく「やる」ことだと言います。「10万人ホームズキャンペーン」のベッキー・マージオッタとベス・サンダーは、自分以外の人たちが自分たちと同様に効果的に登録週間を実行しているのを目の当たりにしました。しかし、それが手綱を放したことによる成果だと理解した彼女たちは、保身を一切捨て去りました。そして、サンディエゴのチームが、彼女たちが長年磨きをかけてきたバインダーの内容とプレゼンテーションに対して、改善点を指摘してきたときには、諸手《もろて》を挙げて喜びました。実際、マージオッタはサンディエゴのチームにその内容をまとめて、キャンペーンの研修用ノートを作成するよう依頼しました。その6週間後、「規格化された美しいバインダーと、その内容が全てダウンロードされたCD-ROM」が完成したのです。

リーダーたちはまた、手綱を放すことに伴うリスクに対しても及び腰になるようです。ブータニはこれに苦戦しているマネージャーたちに「少しずつやっていこう」と声をかけています。これは、まずは手綱を緩《ゆる》めて様子を見てみようということです。少し緩めて様子を見てから、さらにもう少し緩めてみたり、手綱を短くしたりと、試行錯誤してみましょう。結果を慎重に観察しながら、必要に応じて手綱を引いたり緩めたりすればいいのです。

多くのリーダーは、手綱を放すことに戸惑いを覚えますが、その成果は自明の理です。ロザンヌ・ハガティは戸惑いを乗り越えることで、アメリカで23万5000人以上、そしてカナダやその他の国々でそれ以上の数の人々に住居を提供しました。２０２１年、コミュニティ・ソリューションズはマッカーサー財団の「１００&ＣＨＡＮＧＥ」という世界的なコンペで、アメリカ国内75のコミュニティでホームレス問題を終わらせるための解決策を提案し、優勝しました。

これは、今日の社会における喫緊《きっきん》の問題を解決することで具体的かつ測定可能な進歩を約束する一つの提案にのみ、１億ドル（約１４０億円）の助成金が与えられるというプログラムです。[※28]ハガティは自分が学んだことの中で最も重要なのは、手綱を放すこと、従業員を精神的に支えること、そして何より問題意識を持つことだと言います。ジョー・マッキャノンは、手綱を放せばイノベーションが促進されてより良い結果がもたらされるだけではなく、チーム内部に困難や試練を乗り越えるのに必要な姿勢や精神が生まれると考えています。サウスウエスト航空を見習って、自分の組織の人々を鼓舞してみて下さい。

手綱を放す行為はあらゆるチームやコミュニティに当てはまり、そのやり方はそれぞれ異なれど、多くの優秀なリーダーたちに実践されています。シカゴ・ブルズのコーチ、フィル・ジャクソンは常に、目立たないリーダーであろうと努めてきました。彼が目指したのは、選手たちに責任感を与え、自らの役割を決めさせることでした。

あなたはチームの手綱を放すために、何ができますか？

第3章 尊敬する

社内で取られる行動は全て、
その場にいる人全員に対する敬意を示す形で行われるべきである。
――『会社と会話における礼儀正しさと礼節ある行動のルール』

ある朝の7時半、ジェレミー・アンドラスはトレガーのオフィスの駐車場に車で入っていきました。トレガーは、オレゴン州を拠点にウッドペレット式のアウトドア用調理グリルを専門に扱う企業です。到着と同時に、彼は消防車や警察官が駐車場を取り囲んでいることに気づきました。車から出ると、トレガーの18輪の大型トラックが炎に包まれ、今にも焼け落ちそうになっています。その瞬間、犯人はわからないものの、彼は放火だと確信しました。CEOに就任したばかりだった彼はつい先日、倉庫とトラック搬送のオペレーションをUPSに外部委託すると発表したばかりだったのです。この影響を受ける数十人の従業員たちには、手厚い解雇手当と、UPSでの仕事を含む再就職支援が提示されていました。しかしこのニュースは好意的には受け止められず、多くの従業員たちが不満を抱いていることをアンドラスは知っていました。[※1]

トレガーでの仕事を持ちかけられた当時は、ちょうどアンドラスにとって新しい冒険を求めている時期でした。自分で買い取り、経営できる会社を探していたのです。この仕事を受けると決める前に、彼は様々な選択肢を比較検討し、他の企業の数字にも目を通していました。その結果、トレガーはまだまだ市場を広げていけると感じ、そこに秘められた大きな成長の可能性に心を奪われたのです。２０１４年に彼がＣＥＯに就任した当初、そもそも彼にこの仕事の話を持ちかけたＰＥ（Private Equity）ファンドの所有する株式は過半数に満たず、彼も自ら出資して少数株主になりました。トレガーの本社はオレゴン州ポートランドでしたが、ユタ州スプリングビルに小規模な営業所が、そして中国などに支社がありました。ユタ州在住だったアンドラスは、そこからオレゴン州の本社に通うことにしました。[※2]

しかし残念ながら、様々な問題が初っぱなから浮上しました。会社の大株主はフロリダ在住の連続起業家で、彼はリーダーとして会社を率いてきた8年間に、７人のＣＥＯを雇いましたが、全員が会社を去っていました。後にわかるのですが、８人目だったアンドラスは、従業員から陰で「オチョ（スペイン語で8）」と揶揄され、前任者たち同様、どうせ長続きしないだろうと言われていました。周囲は彼を、まるでもう辞めることが決まっているかのように扱いました。彼がデータの提出を求めても無視し、プロジェクトに参加するよう呼びかけても拒否しました。出社した彼がＣＦＯとの話し合いを求めると、時間がないと断られました。しかし最終的には、彼の貴重な時間を30分だけ割いてもらえました。

これらは全て従業員レベルの問題でした。しかし間もなく、これらの問題の根源は会社のトップにあることがわかりました。アンドラスは、大株主がミーティングを始め、あらゆる場面で非常に横柄であることに気づきました。最初はさほど気にしていませんでしたが、30日ほど経つ頃には、オーナーの攻撃的で横暴な態度が多くの従業員に伝染し、会社全体が刺々《とげとげ》しい雰囲気に満ちていることがはっきり見えてきました。[※3] アンドラスを含む全員が、このオーナーを恐れていました。[※4]「彼から電話がかかってくるたびに、胃が痛くなりました。全ての会話が苦痛でした」と彼は言います。もはや彼は、毎日会社に行くのさえ辛くなり、敵意が自分のパフォーマンスに影響を及ぼしていることを感じていました。[※5]「私が胃の痛みを感じているなら、他の人もきっと同じだと考えるようになりました」。

なんとかこのカルチャーを変えたいと、アンドラスはスカルキャンディーのCEOだったときの仲間を重役として呼び寄せました。しかし意外にも、これが事態を悪化させてしまいます。彼と彼の新しいチーム対オーナーと古株の従業員という、対立構造が生まれてしまったのです。[※6]

彼がCEOに就任して5カ月が経った頃、ある取締役会で、カルチャーを変える必要性が表面化する出来事が起きました。まずオーナーがアンドラスの隣に座ることを拒否したことから、その不吉な兆候は始まっていたのかもしれません。その後、アンドラスが98枚のスライドを使って自らのビジョンをプレゼンしている4時間以上の間、オーナーは一言も発しませんでした。そしてプレゼンが終わると、彼は拳《こぶし》を叩きつけ、テーブル越しにアンドラスに唾を飛ばしながら、こう怒鳴りました。「このクソくだらないプレゼンにも、クソくだらないスライドにも賛同できない！」[※7]。その瞬間アンドラスは、これはもはや、やるかやられるかなのだと悟りました。[※8] 彼はPEファンドのパートナーに連絡し、こんな状態を続けるには人生は短すぎると告げました。「彼の株を買うか、別のCEOを見つけるかのどちらかだ」と。ＰＥファンドは迅速に動き、２０１４年6月20日にオーナーから会社を買い取りました。

こうしてオーナーがいなくなり、自由に様々な問題に目を向けることができるようになったアンドラスは、戦略面と経営面においていくつかの変革を実施しました。また上層部の従業員30〜40人と何度もミーティングを重ねて、変化に対する彼らの意欲を確認したり、よりポジティブで協働的なカルチャーを作るためのアイデアを募るために、匿名でフィードバックできる調査を行ったりしました。アンドラスとチームは、会社を前進させるための新しいミッションと5つの価値観を設定しましたが、彼がどんなに頑張ってそれらを従業員たちに伝えようとしても、事態は一向に変わりませんでした。

従業員の多くは勤務歴が長く（中には親子2代で勤めている者もいました）、これまでのやり方を変えたり、アンドラスが思い描いているコミュニティを作ったりすることにほとんど興味がなさそうでした。こうした努力が実らないのは、オレゴン州までの通勤に勤務時間のほとんどを取られているせいかと考えたアンドラスは、家族と共にユタ州から引っ越してくることも検討しました。フルタイムで会社にいて、自らが日常業務の中で模範を示すことでコミュニティを形成しようと思ったのです。しかし、それでカルチャーが変わるとも思えませんでした。※9

会社の駐車場で18輪の大型トラックが炎に包まれているのを見たその日に、彼は変化をもたらすために何か思い切ったことをしないといけないと気づきました。火事の後処理について話し合うために招集したチームとのミーティングの最中、古株の従業員が入って来て、大変なことが起こったと報告しました。会社に恨《うら》みを抱いたアラバマ州の支社の従業員が、同僚2人を射殺したという報《しら》せが、たった今入ってきたというのです。アンドラスはこのとき生まれて初めて、職場で命の危険を感じたそうです。彼はかつて、これほどまでに有害なカルチャーに直面したことはありませんでした。そしてこのカルチャーを変えるには、一度完全にぶち壊し、ゼロから作り直すしかないと決意したのです。

無論、いくらカルチャーが有害でも、その従業員のほとんどは会社の資産を燃やしません。しかし彼らが会社の収益や評判に与える損失は決定的なものであり、阻止しなければなりません。そして時に、それには思い切った行動が求められるのです。「ネガティブな姿勢が染みついた、時代遅れのカルチャーを変えるのはほぼ不可能です[※10]」とアンドラスは自らの決断について語ります。「戦略やオペレーションは修正できますが、カルチャーを修正するには最初から作り直すしかないのです」。

そして彼は実行しました。まず、ポジティブで協働的なカルチャーを作ろうという彼の努力を邪魔する従業員の大半が勤務している、オレゴン州の本社を閉めることにしました。これには費用も痛みも伴いましたが、必要な措置でした。トレガーは解雇した人々には解雇手当を、新しい本社が開設するまでオレゴン州に残る主要な従業員たちには残留特別手当を支払いました。

ユタ州への移転に誘うメンバーを選定する上で、トレガーは残った90人の従業員それぞれの能力とカルチャーへの適応度の両方を審査しました。彼らをポジティブ、中立、批判者の3つに分類したのです。批判者の中には有能な者たちも大勢いましたが、アンドラスは、トレガーに彼らは必要ないと判断しました。有害とはウイルスのようなもので、ユタ州の新本社を感染させる者は誰一人として入れてはならないからです。中立またはポジティブに分類された12～15人の従業員の大半は比較的勤務歴が浅く、昔ながらの腐敗したやり方に毒されていない者たちでした。彼らのうち５人が、ユタ州に移ることになりました。そしてユタ州スプリングビルの営業所から15人ほどの従業員が、ソルトレイクシティの新本社に移ることになりました。

２０１５年9月にユタ州の本社がオープンし、オレゴン州の旧本社は２０１６年に完全閉鎖となりました。２０２１年の時点で、従業員の数は世界で７２０人でした。

現在、アンドラスは全ての入社希望者と直接話をして、適切な価値観やスキルを持っているかどうかを確認しています。また建築家と相談して、従業員がポジティブな気持ちになる空間作りに努めると共に、毎週月曜日の朝食と、火曜日から金曜日の昼食を従業員たちが一緒に作るようにしています。一緒に料理をすることで、互いに仲間への思いやりを示すことができるだけでなく、自分たちのブランドが調理や食べ物に関連するものだということを再確認することができるからです。

トレガーの収益が７０００万ドルに達するまでには、26年の年月を要しました。しかし、アンドラスがＣＥＯに就任してわずか7年で、トレガーの収益はその10倍である7億ドルに増加しました。それも全てカルチャーのおかげだと彼は言います。

「私たちが売っているのは今も昔もウッドペレット式のアウトドア用調理グリルです。品質は向上していますが、事業の内容を完全に変えたということではありません。市場での私たちのポジションは変わっていません。変えられるものといえば、チームとカルチャーだけでした。そして、それが重要だったのだと思います」

アンドラスによれば、本社の雰囲気は明らかに以前と異なっているそうです。それがトレガーの小売店のみならず、より大きなコミュニティに伝わることで会社の評判も上がり、事業発展の後押しとなったのではないかと彼は言います。[※11] 従業員たちもこれには賛成のようで、２０２０年のパルス調査ではトレガーのカルチャーは10点満点中（平均で）９点を獲得し、91パーセントが会社のビジョンやミッション、価値観との結びつきを感じると答えています（業界全体の平均は48パーセントで、企業全体の基準値は46パーセントです）。

アンドラスは別の指摘もします。

「私のこれまでのキャリアではなかったことですが、従業員からたくさんの感謝の声が届くのです。きっと従業員は、こちらがしていることが単なる正しいことではなく、正しい理由で正しいことをしているのだということを感じ取るのだと思います。彼らはトレガーにいることを楽しんでおり、退職する者はほとんどいません。私たちは従業員のお尻を叩いて全力で働かせますし、闘争的で、勝つことを目指しています。でもそれは、従業員がその中で、自分たちが成長し、何かを成し遂げ、会社と結びついていると感じられる環境作りと矛盾しないことが前提です。そうやって互いに高め合い、共生するための方法を見出せたことは幸運でした」

アンドラスが語ってくれたトレガーの混乱と再生の力強い物語には、私がリサーチで得たある真実と相通ずるところがあります。それは、従業員のパフォーマンスを向上させたいなら、尊重されていることを彼らに実感させなければならないということです。恐怖とマイナス思考によって形成されたカルチャーの中で、自分が貶《おとし》められていると感じていたら、潜在能力を開花させることはできません。アンドラスはこのことを、身をもって体験しました。前オーナーが作り上げた腐敗したカルチャーの中では、彼はオーナーと話をすることにも怯《おび》え、思うように力を発揮することができませんでした。

礼儀正しさの欠如は、単に不快なだけではありません。私のリサーチが何度も示しているように、それは収益に損失を与えるのです。『Think CIVILITY「礼儀正しさ」こそ最強の生存戦略である』（東洋経済新報社）では、数多くのそうした損失の事例を紹介し、礼儀正しい行動を通じて影響力と有効性を高めるための方法を提示しました。この章では礼儀正しさがどのように力を及ぼすかを探り、それがコミュニティの成功にとっていかに重要な役割を果たすかを明らかにします。そして、私がこれまで数々の企業に対して行ってきたコンサルティングの中で編み出した「礼儀正しさへのサイクル」を使用して、従業員が活躍できる、敬意に満ちたコミュニティの作り方をご紹介します。

コミュニティの崩壊：礼儀正しさの欠如の代償

ジェレミー・アンドラスのトレガーでの経験が示すとおり、敬意や配慮、礼儀正しさに欠ける振舞いは従業員の帰属意識を蝕《むしば》み、結びつきを破壊します。そして職場のコミュニティのメンバーは孤立や孤独に陥り、裏切られたり見くびられたりしていると感じるようになるのです。コミュニティの社会構造が揺らげば、パフォーマンスにも実質的かつ重大な影響が現れます。

時に生死に関わる決断を迫られる職場のコミュニティでは、無礼な態度が命を奪う事態を招くこともあります。ある医師から聞いた話では、患者の治療に当たっていたある医療チームが指導医から侮《あなど》るような態度を取られたそうです。その直後、彼らはカルテに記載されている重要な情報を見逃して治療法を誤り、結局その患者は死亡しました。これは稀な事例なのでしょうか？　とんでもない。4500人の医師と看護師を対象にした調査によれば、71パーセントが破壊的な行動（横柄、侮辱、無礼な態度を含む「個人の虐待的な行為」と定義）と、医療過誤の関連性を認めています。そして27パーセントが、そうした態度が実際の患者の死に結びついた経験があると答えています[※12]。無礼な態度にさらされている医師は最初の診断で誤り、その後、医療過誤を犯す傾向にあるのです[※13]。

礼儀正しさの欠如が医療現場でいかに作用するかを調査した研究では、イスラエルの4つの新生児集中治療室から24の医療チームが、医療の質を高めるトレーニングに招待されました。トレーニングの一環としてチームは未熟児の治療を任され、この未熟児が腸の疾患によって急激に衰弱します（これはあくまでシミュレーションであり、実際に新生児の命が危険にさらされることはありません）。スタッフたちは症状を特定して診断を下し、心肺蘇生法を含む適切な治療を施さなくてはなりません。彼らは、アメリカの専門医が遠隔で彼らを見ており、状況に応じて助言を与えると告げられています。しかし実は、この「専門医」というのは研究チームのメンバーなのです。医療チームの半分に対しては、専門家はシミュレーションを用いたトレーニングや実践の重要性を語るだけで、彼らの仕事の質には触れません。一方、もう半分のチームには、彼らのパフォーマンスやイスラエルの医療の「質の低さ」に関する侮辱的なコメントが投げつけられます。

研究チームはこのシミュレーションを撮影し、第三者がその結果を評価しました。無礼な態度にさらされたチームのパフォーマンスは、診断および治療全般においてレベルが低く、新生児の生存率は著しく下がっていました。これは主に、彼らが迅速に情報を共有せず、チームメイトに助けを求めることをやめてしまったことが理由でした。[※14] また彼らは、作業の分担もできていませんでした。

私は礼儀正しさの欠如に関するリサーチにおいて、似たような結果をしばしば目にします。人は心理的安全性（または信頼や尊敬）を感じられないと、自分でも気づかないうちに心を閉ざしてしまうのです。そうなると、フィードバックを求めたり、受け入れたりができなくなります。そして、新しいことを試したり、間違いについて話し合ったり、潜在的または実在する問題に触れようとしなくなります。[※15] たとえその場に自分を脅《おびや》かす人物がいなくても、彼らはネガティブという雲に取り巻かれ、実力を出すことができません。他のコミュニティのメンバーも、このウイルスに感染すればその影響を受けます。

エール大学の心理学者アダム・ベアーとデヴィッド・ランドによる数理モデルによれば、いつも不愉快な人間に囲まれている人は無意識のうちに自己中心的になり、自分の行動を顧みなくなる傾向があるそうです。彼らは、立ち止まって考えることをしないがゆえに、たとえ協力したほうが得なときでも自己中心的な行動を取ります。[※16] 私たちはコミュニティの空気に左右されるため、もしそれが腐敗していれば、私たちも病んだまま、そのウイルスを他人にまき散らします。顧客、クライアント、患者などの他のコミュニティへ、想像以上に影響を及ぼしてしまうのです。デビー・マッキニス、バレリー・フォークス、私による共同リサーチでは、従業員への敬意を欠いた場面を見るだけで、顧客は不快になることが判明しました。

私は数人の同僚と共に、職場におけるエネルギーを消耗する関係について研究し、それを「他人に対して長期間、繰り返し向けられるネガティブな判断、感情、そして行動意図」と定義しました。トレガーの元オーナーとCEOであるジェレミー・アンドラスの関係は、エネルギーを消耗するものだったと言えるでしょう。

ある工務店では、社内の雰囲気がエネルギーを消耗すると感じている人は、感じていない人の2倍の確率で退社していました。しかし特に警戒すべきなのは、消耗する人間関係と向き合わざるを得なくなったとき、優秀な人材ほど会社を離れる傾向にあるという点です。消耗する人間関係の数が平均を超えた場合、有能な従業員は、平均またはそれ以下の能力の従業員に比べて13倍の確率で退社します。※17

アメリカ人材マネージメント協会は、従業員一人の流出にかかる費用を3500ドルと算出しています。能力の低いレベルの従業員が流出した場合、会社にはその従業員の年収の30〜50パーセントの費用がかかります。中間レベルの従業員だと、その数字は出ていく従業員の年収の150パーセントに跳ね上がります。そして高いレベルの従業員になると、数字はさらに年収の400パーセントに膨れあがります。※18 さらに、同じコミュニティのメンバーが才能ある仲間の後を追って、より青い芝生（往々にしてライバル会社です）へと移れば、その数字はあっという間に2倍、3倍と増えていきます。

最も重要な人材が、不快な人間関係を理由にコミュニティから去ろうとしていることに気づいたら、アンドラスのように早急に手を打たなくてはなりません。しかし私のリサーチでは、職場の人間関係の改善には、エネルギーを奪う原因となっている従業員の排除が必ずしも必要なわけではないのです。

礼儀正しさがより強く、高いパフォーマンスのコミュニティを作る

私は、礼儀正しさや敬意に欠けたネガティブな行為をコミュニティから一掃するために長年奮闘してきました。そして、ネガティブな要素を排除するだけではなく、コミュニティにポジティブな振る舞いを導入する方法を見つけることで、さらに大きな見返りが得られることを、リサーチで明らかにしてきました。従業員に感謝すること、熱心に話を聞くこと、謙虚に質問すること、他者を認めること、手柄を分け合うこと、そして笑顔などの言葉以外の行為といった些細な行動が、心身の健康や幸せだけでなく、事業の成功にとっても非常に重要なのです。

礼儀正しさは磁石のようなものです。礼儀正しいコミュニティのメンバーは感じが良く、一緒にいて楽しく、魅力的です。加えて、礼儀正しい人は礼儀正しくない人よりも、品格がある（そして地位や権力がある）ように周囲から見られます。[※19]コミュニティとして、あなたのもとには敬意に基づいてメンバーが集まり、留まるようになるでしょう。

そしてこれらのメンバーはコミットメントとエンゲージメント、そして高いパフォーマンスをもたらしてくれるでしょう。『ハーバード・ビジネス・レビュー』に発表したトニー・シュワルツと共同で実施した、世界中の従業員2万人を対象にした研究では、従業員の仕事の成果に、敬意ほど大きな影響を及ぼす行為はないということが明らかになりました。従業員にとって敬意を持って扱われることは、承認や感謝をされるより、画期的なビジョンを提示されるより、有益なフィードバックをもた

らされるより、さらには学びや成長や発展のための機会を与えられるより重要なのです。[※20]

リーダーから尊重されている従業員は、健康と幸福度が56パーセント、信頼と安全が1・72倍、仕事に対する喜びと満足が89パーセント、集中力が92パーセント高いと報告されています。リーダーから尊重されているメンバーが組織に留まる確率は、そうでない人たちより1・1倍高くなっていました。また敬意はエンゲージメントに明らかな影響を及ぼしており、リーダーからの敬意が大きいほど、従業員のエンゲージメントは上がります。リーダーから尊重されていると答えた人たちは、エンゲージメントが55パーセント高くなっていました。

私たちのリサーチにより、敬意が、コミュニティに参加して貢献するためのエネルギーと意欲に拍車をかけることが明らかになりました。礼儀正しさはパフォーマンス、コラボレーション、クリエイティビティ、個人の自発性、そして間違いを見つける力を向上させます。こうした行動はコミュニティに数々の前向きな効果を及ぼし、ソーシャルネットワークを通じて広がっていきます。

あるバイオテクノロジー企業の研究開発部門の従業員全員をリサーチした結果、礼儀正しいと見なされている従業員ほど情報を求められる確率が高く、リーダーと見なされる確率も2倍高いことがわかりました。敬意を払えば、それだけの見返りがあります。礼儀正しい人のパフォーマンスは13パーセント高いのです。さらに私たちは、なぜ礼儀正しさが利益をもたらすのかを探りました。そして、礼儀正しい人が相手だと、そうでない人が相手の場合に比べて、情報を共有したいという気持ちが59パーセント、もっと一生懸命働きたいという気持ちが71パーセント高くなることを突き止めました。それは主に、礼儀正しい人は温かさと有能さの両方を、力強く独特な形で兼ね備えていることが理由

でした。[※21]

私たちは、こうした利点がどのようにコミュニティに波及していくのかに興味を持ちました。そしてバイオテクノロジー企業での研究で、従業員が日常のささやかな行為で礼儀正しさを発揮すれば、それが本人に返って来たり、別の人へと受け渡されたりしていくことを発見しました。

他者との交流から生まれるポジティブで奮い立つような気持ちは、私の弟マイクが「マイティ・マジック」と名付けたものへとつながります。尊敬は、グループに魔法のような効果を発揮します。グーグルは社内の180のチームを調べた結果、重要なのはチームの顔ぶれではなく、メンバーがいかに交流し、作業を構築し、貢献するかだという結論を得ました。信頼と敬意に裏打ちされた心理的安全性をより強く感じている従業員は、チームメイトのアイデアを活用する傾向が強く、退社することはほぼありませんでした。また敬意と安全を感じているチームにいる従業員は会社により多くの利益をもたらし、上司から「有能」だと評価される頻度も2倍でした。[※22]

礼儀正しさは、コミュニティのメンバーが気兼ねなく意見を言ったり、アイデアを共有したりする上で必要な基盤です。ある実験では、（感謝の言葉などと共に）礼儀正しい形で提案を受けた場合、（無神経に邪魔されるなど）無礼な形で提案を受けた場合よりも、心理的安全性が35パーセント高まることが確認されています。つまり、些細な瞬間がものを言うのです。特にあなたがリーダーならなおさらです。

（第2章で登場した）アマン・ブータニは、インドで過ごした幼少期に、両親から聞かされたマンゴーの木の話から謙虚さについて学びました。それは彼の人生に大きな意味を持ちました。というのも、後に彼はあるリーダーから、謙虚さは（西洋では）リーダーにとって強みではないと言われたからです。これを機に彼は自分にとっての謙虚さについて改めて考え、20年前に両親から聞かされたマンゴーの木の教訓に立ち返ったのです。謙虚な木を理解するために、ブータニが説明を補足してくれました。「マンゴーは、インドでは果物の王様です。食物繊維が豊富で瑞々《みずみず》しく、数百もの種類があります。種を地面に埋めてから、大きく重い実がなるまでには5年ほどかかります」。

ブータニによれば、果実が増えれば増えるほど、その枝は重みで地面近くまで垂れ下がるそうです。ここに潜む謙虚さについての教訓は、全ての人間には才能があるという前提から始まります。「私たちにはたくさんの才能があり、それらはマンゴーの木に実ったマンゴーのようなものです。あなたの仕事は、他の人がそれらを手に取りやすくすることです。マンゴーの木は、まさにそれをしてくれています。動物たちが食べやすいように、果実を地面近くに持っていっているのです。自分の才能を他人に渡したら、その瞬間あなたがすべきことは頭を垂れることです。木と同じように頭を垂れるのです。自分の才能を他人と共有して頭を垂れたその瞬間、そこに謙虚さを見出すことができるのです」

ブータニは、リーダーが謙虚さを見出せば、ポジティブな成果が数多くもたらされると言います。周囲はあなたに対して積極的に発言するようになり、厳しい意見を言うことも辞さなくなるでしょう。

「皆があなたに、どうすれば事態を改善できるかを教えてくれるようになるでしょう。なぜなら、皆があなたの味方になるからです。私はこれまで幅広い顔ぶれの人たちから、最も必要なときに必要なアドバイスをもらってきました」[※23]と言うブータニは現在、謙虚さを規範とし、それをコミュニティに伝えています。

このエピソード、そしてジェレミー・アンドラスら数々の人たちの体験談が示しているのは、方向性を決めるのはリーダーだということです。ある研修医から聞いた話ですが、ある手術の際、麻酔科医が麻酔薬を投与する直前に、看護師が突然「違う！」と甲高《かんだか》い声で叫んだそうです。執刀医は即座に手を止め、困惑した様子で「何が違うんだ？」と尋ねました。すると看護師は、カルテに記載されている数値が違っていると指摘しました。この患者の体重にはその投与量では多すぎて、命を奪う危険性があると言うのです。半信半疑ながらも、執刀医は情報の再確認をチームに指示しました。するとすぐに間違いが見つかり、投与量が調整されました。

無事に手術を終えた後、同僚から高く評価されていたこの執刀医は件《くだん》の看護師を賞賛しました。そして120の医療機関を運営するメッドスターヘルス主催の賞に彼女を推薦し、彼女は見事受賞を果たしました。医師はこの一件を隠蔽《いんぺい》する代わりに、病院がスタッフに求める責任ある行動に光を当てる機会としました。それによって、他の病院では萎縮して上役の行動に異論を唱えることができないような一介のスタッフでも、堂々と発言できるカルチャーを後押ししたのです。それは、潜在的なリスクや懸念が即座に表面化することを意味していました。

こうしたエピソードはコミュニティ内に伝わります。それはその組織の価値観を伝え、壁に貼られた抽象的な標語やウェブサイト上の箇条書きのリストなどよりずっと雄弁に、真に求められ賞賛されるものは何かを語るのです。

礼儀正しさへのサイクル

自分たちのカルチャーを「礼儀正しく」したいと思う企業は、私がコンサルティングをした数々の事業で導入されてきた「礼儀正しさへのサイクル」の4つのステップを使ってみて下さい。これは従業員のライフサイクル全般を網羅するもので、採用、コーチング（トレーニング）、得点（評価と報酬）、そして実践（改善、解雇、退場）からなります。これらのどれか1つに専念するのも有効ですが、2つ以上に同時に取り組むことで、チームまたはコミュニティのカルチャーはより迅速に礼儀正しさへと近づきます。取り組めば取り組むほど、礼儀正しさの有効性は明らかになり、敬意は浸透していくでしょう。礼儀正しさと敬意を強調することは、あなたがチームとコミュニティの発展と幸福度を重視していることの証しとなるのです。

◎採用：求めるのは礼儀正しさ

コミュニティの感覚を育むには、まず誰を雇うかから始まります。ある企業の創業者兼CEOは私に、こんな話をしてくれました。その頃彼は、会社の中枢となるきわめて重要なポジションに相応《ふさわ》しい人物を探していました。そして、数千億ドルの資産価値があるテクノロジー企業の最高幹部である起業家が、小規模ではあるものの成長著しい彼の会社に興味を持っていると知り、有頂天になりました。このカリスマ的人物と数回面談した彼の胸は期待に躍り、夢のような幸運に感謝しました。しかし実際にオファーを出す前に、彼は信頼できるアドバイザーに相談をすることにしました。彼の会社の最大の投資家だったその人物は、候補者の企業の前ＣＥＯに問い合わせてみてくれたのです。「やめたほうがいい」。それが、その男性の前の上司に話を聞き、情報を収集したアドバイザーの答えでした。「彼は有害だ」。アドバイザーによれば、こんな人物を雇ったら、ＣＥＯはシリコンバレーや投資家たちから軽蔑され、見識を疑われるだろうということでした。そもそもこの「有害な人物」が、情報をくれた男性のもとで働いていたのはわずかな期間でした。それでも情報を探っていくと、この候補者が人に与える影響に関して、マイナスの情報が続々と出てきたのです。

このＣＥＯは幸運でした。彼の会社に投資をしていた人物が心配して、事実確認をしてくれたおかげで、候補者の真の評判がわかったのですから。この候補者のように、大半の人は申し分のないリファレンスを提示することができます。しかし、そこで調査を終わらせるべきではありません。特に重要なポジションへの採用の際には、やるべきことをしっかりやって下さい。上、横、下からフィードバックを集めましょう。というのも、有害な人は相手の階層に応じて異なる顔を見せる傾向があるからです。いわゆる〝上にキスして、下を蹴飛ばす〟症候群です。できるだけ多くの、業界および組織内の関係者に接触しましょう。

アメリカ合衆国労働省の前副長官クリス・ルーは迷うことなく受話器を手に取り、候補者を知る人たちに電話をかけることにしているそうです。このやり方は間違いないと彼は言います。信頼できるネットワークから、候補者に関する有用な情報を集めることができるそうです。相手には、いい情報はもちろん、もしあるのなら醜悪な情報も聞かせてほしいと告げましょう。新しい従業員は伝染病のように職場を感染させ、長期的な害を及ぼす可能性もあるのですから、採用前にしっかりと情報収集することが必要です。

アンドラスはこれまで、全ての従業員と面談をしてきました。「それは無論、我が社のカルチャーに適応するかどうかを判断してふるいにかけるためですが、パートナーや友人としての関係を順調にスタートさせるためでもあります。私とは考えが異なる人たちからは毎回のように、『わざわざ時間を割いて一人ひとりに会うなんて信じられない』と言われます。でも私は『これは重要で、何よりも意味があることなんです。この組織では、従業員一人ひとりが重要なのです』と答えます」。アンドラスは「新入社員と会社の初体験」にこだわり、相手に「会社が従業員を大切に思っていると信じてほしい」のです。

無論どんなに慎重な雇い主でも、時に選択を誤ることはあります。そうでなくても、例えば他の会社を買収したときなどは、買収先の従業員が新しい職場には馴染まないカルチャーを持ち込むことがあります。そうした場合は、できるだけ早く介入し、礼儀正しさの欠如に関わる問題を解決することをお勧めします。

◎コーチング：礼儀正しさのトレーニング

もしあなたがリーダーなら、自らの役割をコーチと捉えてみて下さい。従業員と一緒に、基本に立ち返ってみるのです。

組織が自らの**期待を伝える**方法の一つが、礼儀正しさをミッションステートメントの一部に加えることです。コミュニティの創業者やリーダーが打ち出し、体現する明確な基準は、組織を正しい方向に導き、よりポジティブなカルチャーを後押しします。

私たちがサウスウエスト航空の本社で行ったイベントの冒頭では、ダイバーシティ&インクルージョンのディレクターであるラクエル・ダニエルズが大音量の音楽の中ステージに上がり、ブラック・アイド・ピーズの「Be Nice（優しくなろう）」を歌い始めました。彼女は従業員たちにも加わるように促し、「変わろう、優しくなろう、微笑んで。そうすれば人生は変わると約束する」と声を張り上げました。やがて、その場にいた人たちもノリノリで歌い始めました。ラクエルが体を揺らして手を叩くと、私たちは立ち上がり、腕を振り上げ、声を合わせて歌いました。

サウスウエスト航空のミッションステートメントには次のような条《くだり》があります。「一人ひとりのお客様に接する際にみなさんに期待されるのと同じ心遣い、尊敬の気持ち、思いやりのある態度をもって、私たちはみなさんを気遣い、尊敬し、大切にします」。ＣＥＯのゲイリー・ケリーは「『礼儀に外れた事例がかつてないほど増えている』今こそ、こうした振る舞いが重要だと信じています」と。彼はこう付け加えます。「端的に言うなら、正しいことをしなさい、他人を丁重に扱いなさい、それを儀礼的ではない形で実行しなさい、ということです。私たちは人々に仕えるためにここにいます。聞きたい、理解したい、様々な視点を受け入れたいという気持ちを行動に表し、心を込めて実践できれば、コハート（Coheart：サウスウエスト航空の従業員の呼び名）も顧客も敬意を払われていると実感するでしょう。私たちは全員、世界とサウスウエスト航空に変化を起こす責任を負っているのです」。

これはサウスウエスト航空のスローガン「ワンチーム、ワンファミリー、オールハート」に集約されています。

時に、些細なやり取りがコハートを動かすことがあります。ある客室乗務員は、州外で司法試験を受けるある乗客から、スーツを忘れたと聞かされました。飛行機が到着したのは夜の11時で、お店はすでに閉店しています。その客室乗務員は、この町に住んでいるコハートのジョーと乗客の体型が似ていることに気づきました。彼女がジョーに連絡をすると、ジョーは自分のスーツを乗客が宿泊しているホテルまで届けたのです。この乗客はジョーのスーツを着用して司法試験に臨み、見事合格しました。[※24]

ケリー曰く、サウスウエスト航空は幅広い意見や見解、考え方を許容する一方で、許容する行動の幅は広くありません。言い換えれば、礼儀に欠いた行動をする人は、それなりの責任を問われるのです。

従業員を養成する。通常の従業員教育の枠を超えて下さい。従業員をコーチングするには、まず彼らに、真摯《しんし》に耳を傾けてもらわなくてはなりません。そして、(良いものも修正を促すものも含めて)フィードバックをやり取りし、価値観の異なる人と協力し、手強い人たちへの対応もしなくてはなりません。敬意を持って他人と接する方法を学ぶには、思いやり、交渉力、ストレス管理、フィードバックのやり取り、難しい会話に参加する方法への理解、そしてマインドフルネスが必要です。

従業員に行動を促す。私は組織を相手に仕事をする際、「あなたは誰になりたい?」というエクササイズを取り入れています。これは従業員に、自らの仕事の軸となる規範を明確にしてもらうものです。私はこれを、カリフォルニア州アーバインにある法律事務所ブライアン・ケイブでも実践しました。当時の業務執行担当はスチュアート・プライスでした。私たちは従業員に、お互いが責任を持って守ろうと思える規範を挙げるよう指示しました。１時間あまりで、彼らは10個の規範を作り出し、それに同意しました。[※25] 事務所はこれらを「礼儀正しさの規約」として採用し、なんと花崗岩《かこうがん》に彫ったものをロビーの目立つ場所に設置したのです。プライスは、事務所がオレンジカウンティの理想の職場ナンバーワンに選ばれたのは、ひとえにこの規約のおかげだと断言します。[※26]

コミュニティのメンバーが、互いに責任を負う環境作りをしましょう。望ましいとされる行動に結びつかない、ただの言葉でしかない規範を押しつけられれば、人々はやる気を失い、冷めていくだけです。ある組織のトレーニングセッションでは、リーダーたちが礼儀正しさに関する10の原則を作り上げました。そしてある幹部従業員は誇らしげに私に言いました。「我々はこれをもとに、お互いに注意し合うんです。『おい、７番だよ、７番』『ほら、５番だよ、５番』といった具合にね」。彼らの礼儀正しさに関する原則は従業員にしっかり浸透していて、番号を叫ぶだけで十分相手に伝わったのです。規範を実践し、互いにその責任を負っている従業員たちは価値観を守り、礼儀に欠いた行動がエスカレートしそうな場合はそれに歯止めをかけます。もしそれを「ほら、７番だよ！」といった具合に肩の凝らない、楽しい雰囲気でできるなら、それに越したことはありません。

◎ケーススタディ：クリーブランド・クリニックでのコーチング

私がこれまで目にした中で最も成果が大きかった礼儀正しさのトレーニングは、クリーブランド・クリニックで行われたものです。様々な礼儀正しさの形の中でも、このクリニックが特に目指していたのは共感でした。
アドリエンヌ・ボアシーは2007年にクリーブランド・クリニックのPX（ペイシェント・エクスペリエンス）オフィサーに就任した直後から、患者に質の高いケアを提供する手段として共感に着目してきました。[※27] 神経学者である彼女は、神経科学の観点から共感を捉え、共感の送り手と受け手の双方の脳に及ぼす効果を理解し、スタッフたちにそれが持つ癒やしの力を学んでほしいと思っていました。彼女の定義する共感は、他人が感じていることを想像し、我がことのように感じ、それに対して何かをすることです。患者に共感の気持ちを持ちたいと思っている医師は、患者の考えや気持ちを聞き、それを反芻《はんすう》し、行動にそれを反映させます。
ボアシーは、共感は患者だけでなく医師のためにもなると考えています。大半の医師は人の役に立ちたくてこの職業に就《つ》くのですが、現代の医学界には医師と患者の人間としての結びつきを阻《はば》むものがはびこっています。それは例えば、時間のプレッシャー、保険金請求のための書類の作成、医療過誤訴訟の脅威などです。共感トレーニングはそうした結びつきを取り戻すのに役立ち、それは結果的に、医師の間に蔓延《まんえん》する燃え尽き症候群の減少につながります。現在、医師の半数近くが燃え尽き症候群に直面しており、[※28] それはアメリカ経済に年間46億ドルの負担をかけ、さらには強い不安、うつ病、自傷行為（非常に高い医師の自殺率も含む）、医療過誤の賠償請求などを招いています。[※29]
ボアシーは、患者の声に積極的に耳を傾け、共感する姿勢こそが、肉体面および精神面――さらには財政面――へのダメージを軽減する上で、医師の最強のツールになると考えています。患者が医療過誤を主張する一番の理由は、不適切な医療行為ではなく、人としての結びつきの欠如です。この結びつきの欠如は、あっという間に数百万ドルの賠償請求へと姿を変えるのです。

けれどボアシーは、その難しさも十分承知しています。医者という仕事には、ストレスがつきものだからです。彼らは、患者の健康に多大な責任を負っています。往々にして答えのない質問に、うまく対応することを迫られますし、常に時間に追われているせいで、患者の話を遮《さえぎ》ってしまいがちで、その声に真摯に耳を傾けることができません。そしてとりわけインターンや研修医の時代には、深刻な睡眠不足に苦しみます。医師の共感レベルが研修医時代には下がり、キャリアの後半に差しかかって再び上がることは、研究でも示されています。共感トレーニングを受けている医師は少ないものの、ボアシーはこれこそが、医師の行動に影響を及ぼすストレスを軽減すると考えています。しかし同時に、これを重要なツールではなく、「甘っちょろい」と捉える医師たちから、多くの抵抗があることもわかっています。

クリーブランド・クリニックの医師たちに、患者の声に耳を傾け共感するためのスキルを教えることを目的としたコミュニケーション・プログラムを開始したボアシーには、ターゲットがはっきりと見えていました。彼女が選んだのは、クリーブランド・クリニックに30～40年勤務している医師、とりわけ外科医たちでした。というのも、スタッフである医師の60パーセントは外科医だったからです。

まず脳神経外科の教授に声をかけたところ、返ってきた答えは、「それはいいね。真っ先に声をかけてくれてありがとう。でも最近うちに加わった若い女性がいるんだけど、彼女のほうが適任だと思う。彼女にはぴったりじゃないかな」というものでした。しかしボアシーは、自分に必要なのは若い新人医師でも女性でもなく、病院内で力を持つ人物だということがわかっていました。彼女はこう訴えました。「私には、組織内で影響力を持っている人の協力が不可欠なのです。そして脳神経外科の教授であるあなたは適任だと思います」。最終的に彼はプログラムの指導に当たることに同意し、これは人々の参加意欲を大いに掻《か》き立てました。

彼女は言います。「いろいろな人から『○○博士が指導に当たっていると聞かなかったら、このコースを取ることはありませんでした』と言われました」。口コミには大きな力があります。「影響力がある立場の人の力を侮ってはいけません」[※30]。

当初1000人ほどの参加人数でスタートしたクリーブランド・クリニックのプログラムは、やがて組織全体に広がりました。研修医やフェローを含む約4000人の医師が参加するようになり、8時間のコースは全ての医師にとって必須要件となりました。現在までに、総計4万人の医療従事者がクリーブランド・クリニックでトレーニングを受けています[※31]。

このコースには2つのアジェンダがありました。ボアシーはこう説明します。「1つは、効果的なコミュニケーションのスキルに関する情報を提供することでした。そしてもう1つは、受講者の思考や姿勢の変化を促すことで、その大部分は人間関係に関するものでした。例えば、患者にただ治療を受けさせるのではなく、信頼関係を築きたかったら、どんな言葉遣いをすればいいか、といったことを考えてもらうのです[※32]」。

その際、医師たちには、患者とより良い対話をするためにロールプレイングをしてもらいます。まずは、典型的な医師と患者の会話が繰り広げられます。

医師：禁煙について話し合いましょう。前回も話し合いましたが、さほど進展は見られないようですね。

患者：母が死んでから、なかなかやめられなくて……。

医師：ですが煙草をやめないと、また心臓発作が起こるかもしれませんよ。肺がんも心配だと、ご自身で仰《おっしゃ》っていましたよね。

ここでボアシーは、禁煙というゴールについてより効果的に話し合う方法を見つけるために、会話に介入します。

ボアシー：あなたの目的を教えて下さい。

医師：患者に喫煙をやめさせることです。

ボアシー：そうですか。では、なぜあなたは患者に喫煙をやめさせたいのですか？

医師：肺に良くないからです。

ボアシー：なぜそんな心配をするのですか？

医師：患者のことを気遣っているからです。

ボアシー：それをそのまま伝えてもらえませんか？※33

患者に耳を傾けてもらうために懸念を伝える方法は、医師と患者双方にとって有益です。ボアシー曰く、肝心なのは「患者を気遣う気持ちを表現するよう医師に教えること」です。彼女はこのロールプレイングで何度も目にしていますが、医師は「あなたのことを気遣っています」「私はあなたの側にいます」「一緒に頑張りましょう」という言葉を忘れがちです。そしてそれこそ、患者が聞きたい言葉なのです。このセッションの目的は「患者を一人の人間として見るためのプラットフォームを作ることであり、それこそがトレーニングの要《かなめ》」なのだと彼女は言います。[※34]

クリーブランド・クリニックでは、共感を示す行為が自然に持続しています。実際それは、やればやるほど上達し、もっとやりたくなるのです。社会的感染の研究をしているニコラス・クリスタキスによれば、共感もまた感染性があるそうです。私が誰かに共感を示せば、その人はまた誰か別の人に共感を示し、そこからさらに広がっていくのです。

クリーブランド・クリニックの共感とコミュニケーションスキルのトレーニングを受けた1500人の医師たちを対象にした調査では、患者経験価値（患者が医療サービスを受ける中で経験する全ての事象）、医師たちの共感能力、そして燃え尽き症候群に著しくポジティブな成果が出ていることが明らかになりました。[※35] 具体的には、医師の精神的疲労の減少が挙げられ、これは（調査が終了する時期である）コースの3カ月後まで持続していました。クリーブランド・クリニックでは、燃え尽き症候群の医師の離職率は、やる気と満足感を維持している医師に比べて2倍であり、彼らの後任を見つけるには膨大な時間と労力とお金がかかります。[※36] つまり医師の定着率の上昇は、他の様々なメリットに加えて、財政面でも助けになったのです。

ボアシーによれば、医師としてのキャリアの長さ、専門、あるいはそのスキルのレベルに関係なく、コースを終えたときには全員のコミュニケーションスキルが向上していたそうです。「それは大事なことを私たちに教えてくれます。誰にでも学ぶべきことがあるということです」。確かに、トレーニングを受け始めるときはその効果に懐疑的だった人たちも中にはいます。しかし終わる頃にはほぼ全員がその効果を実感しており、それは自己評価と患者の評価双方における共感度の上昇によって裏付けられています。

ボアシー曰く「これは単なるコミュニケーションスキルのトレーニングのコースではなく、彼らにとって人生が変わる経験だったのです。コミュニケーションスキルのプラットフォームは、人から見られ、耳を傾けられ、大切にされることを意識させるためのものです。彼らは患者に対してのみならず、同僚に対してもここで学んだスキルを使うようになりました。共感や敬意を受けること、そして与えることの心地よさを知り、使う言葉も変わったのです」。ボアシーと彼女のプログラムは医療従事者たちの心を解き放ち、そのポジティブな効果はコミュニティ全体に波及したのです。

◎得点を与える：礼儀正しさを評価し、報いる

礼儀正しさの価値に気づいたなら（そうであることを願います！）、それがあなたと組織にとっていかに重要かを示すべきです。そのメッセージを伝えるのに最善の方法は、**礼儀正しさを評価し、報いる**ことです。あなたのパフォーマンス測定基準は何ですか？　パフォーマンス測定基準は、従業員が自らのチームを前進させるために実際何をしているかをはっきりさせるものでなくてはなりません。

あなたのパフォーマンス管理システムは、礼儀正しさを促進できますか？　あなたは、仲間との共同作業を奨励していますか？　もしできていないなら、この項はそのとっかかりとなる鍵を提供できるかもしれません。

パフォーマンス評価は、コミュニティの価値観を体現している従業員に得点を与え、報いるものであるべきです。『フォーチュン』誌が選ぶ「テクノロジー企業トップ50」の1社に選ばれたある企業では、基準に達しない従業員のパフォーマンスは上司から評価を下げられます。結果は出したものの、その後の後始末がお粗末だった花形社員にもこれを行いました。

ある法律事務所では、礼儀を欠いたパートナーたちは、（株価の急落という形で）財政が直撃を受けるまで、自分たちの行動を見直そうとしませんでした。[※37]その影響力を高めるためにも、この評価システムは、報奨金や昇級といったものと結びついていなくてはなりません。

クリーブランド・クリニックは、どれだけうまく敬意や配慮を示したかに関して、全ての職員を評価しています。年次評価に先だって、評価を受ける職員は自らのパフォーマンスについて語る機会を与えられます。それを受けて、同僚の医師たちによって構成された理事会が職員と面談し、彼らのパフォーマンス、患者の安心感と満足感、いかに向上できるか、患者から寄せられた職員に対する意見について話し合います。ボアシーは「人々をサポートするためのまたとない機会であり、……大変な労力を要します」と表現します。

従業員の貢献に対する感謝を表現することはきわめて重要でありながら、往々にして見過ごされがちです。人々への感謝、これは簡単ですが大きな力を秘めています。これについては、次の章でさらに掘り下げます。

◎実践する：向上と説明責任

評価システムによって、グループメンバーの誰かが不作法な振る舞いをしていることがわかった場合、どうしたらいいのでしょう？　選択肢は２つです。**一緒に努力するか、退室を命じるかです。**私がコンサルティングをした企業の大半は不作法者に対して、少なくともある程度の労力を費やします。そして不作法な従業員の大多数は、周囲がそれを気づかせてあげることで、振る舞いが改善します。あるＣＥＯが言ったとおり、彼らは「リサイクルできる」のです。本人と共に振る舞いの改善に取り組み、改善の度合いをフォローアップし、必要に応じて調整を行うのです。

エネルギーを消耗する人間関係について調査すると、他人を消耗させる人は必ずしも性格や人格の欠陥が原因ではないということが明らかになりました。彼らは何らかの理由で仕事への関心を失っているのかもしれませんし、今の仕事に必要なスキルを持っていないのかもしれません。こうした場合、経営側がタイミングよく介入することで、状況が変わることもあります。管理職に抜擢《ばってき》されたある男性は、自分が管理する10人ほどの部下たちから煙たがられるようになってしまいました。そこで会社が、彼に必要なトレーニングを受けさせたところ、状況は改善しました。

ある病院のリーダーシップ・カンファレンス前夜のディナーの席で、私は病院のＣＥＯから、ミーティングで将来有望な若い医師に向かって罵詈《ばり》雑言《ぞうごん》を浴びせたという、優秀なベテラン医師の話を聞きました。その場面を目の当たりにしたＣＥＯは不愉快な気持ちになりましたが、何もしなかったそうです。自分が割って入って状況を収めるべきだとわかっていながら、固まってしまったのです。しかし後日、その出来事を振り返ったCEOはベテラン医師を呼び出し、彼の行動は許されないと告げましたが、うまくいきませんでした。ベテラン医師は行動を改善しようとはせず、彼の悪い評判はいつまでも消えず、最終的に、彼は病院を去ることを余儀なくされました。

その会話の翌日、およそ1000人もの医師やスタッフを前にリーダーシップ・カンファレンスの開会を宣言したそのCEOは、適時に行動をしなかった自分の過ちを認め、当時自分がどう対応すべきだったかを詳細に述べました。彼はスタッフたちに、不作法に扱われていると感じる人間関係からはすぐさま身を引くことを推奨しました。彼らを不愉快な気持ちにさせるものがあるなら、立ち上がってその場を去ってもいいと告げたのです。それ以降、私はスタッフたちが様々な場面で、この助言に従って行動し、さらにそれをコミュニティ内の仲間にも勧めている場面を目にしました。

残念ながら、不作法な行動の大半は表沙汰《おもてざた》になることはありません。それは往々にして従業員が、言っても無駄だと思っているからです。私たちが調査をした人たちの中で、不作法な行為を上に報告した人は半数もいませんでした。どうせ言ってもどうにもならないと考えていたからです。この問題に立ち向かうには、リーダーたちは許容される行動の基準を定め、それが守られなかった場合には断固たる措置を取らなくてはなりません。そして基準に則っていない振る舞いに対しては声を上げることを奨励すると同時に、自身も周囲への敬意を常に忘れてはなりません。

ニューヨーク市を拠点にしたレストラン20軒のオーナーであり、シェイクシャックの創業者であるダニー・マイヤーは礼儀正しさを奨励し、それに見合わない者は許容しないと宣言しています。どんなに有能なシェフでも、振る舞いが悪ければそれは即座に指摘され、それでも改善が見られなければ、解雇も辞さないそうです。マイヤーは、客は「礼儀正しい味」を感じ取ることができると信じているのです。

時には、すぐにその人物を排除することが難しい場合もあります。しかし、たとえ毒を排除できなくても、その影響が広がるのを防ぐために隔離することはできます。プロジェクトのメンバーを再編成したり、オフィスのレイアウトを変更したり、全員参加のミーティングの回数を減らしたり、自宅で仕事をすることを奨励したりすることで、当該人物と残りのメンバーの間に物理的な距離を取ることができます[※38]。「フォーチュン100」に名を連ねるある企業は、有能ではあるものの有害な従業員を一人雇用しました。重要なテクノロジーの開発に、どうしても彼が必要だったからです。彼らは他の従業員から彼を遠ざけるために、彼専用の研究室を創設しました。彼と接触する人を、なるべく減らそうとしたのです。有害な従業員は、遠隔で働いてもらうに限ります。単独での仕事が増えれば増えるほど、ネガティブな影響を抑えることができるからです[※39]。

世界有数の強豪スポーツチームの一部でも、この姿勢が徹底されています。ノルウェーのスキーチームは、2018年の平昌《ピョンチャン》オリンピックで金メダルを独占し、ワールドカップでは総合の上位4人のうち3人がノルウェーの選手でした。彼らは、謙虚さ、平等、敬意を日常生活で実践することを求められています。

「良いアスリートだからといって、嫌なヤツであっていいわけはありません」と語るのはスーパー大回転金メダリスト（2014年ソチオリンピック）のチェーティル・ヤンスルードです。「ですから私たちのチームでは、誰もがみんなとうまくやらないといけないんです」。チームメイトのアクセル・ルンド・スヴィンダルはある格言を挙げています。「スキルや能力がいかに優れているからといって、それがチームの社会的品質を踏みにじる理由にはならない」。チームメイトと共に食事をし、トレーニングに励み、生活をした約250日を振り返って、スヴィンダルは言います。「一緒に過ごす250日間は、雪から離れた時間も素晴らしいものであるべきです」[※40]。

敬意溢れるカルチャーを作るには気配りと配慮が必要ですが、とても価値の高いものです。人々が帰属意識を感じ、自分は重用され、最高の仕事をすることを期待されていると感じられる環境を提供すれば、従業員は潜在能力を解き放つことができるでしょう。礼儀正しい行いは見るだけでもやる気が促進され、そこからポジティブな感情が育まれることで、モチベーションやパフォーマンスも向上します。

トレガーのような組織の事例は、たとえ追い詰められた状況でも、リーダーはそれをリセットして、再生できるのだという希望を与えてくれます。ジェレミー・アンドラスが言うように、「リーダーは命がけで、カルチャーを守らなくてはいけません。カルチャーを守る以上に、大事なことなどないのです」[※41]。不作法はウイルスと同じで、あっという間に蔓延します。しかし救いなのは、礼儀正しさもきわめて感染力が高いということです。

人々の意気を高揚させ、コミュニティ内でポジティブなサイクルを始動させるために、あなたは何ができますか？

第4章

「徹底した率直さ」を実践する

あなたがどれだけ親身になってくれるかを知るまでは、
あなたにどれだけ知識があろうと誰も気にかけないものだ。
――セオドア・ルーズベルト

データ管理会社のソフトウェア・エンジニアだったマット・デイリーは、キム・スコットが自らが提唱するコンセプト「徹底した率直さ」について語る動画を見て、大いに心を揺さぶられました。正直なフィードバックを実行する、具体的に褒める、そして相手の助けになるよう誠意を持って批判するという目標は、仕事でも私生活でも自分に役立つものだとマットは直感したのです。程なくして彼は親しい友人から、キムが新しい事業を立ち上げようとしているので、興味があるなら参加してみてはどうかと勧められました。早速キムに連絡を取ったマットのもとに送られてきたのが、後にニューヨーク・タイムズのベストセラーリスト入りを果たす『GREAT BOSS（グレートボス）――シリコンバレー式ずけずけ言う力』（東洋経済新報社）でした。

マットはそのメッセージを貪るように読み、すっかり虜《とりこ》になりました。そして勤めていた会社を辞め、キムが立ち上げた会社のソフトウェア・エンジニアの仕事に就くことにしたのです。それは、彼女が提唱する効果的なフィードバックのループの実践法を、世界中のあらゆる規模の職場に伝授する会社でした。私生活で大きな喪失を経験したマットは、人とのつながりの重要性を痛感していました。そして、私生活や仕事の人間関係で役立つツールキットがあればと感じていました。そんな彼にとって、徹底した率直さは有益なツールだったのです。

キムはかつてこう言っています。「残念ながら、ビートルズは間違っていました」。人間関係においては、「愛こそ全てではありません。別の方向性が必要です。徹底した率直さにつながる、『忌憚《きたん》のない意見を言う』方向性が必要なのです。それが相手にとって必要なことだから、相手のことを気にかけているから、相手を怒らせるかもしれないけれどあえて言うための方法を習得することが、徹底した率直さの神髄となります[※1]」。

若きマネージャーのマットにはかつて、徹底した率直さがあれば良かったのにと思う出来事がありました。彼は直属の部下ではないあるエンジニアと一緒に、チームを管理していました。ある時点で、このエンジニアの業務がうまくいかなくなり、それはマットにも、そしてエンジニア本人にも明らかでした。それでも「（私は）隔たりを埋めて、状況を改善しようとはしませんでした」とマットは言います。結局、彼のチームは納期に遅れてしまいました。そのときマットは、問題の一端が、エンジニアやチームに必要なフィードバックを自分が提供しなかったことにあると気づきました。「私にはそれを実行するための、会話をするためのツールキットがなかったのです。その時点ではね」と彼は言います。

このときマットがいたのは、「過剰な配慮」がカルチャーとなっている職場でした。これはキム日く、相手の気持ちを慮《おもんぱか》るあまり、相手に関する本当に知るべき事実を言うのを控える状態のことです。マットは、上司から必要なフィードバックを受けていませんでした。つまり彼の周りには、組織の体制や納期やコンピテンシー（高い成果につながる行動特性）を明確に提示してくれる人がいなかったのです。徹底した率直さについて知ったマットは、これはチームのパフォーマンスを向上させるためだけでなく、より強固な人間関係を育むために役立つと直感しました。

マットはこうした価値観を明確にしているキム・スコットに惹かれました。キムの会社に加わった彼は、マネージャーがチームメンバーと徹底した率直さをやり取りするためのアプリの開発に尽力しました。これは、リーダーがチームメンバー各自と様々な種類の効果的なフィードバックを実践するためのもので、例えば月曜日には控えめな批判を、水曜日には具体的な賞賛をといった具合に指示されるのです。

しかしそれが完成する前に、キムは「徹底した率直さの目的が、電話を手放して直接会話をすることにある以上、このアプリはむしろ遠回りになるかもしれない」と考えました。[※2] こうしたフィードバックのスキルを習得するには、実践を重ねるしかないと気づいたのです。どれだけたくさんの関連本を読んでも、どれだけたくさんの言うべき言葉を覚えても、人間対人間の直接的なやり取りがなければ変化は起こりません。では、どんな実践が有効なのでしょう？

２０１９年、キムは即興劇で世界的に有名な劇団セカンド・シティのエグゼクティブ・バイス・プレジデントのケリー・レオナルドと提携しました。セカンド・シティの代表的な寸劇に、結婚式や夕食会などの場にいるという設定の主役の俳優に対して、他の俳優たちが台本なしでどんどん喧嘩を仕掛けていくというものがあります。1959年にシカゴで設立されたこの小劇団は、世界で最も多作で最も影響力のあるコメディ帝国に成長しました。出身者にはアラン・アーキン、ダン・エイクロイド、ジョン・ベルーシ、ジョン・キャンディ、スティーブ・カレル、スティーヴン・コルベア、ティナ・フェイ、ビル・マーレイ、エイミー・ポーラーなど数多くの俳優たちがいます。

キムがセカンド・シティと提携したのは、即興劇に必要なスキルが、フィードバックに真実味を与えると考えたからでした。本の出版から間もなく、キムはレオナルドが司会を務めるポッドキャストに出演し、即興劇がいかに徹底した率直さの実践に役立つかについて対談しました。2人は、たとえ素晴らしい練習になるとわかっていても、多くの人がロールプレイングを苦手とすることは承知していました。キムは言います。

「ある意味ロールプレイングは、楽器の演奏の仕方を知らない人に、オーケストラで演奏をして下さいと頼むようなものです。あるいは、アメフトでボールの投げ方を知らない人が、プレーするようなものかもしれません。でも即興劇には、徹底した率直さを実行する上で必要なスキルがいくつも含まれているのです」。キムによると、中でも反響があったのは、反応するためではなく理解するために、相手の話を聞くスキルでした。即興劇は、面白いことを言う術だけでなく、親身になって耳を傾ける術も教えてくれるのです。

セカンド・シティの寸劇の成功は、お互いの意図を読み合い、コミュニティという小さな世界を作り上げる俳優の能力にかかっています。彼らは互いを注意深く観察して協調しながら劇を進めつつ、より大きなコミュニティである観客の空気の変化にも気を配り、臨機応変に対応しなくてはなりません。

ケリーは言います。「即興劇はソーシャルスキルのヨガのようなものです。ジェスチャーに気を配ることで、他の人が気づかないようなことを教えてくれるのです」。周りの人たちは後ろにもたれているか、それとも身を乗り出しているか？　メールを見たりしていないか？　彼らの視線や仕草から何を読み取れるか？　あなたの言葉は彼らに届いているか？　それとも素通りしてしまっているか？ケリーは、即興芝居では「無から何かを生み出すために、周囲の環境に気を配ることを学ぶのです」と語ります。[※3] マットは、ケリーのこのヨガの比喩に賛同した上で、徹底した率直さでは「バランスを崩す瞬間もありますが、そこには学びがあります」と言います。優秀なヨガ教師は、ポーズが崩れてしまった生徒にポジティブなフィードバックを与えます。なぜなら、ポーズが崩れるということは、もっとポーズの質を上げようとしたからであって、失敗を恐れずにリスクを取ったことの証しだからです。

もう一つ、ヨガの比喩が当てはまる理由としては、ヨガは実践だという点があります。ヨガは、様々な動きやポーズの完成形を目指して行うものではありません。何度も繰り返して行うことで、そこから何かを学び、心と体を整えるための新しい方法を見出し続けていくためのものなのです。マット曰く、徹底した率直さを即興で行うことも「実践が全てです」。なぜなら、徹底した率直さにも、自分自身ではなくコミュニティの一員である人たちに気を配ることが求められるからです。

リーダーが、コミュニティのメンバーの気持ちを読み取り、対話する術を習得すれば、その影響力と有効性は高まります。適切なフィードバックのやり取りも同様です。それこそが、グループの成長の鍵なのです。徹底した率直さ（キムはこれを「忌憚のない意見を言いつつ、親身になること」と要約しています）を持ってこれを実行すれば、コミュニティ全員の潜在能力が最大限に引き出されます。徹底した率直さを実践するコミュニティは、パフォーマンスも革新性も向上する傾向にあります。またメンバー同士の人間関係もより強く、確かなものになります。

　徹底した率直さとセカンド・シティの相性がこれほどまでにいい理由の一つが、コメディが伝えるメッセージは強烈に記憶に刻まれるというものです。そして、そのメッセージには、耳に痛い厳しいメッセージも含まれるのです。ケリーによれば、「コメディは現実を鏡に映し出すための安全な手段であり、それをマネージメントに活用すれば、部下からの信頼性は大幅に高まる」[※4]そうです。セカンド・シティと提携しているコロンビア・カレッジ・シカゴで、コメディ研究のディレクターを務めるアン・リベラが言うように「私たちは笑いながら学ぶ」のです。

　これが、組織としてのセカンド・シティにも当てはまることがありました。セカンド・シティでは毎年暮れにパーティーが開催され、そこではスタッフが役員たちをからかう内容のショーを披露するのが恒例行事になっています。ある年、給仕係たちがオーナーに面と向かって「あなたはお洒落《しゃれ》をしているのに、私たちにはなぜ健康保険がないの？」と歌いました。ケリーは当時を振り返り、「私は卒倒しそうになりました。彼らも私もみんなクビになると思った」と言います。しかし、そうはなりませんでした。翌日、オーナーは役員たちを招集し、「どうすれば彼らを保険に入れられるか？」と問うたのです。そして、スタッフたちは無事に保険に入ることができました。ケリーは、ショーという形式でなかったら、こうはならなかっただろうと述懐します。[※5]

レオナルドによれば、徹底した率直さは、上役に対して真実を告げることができる体制を作り出します。徹底した率直さを実践するコミュニティの人々は、報復を恐れることなく厳しいメッセージを伝えることができるのです。年末のパーティーで実証されたように、セカンド・シティのメンバーには、メンバー全員の利益となる事柄について、上役に直接話をする自由がありました。そしてその自由から、本当の変化が生まれたのです。

なぜフィードバック（ポジティブなものもネガティブなものも）がコミュニティを育むのか

キム・スコットは、徹底した率直さのことを「**思いやりのある率直さ**」と称しています。それがポジティブであれネガティブであれ、思いやりのあるフィードバックをすることは可能だと信じる彼女は、自分が言う正直さとは共感を実現することだと語ります。思いやりのあるフィードバックをもらったコミュニティのメンバーはより有能になり、組織に利益をもたらします。それにより意思決定や共同作業は進化し、それに伴って生産性やパフォーマンスも向上します。そしてそれは個人のみならず、コミュニティ全体に恩恵をもたらすのです。

個人からコミュニティへと雪だるま式に増えるそうした恩恵は、時にとてつもない影響を及ぼします。業界や組織の枠を超えて2万人以上を対象に行った私たちの調査では、フィードバックのレベルが高ければ仕事への生きがい度は89パーセント、エンゲージメントは63パーセント、仕事への満足度は79パーセント上昇することが明らかになりました。また、フィードバックを受けることが多い人は、組織に留まる率が1・2倍高いことも判明しました。

個々の貢献を認める形でのフィードバックは、士気を上げるための最善の方法の一つです。特にコミュニティ全体がそれを習慣とすれば、その効果は絶大です。また、これはメンバーにコミュニティの一員としての意識を持たせるのにも役立ち、結果的に組織に留まる率の上昇につながります。

ワークヒューマンは、従業員が互いのポジティブなパフォーマンスや行動をレコグニション（承認）し合うことを後押しするための、ソーシャルレコグニション用ソフトウェアを開発する会社です。彼らはクライアントとの経験を通して、レコグニションによるコミュニティ構築が有効であることを証明しました。

例えば、ジェットブルー航空のデータでは、レコグニションされていることを実感していると報告した従業員の数が10パーセント増えるごとに、従業員が会社に留まる率は3パーセント、エンゲージメントは2パーセント上昇することが判明しています。IBMスマーターワークフォース・インスティテュートとワークヒューマンの研究によれば、ポジティブな経験を提供する組織はそうでない組織に比べて、総資産利益率が3倍、売上利益率が2倍に上るそうです[※6]。彼らの調査では、レコグニションされていることを実感している従業員のエンゲージメントは、そうでない従業員の約3倍であるとされています。

BP（英国のエネルギー会社）では、ワークヒューマンが開発した、同僚同士で報奨と承認を行うエナジャイズを導入後、従業員の離職率が減少したとのデータが出ています。新入社員のうち、レコグニションされていると感じている者は、そうでない者に比べて離職率が50パーセント低いことも示されました。ハンガリーにあるBPでは、賞を授与された従業員の離職率は66パーセント減少しました。また、ワークヒューマンが開発した、報奨とレコグニションのためのプログラム「ブラボー」を導入したリンクトインでは、パフォーマンスへの波及効果だけでなく（賞を授与された従業員の54パーセントは、毎年業績評価が向上していきました）、賞賛を受ける側が与える側に変化するという現象も見られました。より楽しく仕事に取り組めるようになった従業員は、同僚がもっとポジティブに仕事に取り組めるようになる環境作りに貢献するようになります。コミュニティはそうやって作られていくのです。

お互いに正直で慎重なフィードバックを与えれば、より深く、充足した関係が築かれます。徹底した率直さが習慣づけば、ガイダンスとコーチングがカルチャーの一環となります。メンバー同士が成長のために助け合い、互いに責任を負うことでフィードバックのループが生まれ、有効なフィードバックをやり取りすることができるようになります。これを重ねるほどに結びつきは強固になり、フィードバックを受けるメンバーは、相手のことをパートナーやコーチと見なすようになります。

こうなるとコミュニティは守られた安全な空間となり、メンバーはそこでより強く成長することができます。コミュニティの他のメンバーやリーダーがフィードバックを受ける人物の様子を気にかけ、その人がフィードバックをどう思っているか、グループとしてその人をどうサポートするかを考えていくことが理想です。こうした行動により孤立感は抑えられ、結びつきは強まり、コミュニティの構造はより強固になります。第1章で触れたシカゴ・ブルズはまさにこの状態でした。

ポジティブなフィードバックやレコグニションを受けると、コミュニティのメンバーは自分の価値が認められていると感じます。そして、グループ内の力や地位の格差は減り、全員の帰属意識が高まります。レコグニションは、実質何の犠牲も伴わずに実行することができるにもかかわらず、リーダーや組織から最も活用されていないツールの一つです。私たちが調査をした2万人以上の人たちのうち、上司から仕事をレコグニションされ、尊重されていると感じているのはたったの42パーセントでした。

私と共同でいくつかの研究に関わったトニー・シュワルツは、コーポレート・ウェルネスを専門にするエナジー・プロジェクトの創業者です。あるとき彼の会社は、人手不足や長時間労働、極度の疲労がはびこる有名な大病院の、心臓外科医と集中治療室の看護師たちにインタビューを実施しました。何十人もの看護師たちに、「仕事上で一番苦痛なことは何か」と尋ねたトニーのチームは、くつろいだり一息ついたりする時間の少なさや疲労に関する答えが返ってくるものと予想していました。しかしそれに反して彼らが挙げたのは、献身的に患者に尽くしていることに対して、外科医からの十分な感謝がないことでした。

次にトニーたちは、外科医らに質問をしました。看護師に比べれば、仕事に対する彼らの満足度は高いものでしたが、それでもやはり、担当する手術の数の多さなど、彼らもストレスの多い困難な状況で働いていました。そして一番苦痛なことは何かと尋ねたトニーたちは、ここでも再び驚きに見舞われます。一番多かった答えは、病院側からの感謝がないというものだったのです。外科医の中からは「私は毎日命を救っています。なのに時々、まるで工場で働いているような気分になります」という声も上がりました。

賞賛を受けると、多幸感や喜びを伝達するドーパミンが放出されます。褒められるといい気分になるのはそのためです。自分は大切で価値のある存在だと思いたいという、人間本来の欲求を満たしてくれるのです。断絶や孤立を感じる人が増えている中、レコグニションはより希少なので、さらに必要とされています。そうした状況でのレコグニションは、大きな見返りをもたらしてくれることでしょう。コミュニティのメンバーから認められれば、私たちはグループとの結びつきを一層強く感じるようになるのです。

だからこそ、ジェレミー・アンドラスは毎週月曜日の朝のミーティングで、同僚たちから推薦された従業員を讃えることにしています。「価値観を実践している従業員を、リーダーが讃えて賞金を与えるのと、同僚が讃えるのとはまったくの別物です。同僚から認められるほうが、ずっと価値があります」と彼は言います。トレガーの従業員は四半期ごとに、「バリュー・アワー・バリュー」プログラムの一環として、並外れた貢献をした同僚へのレコグニションを提示できます。それにはその従業員が何をして、どの価値観を体現したかに関する短い説明が添えられ、讃えられた従業員には100ドルが贈られます。アンドラスはこうした推薦文の中の一つを毎週月曜日のミーティングで紹介し、トレガーの価値観が強化するよう努めています。

なぜフィードバック（ポジティブなものもネガティブなものも）がパフォーマンスの向上につながるのか

徹底した率直さは、働く人が失敗や報復を恐れずに、変化とチャンスのためにリスクを冒せる環境を提供します。私は大勢のCEOやトップリーダーたちから、徹底した率直さというカルチャーが、いかにパフォーマンスや革新性の向上に役立ったかという話を何度も聞きました。

例えば、クリスタ・クオールズはレストラン予約のウェブサイト「オープン・テーブル」のCEOに就任した際、カルチャーの変革が急務だと考えました。それまでは、「感じが良い人」であることが美徳とされる、「統治し命令するカルチャー」でした。それを変えるのが困難だということはわかっていましたが、彼女は安心して本音を口にし（それをすると大抵「感じが良い人」ではいられません）、かつ失敗できる環境を作ることを目指したのです。

キム・スコットと仕事をしたことがあるクリスタは、彼女のコンセプトを信じていました。彼女がそれまでいたのは「過剰な配慮」がある状況、あるいは「いきなりハンマーで殴りかかられ、なおかつ相手がそれを楽しんでいる状況」でした。クリスタは言います。

「結論を言えば、そういうやり方は有効ではありません。相手が恐怖のあまり、『闘争か逃走』モードになっていたり、こちらが変に遠慮して言うべきことを言わなかったりすると、その人の前頭前皮質が閉じてしまって、こちらの言葉が届きません。それでは、こちらが望む成果は得られません」

とはいえクリスタは、そう簡単にそれを変えられるとは思っていませんでした。オープン・テーブルは、「過剰な配慮」という枠の中にがっちりとはまっていたからです。従業員たちは、ホスピタリティとは感じ良く振る舞うことだと信じ込んでいました。しかし彼女は、「誰も本当にやるべきことをやっていない」と感じていました。

彼女は、古い体質がどこまで従業員に染みついているのかがわからなかったため、従業員たちと話をして、徹底した率直さを勧めましたが、相手に求める前に自分が実践しなくてはいけないと気づきました。そして、まず表だって自分自身を批判することで、やりやすい雰囲気を作りました。彼女は彼らに、自分にもそうした試練があったことを知ってほしかったのです。クリスタは自らを「非の打ち所がない人たちと対決するコーチ」と見なしていました。彼女は言います。「フィードバックの真の狙いは、従業員に山を登らせることです。フィードバックをうまくやらないと、誰も山に登ろうとしません」。

「過剰な配慮」のもう一つの問題点は、リスクを取らなくなるということでした。オープン・テーブルを革新的にしたかった彼女は、それは徹底した率直さ抜きには不可能だと従業員たちに説明しました。「過剰な配慮」がはびこる中では、人々ははっきり何かを言ったり、既成概念の枠を超えようとしたりしません。カルチャーとは、「私がいない場で、どのように決断が下されるかを左右するもの」だとクリスタは言います。従業員が、何もかもうまくいっていると思い込んで当たり障《さわ》りのない意見を交わすだけでは、革新は生まれません。徹底した率直さがあってこそ、安心してリスクを取ることができるのだと、彼女は経験上知っていたのです。

クリスタは、徹底した率直さで会社の現状に切り込みました。当時、オープン・テーブルは高級路線に的を絞っていましたが、彼女はバッサリと「その市場ではもはや成長は望めない」と指摘したのです。「従業員には、リスクを取ることに安心感を覚えてもらう必要がありました」と語る彼女は、「失敗すれば、たくさんフィードバックをもらえる」と従業員を鼓舞しました。彼女は失敗を恐れておらず、チームのメンバーにも失敗を恐れて萎縮してほしくなかったのです。

彼女のチームは徹底した率直さを用いることで、ビジネスモデルを考え直すことができました。当時オープン・テーブルは高級レストラン専用で、カジュアルなレストランを検索することができませんでした。しかし検索データを精査した結果、比較的低価格の価格帯のレストランの検索数が伸びてきており、顧客がカジュアルなレストランを選択肢として求めていることが明らかになりました。

そこでクリスタとチームは、大胆な解決策を思いつきます。自分たちの予約システムと直接リンクしていない低価格のレストランを、レビューや詳細情報と共にサイトに載せてみたらどうだろうと考えたのです。彼女とチームがこのアイデアを提案したとき、レストランの多くはあまり乗り気ではありませんでした。しかし、このサイトを訪れてレストランを検索したものの予約をしなかった数千人もの人たちのデータは、彼女のチームにとって強力な武器となりました。それを提示してみると、多くのレストランが予約システムへの登録に同意したのです。

彼女は、徹底した率直さなしにはこれらを成し遂げることはできなかったと語ります。また、徹底した率直さのおかげで、オープン・テーブルは海外での事業を見直し、新しいビジネスモデルを開発することもできたそうです。彼らは正面切って現状に挑み、重要なフィードバックを交わすことで新しい戦略をスタートさせ、成長することができたのです。

クリスタは、人材開発も徹底した率直さで行いました。従業員の中にアイビーリーグの学位を3つ持つ、きわめて優秀な女性がいたのですが、彼女は内気で、ほとんど口をききませんでした。クリスタは、ミーティングなどコミュニティ全体の討議の場で、彼女がもっと気楽に発言できるようにしなければと考えました。ミーティングで、クリスタは3～4回、彼女に発言を促しました。そして、声を張り上げたり、発言の後にごまかし笑いをしたりしないよう注意しました。

クリスタはコーチとして、耳に痛い指摘をあえてしたのです。クリスタは彼女に、自分が彼女を信じていて（「親身になる」部分）、だからこそこれまで言わずにいたことを言うのだと（「忌憚のない」部分）伝えました。こうして彼女の意見に耳が傾けられる場を与えることで、回を重ねるにつれ、彼女は目に見えて自由に発言できるようになっていきました。クリスタは、この有能なチームメンバー、そしてオープン・テーブルというコミュニティに勝利をもたらしたのです。

エバーノートの前CEOでグーグルカナダおよびX（旧グーグルX）のグローバル・ビジネス・オペレーションズの前マネージング・ディレクターであるクリス・オニールは、グーグルにいた頃、「優秀な従業員」と「卓越した従業員」の間には大きな違いがあることに気づいたそうです。キム・スコットはこれを、「ロックスター」と「スーパースター」の違いと称しています。スコットは、非常に優れた成果を上げながらも、成長のカーブが緩やかな従業員を「ロックスター」としています。彼らはミック・ジャガーではなく、アイルランドの競走馬ロックオブジブラルタルなのです。彼らは仕事が大好きで、世界で通用する能力を持っていますが、実権を握りたいとは思っていません。現状のままで満足なのです。一方、「スーパースター」は成長のカーブが急激で、1年後も同じ仕事をしていることに耐えられない人たちです。

オニールは、こうしたロックスターをスーパースターに転身させたいと考えていました。そして、そのためには、時には厳しい指摘も含む、ダイレクトなフィードバックを与えるしかないとわかっていました。ただ彼にとって想定外だったのは、彼自身もそうしたフィードバックを進んで受け入れなくてはいけなくなるということでした。

グーグルカナダのマネージング・ディレクターに就任してすぐに、オニールは壮大なビジョンを打ち出しました。2～3年以内に、10億ドル規模の事業に成長させると宣言したのです。上司たちが彼の野心を大いに歓迎する一方で、彼のチームはそれを正気の沙汰ではなく、非現実的だと受け止めました。そして実際にそう彼に告げたので、意気軒昂《けんこう》だった彼は出鼻を挫《くじ》かれたのですが、彼らのフィードバックに耳を傾けているうちに、自身の弱さをさらけ出すことができるようになりました。その結果は、刺激的なものだったと彼は言います。彼が弱さを見せたことが、若いチームとコミュニティ全体における腹を割った話し合いへとつながり、敗北に思えたことから、嬉しい結果が生まれたわけです。

それは、彼が自らをさらけ出したことで、徹底した率直さを実践しやすい空気が生まれたからでした。オニールはこのとき、従業員の話に耳を傾ける必要性を痛感しました。あるテクノロジー関連企業の重役は私に、評価の高いリーダーには共通点があると語りました。彼らは「マネージャーが定期的にフィードバックを求める」案件に力を入れるのです。

最終的に、オニールたちのオペレーションは世界中のグーグルの中で最高評価を受けました。程なくして、役員チームの面々は次々と昇進してグーグル本部に移っていきました。オニールは、若いチームを鼓舞するのに貢献した、「徹底した率直さ」のおかげだと言います。

オニールはこのやり方をエバーノートにも導入し、それは彼にもチームにも恩恵をもたらしました。特に彼が「直接挑戦する」ことを強調したことが、事態の好転につながりました。

オニールは、良い重役には順応性が不可欠だと信じています。彼らは「常に好奇心を忘れず、応用できる素晴らしい経験を山ほど持ちながらも、それにしがみつかない」のです。好奇心と順応性を保ち、オープンであり続けるには、率直なフィードバックが不可欠です。それが成功を後押しする、とオニールは言います。

第2章と第3章に登場したゴーダディのアマン・ブータニは、キャリアを通して徹底した率直さを支持してきたことで知られています。「フィードバックは空気と同じです。人々を結びつけるツールなのです」と彼は言います。

あるとき、彼の直属の部下である女性が、自分より役職が下のあるリーダーに対する不満を彼に訴えてきたそうです。2人はある案件を巡って、意見が対立していました。ブータニはきわめて率直に、彼女が感情的になっている理由を指摘しました。次の瞬間、彼女は激しく泣き出しました。彼はしばらくその姿を見守った上で、揉《も》めているリーダー本人と直接話すことを彼女に強く勧めました。そのリーダーは彼女の協力を必要としているはずで、単に彼女の不満を理解していないだけなのだと指摘したのです。「きみは彼をよく知らないだろう」とブータニは彼女に告げました。彼女は役職上、そのリーダーから権限を奪うこともできましたが、それは彼らが望むカルチャーではありませんでした。

ブータニは彼女に、ゴーダディが推奨する徹底した率直さのカルチャーを思い出させ、従業員を支えてチャンスを与えるよう諭《さと》しました。彼女は気を取り直して、件《くだん》のリーダーに話し合いを申し込みました。その後、彼女がブータニに報告したところによると、2人の話し合いは一筋縄ではいかなかったものの、結果的には丸く収まったそうです。ブータニは言います。

「素晴らしい成果でした。3日後には、2人はお互いに対する理解を深めていました。友達のように、自分たちの子供の話までするようになっていたのです。それは、ゴーダディ全体にとってても喜ばしいことでした」

クリスタやオニールと同様、ブータニもまた自ら弱さをさらけ出すことで、会社の方向性を定めました。大勢の従業員たちの前で、自分へのフィードバックを求め、良いことも悪いことも、そしてみっともないことも指摘してくれと頼んだのです。

第2章に登場したジェン・オトゥームニーは、自分の成長に役立ったある事例を教えてくれました。あるとき、ジェンは重要なプレゼンの準備に励んでいました。切れ者でありながら、プレゼンだけは苦手だった彼女は、自分の代わりにプレゼンをする従業員を2人用意しました。草稿に目を通したブータニは、彼女の言葉と意見が伝わってこないと彼女に告げました。ジェンによれば、ブータニは「そこに私の声が入っていない」と非難しました。もっと心を込めなくてはいけないと教えてくれたのです」。彼が心底彼女のことを気にかけ、彼女の意見を重んじていることを知っていたジェンは、このフィードバックを受け止め、たとえ喋《しゃべ》るのは他の人に任せるとしても、自分の言葉がもっと伝わるようにプレゼンテーションの内容に手を加えました。

アマン・ブータニは「一人ひとりの心構えが変化していくことで、複合的な効果が生まれるのです」と言います。

忌憚のない意見を言う姿勢は、財務アドバイザーにも有益です。キャピタル・プレフェレンシズ、T・ロウ・プライス、ファイナンシャル・プランニング・アソシエーションの調査によれば、親身になっていることを示しつつ、時間をかけてクライアントのことを知り、積極的に忌憚のない意見を言う財務アドバイザーのほうが、成長する可能性も高く、クライアントとの関係も良好だったそうです。端的に言えば、成功した全ての財務アドバイザーは、徹底した率直さを実践して、親身になって忌憚のない意見を告げていたのです。この調査結果は財務アドバイザーだけではなく、教師、弁護士、コーチなど、誰かに何かを指南する立場にある、あらゆる人に当てはまります。

だからといって、ネガティブなフィードバックを適切に行う方法を見つけ出すことだけが、進歩へと向かう唯一の鍵というわけではありません。ポジティブなフィードバックは、人間の最善のパフォーマンスを引き出すための基盤です。リンクトインの前CEOジェフ・ワイナーが言うように「レコグニションはモチベーションにとってきわめて重要な源であり、従業員が最高の仕事をするための後押しをする」のです。

『NINE LIES ABOUT WORK　仕事に関する9つの嘘』（サンマーク出版）の中で、マーカス・バッキンガムとアシュリー・グッドールは、「チームのパフォーマンスを高める上で、ポジティブな関心はネガティブな関心の30倍効果的である」と指摘しています。ネガティブなフィードバックをより頻繁かつ有効にやり取りすることにばかり労力を費やしていたら、膨大な潜在能力が手つかずのまま放置されてしまいます。人間は関心を、特に自分の得意なことに関心を向けられることを求めているのです。[※7]パフォーマンスが高い人は、同僚により多くのポジティブなフィードバックをします。実際、パフォーマンスが高いチームは、平均の6倍近くのポジティブなフィードバックをやり取りしています。[※8]一方、パフォーマンスが低いチームは、平均の2倍近くのネガティブなフィードバックをやり取りしているのです。

褒めるための筋肉を常にほぐしておきましょう。ほぐせばほぐすほど、筋肉は強くなり、より自然に使えるようになるからです。従業員をレコグニションする瞬間を積極的に探すようになれば、結果的に彼らに一日中目を配ることになり、以前だったら見落としていたかもしれない小さな手柄を讃えることができるようになるでしょう。

最も基本的な種類のレコグニションにこそ、驚くような効果を及ぼす可能性が秘められています。例えばある中学校では、生徒が教室に入る際、その一人ひとりを教師がポジティブな態度で迎え入れるようにしたところ、生徒の学習態度が20パーセント向上し、教室での反抗的な態度が9パーセント減少したそうです。[※9]

こうしたささやかな行動は、往々にして見過ごされがちです。私は、同僚から認めてもらえない、言葉をかけてもらえないという不満をよく耳にします。私の教え子の中で最も優秀だったある男性は、廊下ですれ違う上司が、いつも彼のことなど目に入っていないかのように歩き去るという理由で、会社を辞めました。またある才能豊かな研修医は、この種の冷たさがいかに彼や仲間の研修医に影響を及ぼしているかについて嘆いていました。ある有能な外科医の下での2カ月間の研修を終えた当日、その外科医は廊下ですれ違っても彼に目もくれなかったそうです。「私の名前を呼んでもくれませんでした。人間扱いしてもらえていない気がしました」と彼は言います。

こうしたレコグニションは、私たちが考える以上に重要です。そして、それは何の代償も伴わずに実行できるのですから、出し惜しみする必要などありません。私たちは、こうしたささやかな行動を通して、周囲の人々にコミュニティへの帰属意識を抱かせるどころか、彼らを蔑《ないがし》ろにすることで、彼らの中に潜む連帯感を踏みにじっているのです。

言葉を用いない肯定の合図、それは触れ合いです。触れ合いは、絆を強めてくれます。グータッチやハイタッチをされると尊重されていることを実感するだけでなく、チームの勝利への活力にもなります。マイケル・クラウス、カッシー・ファン、ダッチャー・ケルトナーは2008年~2009年シーズンのNBAの全チームを調査し、最も触れ合いが多かったチームが最も勝利数が多いという結論に至りました。[※10]選手のステータス、プレシーズンでの期待値、そしてシーズン初めのパフォーマンスを計算に入れても、触れ合いによってパフォーマンスが向上することが予測されたのです。[※11]「触れ合うことでチームメイト間の連携が高まり、パフォーマンスの向上が予測されます」とケルトナーは言います。「短い触れ合いを通じて、感謝や思いやりや愛や怒りといった重要な感情を伝えることができるのです[※12]」。またケルトナーは「触れ合いは信頼を植え付けます」とも言っています。「善意が広がり、選手がお互いのためにより良いプレーをするようになるのです[※13]」。この調査では、触れ合いが多いチームの選手ほど、ディフェンスに協力したり、壁をうまく作ったり、連係プレーが多いことも明らかになっています。[※14]一部のコーチはこれを自らのチームで試し、好ましい成果を上げています。

触れ合いは、信頼と結びつきの気持ちを誘発するオキシトシンを脳内に発生させます。つまり、あなたがチームメイトや同僚の背中を軽く叩くたびに、そこには絆が生まれているのです。客に触れる接客係はもらえるチップの量が多く、患者に触れる医師は患者からの評価が高く、通行人に触れる署名集めの人はより多くの署名を集めるという調査結果もあります。[※15]

また触れ合いには、ヘマをしてしまった人を励ます効果もあります。私は大学時代、バスケの試合でフリースローを失敗するたびに、これに大いに助けられました。コーチやチームメイトがハイタッチやグータッチをしてくれると、「心配しないで。また次がある」という気持ちが伝わってきて、元気が湧いてきました。「失敗の後のそうした励ましは、成功の後のハイタッチよりもずっと効果的です」とスポーツ心理学者のジャロッド・スペンサーは言います。「それによって、頭の中を駆け巡るネガティブな思考が遮断されるのです」[※16]。

また、触れ合いは帰属意識も高めます。人間は、帰属意識や一体感、あるいは科学者が「親和性[※17]」と呼ぶ感情を切に求める生き物です。これは、自律性や有能感と並んで人間の基本的な欲求の一つであり、かつ最も重要なものです[※18]。言葉を用いない肯定の合図はたくさんあります。拍手やハイタッチをしたり、承認や賞賛の気持ちを込めて頷《うなず》いたりするだけで、相手に活力を与えることができるのです。

リーダーがオープンな対話を確立し、それをコミュニティの構築と強化に生かすにはどうすればいいのか？

◎徹底した率直さを実践した上で、陥りやすい罠を避ける方法を学ぶ

徹底した率直さを実践するのは一筋縄ではいきません。それゆえにキム・スコットは、私たちがグループのメンバーとのコミュニケーションを形成する上で用いることができる、基礎的なガイダンスと枠組みを用意してくれています。これは、過剰な優しさと過剰な厳しさ、そして言葉の過剰な少なさと過剰な多さの間のバランスを取るのに役立ちます。

「不快な攻撃」とは、相手への気遣いを示さずに、誰かを攻撃することです。スコットによれば、これは真心が感じられない賞賛や、優しさの足りない批判やフィードバックという形を取ることもあるそうです。オープン・テーブルの前ＣＥＯで、現在はポートフォリオ・ソフトウェア企業コーレル・コーポレーションのＣＥＯであるクリスタ・クオールズは、不快な攻撃と徹底した率直さは時に混同されやすいと言います。しかし、ネガティブなフィードバックを言う前に「この際、徹底した率直さで言わせてもらうと……」を付けたからと言って、それが徹底した率直さになるわけではありません。相手への気遣いが込められていなければなりません。

「過剰な配慮」は「不快な攻撃」とは正反対で、相手を気遣うあまり、忌憚のない意見を言うことができない状態です。これは、何が良かったのかが相手に伝わらない曖昧《あいまい》な褒め言葉、または甘い言葉で包んだ不明瞭な批判です。過剰な配慮を実践していると自分がいい人になったような気がしますが、これは相手のためにならないどころか、有害になる場合もあります。スコットは、（仕事上でも個人的な人間関係でも）失敗の85パーセントは過剰な配慮の形で発生すると言います。「過剰な配慮」がここまで一般的なのは、正直さが相手を傷つけると考え、正直なメッセージを伝える勇気がない人があまりにも多いからです。

ケリー・レオナルドは、自身もキャリアの大半を過剰な配慮に縛られてきたと認めています。そして、人々に正直なフィードバックを提供しなかったことを、今となっては申し訳なく思っています。自分を責めた彼は、セカンド・シティの運営から退いた後の２０１５年に、かつての同僚を集めてランチ会を催し、その席で涙を流して謝罪したのです。

クリスタ・クオールズも、自身が過剰な配慮という過ちを犯してきたと認めています。オープン・テーブルに入ったとき、彼女は「いい人」カルチャーを一掃すべきだと認識していました。このままでは、従業員に忌憚のない意見が言えず、パフォーマンスに影響するからです。徹底した率直さが成長につながると信じた彼女は、それを従業員にぶつけるだけでなく、従業員がそれを彼女に直接ぶつけることも許可しました。

「摩擦の回避」は、受動的な攻撃的態度です。親身になってもいないし、忌憚のない意見も言いません。本人には心のこもっていない賛辞やお世辞を言い、陰で批判します。キム・スコットは、これこそ間違ったフィードバックの最たるものだと強調します。

「親身になる」と「忌憚のない意見を言う」を調和した形で提供できるのは「徹底した率直さ」だけです。実際のところ、人に忌憚のない意見を言うことは往々にして、親身になっていることを示す最善の方法です。そしてこの調和こそ、成功への確かな道筋なのです。

◎フィードバックが的を射ているかを確かめる

フィードバックは時に、送り手が込めた意図と、受け手の感じ方が一致しないことがあります。投資アドバイザー企業のモトリー・フールには、そうしたすれ違いを見つけるためのプログラム「ポイント・オブ・ビュー」があります。部下にフィードバックをした後、マネージャーはフィードバックに込めた意図に関するアンケートに答えます。そして部下も、マネージャーのフィードバックから何を受け取ったかに関するアンケートに答えるのです。

マネージャーと部下の答えは照らし合わされ、根本的に一致しているかを確かめます。不一致があれば、マネージャーはもう一度、より明確にフィードバックが部下に伝わるよう努めなくてはなりません。このプロセスは、行き違いの芽を摘み取るのに役立ちます。そうすることで、部下がマネージャーの提案を誤解したまま、それに合わせようとすることを防げるのです。また健全な対話により、心のわだかまりも最小限に抑えることができます。

◎フィードバックの方法を進化させる

私たちの大半は、コミュニケーションのズレを埋めるための「ポイント・オブ・ビュー」プログラムを受けることはできません。そこで、建設的にフィードバックをするためのヒントをいくつかご紹介します。

- Situation-Behavior-Impact（状況―行動―影響）、略して「ＳＢＩモデル」を用いましょう。まず、その行動が起こった状況を具体的に説明します。この説明は短く、簡潔でなくてはなりません。次に、問題になっている行動を明確に説明します。このとき、相手の怒りを煽《あお》るような言葉は避けます。行動が引き起こした結果と、それが周囲にどのような影響を及ぼしたかを説明するのです。
- フィードバックのサンドイッチは避けましょう。私たちの多くは褒め言葉から入って、ポジティブなコメントで締めくくる方法を好みます。これだと、間に挟まれたネガティブな肉は、フィードバックのサンドイッチの中で行方不明になりかねません。[19] この何が問題かというと、人間には会話の最初と最後で聞いた内容を記憶する傾向があるということです。つまり、間に挟まれた批判は埋もれてしまうのです。もう一つの問題点は、私たちの多くはあらかじめネガティブな意見を受け取る準備をしていることです。人は、特にパフォーマンスに関する話し合いの席では、ネガティブな意見を言われることを覚悟しています。そんなときに褒められると、次に何が来るかと身構えます。そして、最初に言われた褒め言葉も、こちらが受けるショックを和らげるために言っただけではないかと疑心暗鬼になるのです。[20]

- フィードバックを提供する理由を説明しましょう。
自分の本意を説明するところから入れば、相手は警戒心を解きます。ある研究では、冒頭に「私がこれを言うのは、あなたにとても大きな期待を抱いていて、あなたにはそれができると信じているから」と添えるだけで、フィードバックの効果は40パーセント上がるとされています。[21] 精神科医のエドワード・ハロウェルは、同じような言葉を子供に対して用いることを推奨しています。それは「私があなたにより多くのことを望むのは、あなたの可能性を知っているから」というものです。決して叱るのではなく、相手の意欲を掻き立てるのです。[22]

- 対等な立ち位置で話しましょう。
人がネガティブなフィードバックを恐れるのは当然ですから、あなた自身も人間であり、弱みがあるというところを見せましょう。例えば「私はマネージャーや友人のフィードバックのおかげですごく成長できたから、今度はそれを別の人につなぐ形で恩返ししたいんだ」とか、「偉大なるリーダーは率直なフィードバックを提供するものだって聞いたので、そのスキルを習得中なんだ」、または「フィードバックを提供することでお互いに成長したいんだ」などと言うと効果的です。[※23]

●フィードバックが欲しいかを相手に聞きましょう。

「最近、あなたの仕事について二、三気づいたことがあるけれど、フィードバックいる？」といった聞き方をするといいでしょう。[※24] 自分で受けると決めたフィードバックなら、より心を開いて受け入れ、ムキになることも少ないはずです。概して人はフィードバックを欲しがり、もらえないとガッカリするものです。

●問題を目にしたら、状況に応じて即座に、または直後にフィードバックをしましょう。

その状況を相手が忘れてしまう前に、なるべく早く行うのが鉄則です。年次業績評価まで待ってその件を持ち出したりすると、相手はそのことを覚えていないだけでなく、不安を抱いたりムキになったりする場合もあります。

●もし可能であれば、人前ではなく相手と2人きりの状態でフィードバックをしましょう。

人前でのポジティブなフィードバックは、通常は喜ばれ、あなたが望む振る舞いを強化することになります。しかし、中には人前でのフィードバックに恥ずかしさや気まずさを覚える人もいるので、チームのメンバー一人ひとりの好みを把握しておけば安心です。確信が持てなければ、直接相手に聞きましょう。

◎現状に即した詳細なフィードバックを、適宜提供するためのメカニズムを構築する

フィードバックを職場の定例業務の一部にするために工夫をしましょう。ジンガーマンズは、40年前にミシガン州アナーバーの小さなデリカテッセンとして誕生し、その後アメリカ全土に地元の食品やギフトを送る大手通信販売事業に成長しました。700人以上の従業員を抱えるジンガーマンズは、その高い評判を守ることと、さらに進化するための新しい方法を見つけることの両方に力を注いでいます。

ジンガーマンズでは、「ハドル（密談）」と呼ばれる、週に一度のミーティングが開催されます。これは、各事業部が参加を希望する従業員を招集し、スタッフおよび事業全体のパフォーマンスに関する情報を迅速に提供するための場です。彼らは事業成果を確認し、採点をし、翌週の売り上げを予測します。顧客からの不満を記録した「コードレッド」と、賞賛を記録した「コードグリーン」について話し合うことで、従業員たちは具体的なフィードバックから学び、成長することができます。ジンガーマンズは、その週の売り上げに関する詳細な統計と、売り上げ予測を達成したかどうかを共有することで、成功に関しても失敗に関しても組織における透明性を高めているのです。[※25]従業員たちはそうした数字を「自分のもの」とし、それに及ばない場合は何らかの解決策を自ら見出すことを期待されています。ミーティングはコミュニティへのエンゲージメントを高め、競争を通じて絆を深めるための磁石のようなものなのです。オーナーの一人は、このようなオープンな形で事業を行う理由をこう語っています。「私たちは従業員全員に経営に参加してもらい、一人ひとりが事業の成功の責任を負っていることを理解してほしいのです」。

ジンガーマンズの一部の現場では、目標やスコアカードや報奨を含む「ミニゲーム」、または短期の活性化プランを取り入れました。例えばジンガーマンズが経営するロードハウス・レストランのスタッフは、客を出迎えるまでにかかった時間を追跡するために、グリーター・ゲームなるものを実践しています。これは、全ての客を5分以内に出迎えて席に案内できるかを競うもので、50日連続で「成功」すれば少額の報奨金をもらえるのです。このゲームにより、サービスのプロセスの穴を迅速に見つけ出し、対処することが可能になり、1カ月の間に、サービスのスコアは著しく向上しました。これを受けてジンガーマンズの他の現場でも、デリバリーの時間短縮、ベーカリーでのナイフによる怪我《けが》の減少、キッチンの整理整頓などを目指して同様のゲームが導入されました。

◎自分が誰にどんな種類の関心を向けているかを意識する

ある研究では、フィードバックにはジェンダーを始め、様々な要素においてギャップがあるとされています。女性が不当に扱われる例の一つが、向けられる関心の種類です。女性はチームワークに関してはI・5倍のレコグニションを受ける一方で、リーダーシップに関して受けるレコグニションはぐっと低くなります。※26

また、自分の関心とフィードバックの大半がどこに向けられているかにも注意しましょう。数多くの大病院や医大を相手にコンサルティングを行うJ3Pヘルスケア・ソリューションズの創業者アラン・フリードマンは、リーダーたちが上位10パーセントと下位10パーセントのスタッフへのフィードバックに大幅な時間を費やしていることを発見しました。

グループの大半を占める真ん中の80パーセントのスタッフは蔑ろにされているわけですが、往々にしてパフォーマンス向上の鍵を握っているのは彼らなのです。彼らには成長の余地が大いにあるというのに、彼らに関心が向けられることはめったにないと彼は言います。私たちのクライアントの一人であり、世界有数の大病院で主任研究員と外科医を務める男性もこれに賛同します。彼らは、膨大な時間とエネルギーを下位10パーセントのスタッフに費やし、リーダーシップ開発プログラムは上位10パーセントのスタッフのみを対象にしているそうです。

あなたのグループの中で、蔑ろにされているのは誰でしょう？　そしてそれはどんな結果をもたらしているでしょう？

◎上司に本音が言えるフォーマットを作る

部下の本音が上司に届くプロセスを開発しましょう。階級を飛ばしたミーティングを開くのです。もしあなたがマネージャーを束ねる立場にいるなら、年に一度、あなたの直属の部下の下で働く人たち全員と話をするようにしましょう。ケイトという人があなたのチームにいるなら、ケイト抜きで彼女のチームのメンバーに会い、「ケイトが何をすれば、あるいは何をするのをやめれば、彼女はより良い上司になり、リーダーシップをもっと発揮できると思う？」と聞いてみましょう。最終的に目指すのは、その人がケイトの上司を介してではなく、ケイト本人に直接ものを言えるようにすることです。

しかし、研究結果にも示されているとおり、上司に本音を言うのは簡単ではありません。だからこそ、階級を飛ばしたミーティングなど、上司に本音が届くフォーマットは価値があるのです。「私たちはヒエラルキーを打破しようとしています」とキム・スコットは言います。彼女曰く、階級を飛ばしたミーティングは、マネージャーになってから受けた提案の中で一番有益だったそうです。[※27]

◎コミュニティのメンバーを支えてくれる人たちを把握し、感謝する

数年前、モトリー・フールは従業員それぞれの「大切な人」へ、従業員を職場の外で支えてくれていることへの感謝のしるしとして花を贈りました。２年前には、美しい装飾が施された感謝のカードを「大切な人」たちへ贈っています。

また、チームメンバーによるお互いへの支えも正当に評価されるべきです。その重要性を最もよく知っているのは、ノースカロライナ大学女子サッカーチームのヘッドコーチであり、女子アメリカ代表サッカーチームの前コーチだったアンソン・ドランスをおいて他にいないでしょう。

ドランスの指導の下、ノースカロライナ大学女子サッカーチームは22回の全国優勝を、女子アメリカ代表サッカーチームはワールドカップで優勝をおさめました。ノースカロライナ大学のチームは、全24回の全国選手権大会のうち22回優勝しているのです。[※28]これは、（ただでさえずば抜けて高い）レギュラーシーズンを上回る勝率です。彼は自らのこうした業績は、選手たちを自分たちより偉大な何かのためにプレーさせ、それを具体的な方法で示したことを評価したおかげだと言います。

プレッシャーが最高潮に高まるのは、全国大会の決勝に臨むときです。このとき、彼がここぞとばかりに繰り出す奥の手があります。出場メンバーの最上級生たち一人ひとりに、チームとチームメイトへの貢献を感謝する手紙を書くのです。試合の前日には、この手紙を書くために夜半過ぎまで起き

ていることもあるそうです。彼は十分な睡眠を取るより、この手紙のほうが重要だと信じています。手紙では、彼女たちが素晴らしい選手であるだけでなく、比類なき人格者であることを物語るエピソードを詳細に振り返り、試合当日、彼は自分の思いを伝えるために、最上級生たちにこの手紙を手渡します。続いて手紙のコピーをチーム全体で共有し、全員でこの素晴らしい女性たちのために戦おうと鼓舞するのです。

かつて彼の下でプレーしていたキャロライン・ボーンパースは、スーパースターではありませんでした。才能豊かな選手が揃っていたため、出場機会に恵まれなかったのです。ドランスは、彼女なら他のどのチームに行ってもスターティングメンバーに入れたと思っています。彼は、それでもチームに留まってチームメイトをサポートした彼女の犠牲を評価し、感謝の意を表しています。キャロラインは素晴らしいリーダーで、驚くほど強く優しい女性でした。そして、「Care（気遣い）」とニックネームを付けられるほど、他の選手たちへ細やかな気遣いをしました。ドランスは彼女への手紙の締めくくりに、カール・サンドバーグによるエブラハム・リンカーンの伝記の一節を引用しています。

「人類の物語の中で、鋼鉄でありながらベルベットでもある人が地上に降り立つことはめったにない。それは岩のように頑強でありながら、漂う霧のように柔らかく、心と魂の中に激しい嵐と平穏のパラドックスを完璧に抱えている人だ」

続けて、彼は彼女にこんな言葉を贈っています。

これはまさにきみのことだ。きみの強さと優しさは、何物にも代えがたい。この素晴らしい4年間、みんなを気遣ってくれてありがとう。きみがいなくなると寂しいよ。

——アンソン

選手たちをピッチに送り出す前、ドランスが最上級生たちに宛てて書いた手紙を抜粋して読み上げたことが彼女たちにどんな影響を及ぼしたか、容易に想像がつきます。それは手紙を受け取った本人たちだけでなく、選手全員の心に火をつけ、最上級生たちを全国大会優勝者として卒業させるために全力を尽くそうという気持ちを燃え上がらせたのです。これこそ彼が決勝戦で用いた燃料であり、それは見事に功を奏しました。

ある年、ノースカロライナ大学のチームは上位4チームに勝ち残りました。しかし次は厳しい戦いになることが予想されたことから、ドランスはこの年に限って、最上級生への手紙を準決勝に使うことにしました。何しろ、彼らが戦うポートランド大学は女子カナダ代表チームのスター選手クリスティン・シンクレアを擁していたのです。男女を通じて生涯得点の世界記録を持つ彼女は、5回のワールドカップで得点を決めた2人の選手の1人でもあります。そこでこの年、ドランスは準決勝の前に最上級生たちへの手紙を読み上げました。それは再び効果を発揮し、ノースカロライナ大学はポートランド大学を破ったものの、決勝戦では敗北してしまいました。ドランスによれば、手紙作戦は24回の全国選手権大会のうち23回で効果を発揮したそうです[※29]。

◎明確かつ詳細で具体的なフィードバックを提供する

「犬に言えることなら、褒め言葉とは見なされない」。これは、「徹底した率直さ」が提唱するコミュニケーションの原則を実演する、全5回の職場コメディ「フィードバック・ループ」からの引用で、ケリー・レオナルドお気に入りのセリフです。言い換えれば、フィードバックはありふれた、紋切り型の言葉ではあってはならないということです。

明確かつ詳細で具体的なフィードバックを提供するには、同僚のことをよく知らなくてはなりません。彼らがどんな特別な素質を持っているかに気づき、どんな才能を発揮しているかを観察し、どんなふうに励ませばもっと活躍できるかを把握するのです。アンソン・ドランス並みに雄弁に鼓舞することはできなくても、相手に対して心から興味を持てば、それまで知らなかったことが見えてくるはずです。

以前、南カリフォルニア大学のマーシャル経営大学院で助教を務めていた頃、私たちの学部では年に2回リトリート（リフレッシュのための合宿）を開催していました。あるリトリートで、学部責任者のトム・カミングスがある課題を出しました。それは、「他の人たちが知らない、あなたに関する面白い事実を一つ書きなさい」というものでした。参加者たちは紙切れに答えを走り書きして、それを野球帽の中に放り込みました。学者集団だった私たちは、なんて馬鹿げた課題だろうとケチをつける気満々で、その結果を待ちました。

進行を務めていたトムが、紙切れを一枚手に取って読み上げました。「私は自分で給油をしたことがない」。なんだって？ 教授たちは一斉にぽかんとした表情を浮かべて、室内を見回しました。「そんなことあり得るか？」。誰かが声を張り上げました。「あり得ない！」。年配の教員が、机に拳を打ち付けながら喚《わめ》きました。カリフォルニア州には、フルサービスのガソリンスタンドは多くはありません。私自身は、１軒も見たことがないほどです。信じられないという声が次々と上がる中、数分後にある准教授が叫びました。「本当です！ いつも夫が満タンにしておいてくれるんです」。すごい。どうやら彼女の夫はとても優しく、寛大な人のようです。それでも……信じがたい事実です。カリフォルニア州に住む、２人の子を持つ40代女性が、給油ノズルを握ったことがないなんて。子供たちを様々なお稽古事に連れていったり、スーパーに買い物に行ったり、義理の母親の世話をしたり、風光《ふうこう》明媚《めいび》な山頂にある自宅からかなり離れたダウンタウンのキャンパスに通う間に、一度も給油をする必要がなかったなんて。

続いて、トムは笑いをかみ殺しながらこう読み上げました。「私はトム・カミングスを重量挙げできる」。本当に？ それはかなりの偉業です。しかし、私たちの中に筋骨隆々のボディビルダーは一人もいませんでした。部屋中を見渡しても、それらしい人物はいません。一体誰なのでしょう？ 私たちは、体の大きい男性たちに順番に視線を巡らせました。違う、違う、違う。それらしい人物はいませんそのとき、モデルのようにほっそりとした若い金髪の女性が力強く叫びました。「私は重量挙げで325ポンド（約150キログラム）挙げられるんです！」。まさか！ これを書いたのが、新任の助教だなんて誰も予想していませんでした。「カッコいい」と私は思いました。「すごくカッコいいわ」。

トムは楽しそうに次の紙を手に取り、ほくそ笑みながら読み上げました。「私はマーチ・マッドネスに出たことがある」。意味がわからない一部の人たちのために、それは全米大学体育協会（NCAA）のバスケットボールトーナメントであるとの説明がされました。毎年春に開催される一発勝負のこのトーナメントでは、女子64チームと男子68チームが、チャンピオンの座を賭けて戦うのです。

今回も明らかにそれっぽい人は見当たらず、参加者たちは戸惑っているようでした。皆が、候補になりそうな人を探して室内に視線を走らせます。そして口々に、背の高い男性たちの名前を一人ずつ挙げ始めました。違う、違う、違う。すると今度は、あまりそれっぽくない男性の名前が呼ばれ始め、挙げ句の果てには、どう見ても生まれてこの方ボールに触ったこともなさそうな男性たちの名前まで挙がりました。私は座ったまま自分の膝を見つめ、こみ上げてくる笑いを必死で隠していました。「当ててご覧なさい」という気持ちだったのです。少し前に面接を受ける際に、私はこのことを履歴書に記載していました。この小柄な私が大学のバスケチームでプレーしていたことを知って、皆驚愕の表情を浮かべていたものです。面接の後のランチの席で、私はバスケ経験について根掘り葉掘り詮索されました。そして今、マーチ・マッドネスに出たのが私だと誰も当てられない中、私はあのとき、履歴書に嘘を書いたと疑われていたのかなと考えていました。やがて候補者の名前はほぼ出尽くしましたが、私の名前はかすりもしませんでした。そこで私は声を張り上げました。「私です」。そして満面の笑みで「私はマーチ・マッドネスに出場しました。最高の経験でした」と言ったのです。とても愉快な瞬間でした。

数々の先入観や思い込みがあっけなく覆《くつがえ》されたあの体験は、無意識の偏見に関するまたとない訓練になったかもしれません。しかし、それにはまだ時代が追いついていませんでした。あの体験が私たちにもたらしたのは絆でした。グループのメンバーのバックグラウンドや、それぞれの意外な面や才能や情熱を知ることで、私たちの中には互いを尊重する気持ちが生まれました。あれをきっかけにお互いに対する考えや態度が一変し、私たちはより強固なコミュニティとなったのです。そして、互いにハイタッチをする機会も飛躍的に増えました。

フィードバックとレコグニションは、人間の能力を向上させます。それらはコミュニティのメンバーを有意義な形で結びつけ、より効果的な共同作業、パフォーマンス、そしてクリエイティビティへと向かわせます。また、より健全で充足した人間関係も育みます。それなのに多くのコミュニティでは、メンバーたちがそうしたフィードバックを受けていないと不満を漏らしています。なんたる能力の無駄遣いでしょう。

ですから、建設的なフィードバックを提供する際に感じる気まずさを克服しましょう。徹底した率直さのための筋力を鍛えるのです。あなたとあなたのコミュニティの両方にその筋力をつけるために、必要な手段やテクニックを取り入れて下さい。

ケリー・レオナルドはいみじくもこう言っています。「意義は一瞬で作られ、一瞬で壊れ去る。人は、他人に敬意を払うことを学べば一晩で変わることができる」[※30]。この力学には、相乗効果がありま す。優しさと無慈悲は双方共に、あっという間に広まるのです。

第5章

意義を与える

光は常にある。
それを見るための勇気が私たちにありさえすれば。
それになるための勇気が私たちにありさえすれば。

――アマンダ・ゴーマン

保険会社の共同経営者エイミー・ダンブラは、夫の家族の故郷である、静かで美しいイタリアの小さな島、イスキア島で5日間の休暇を過ごしていました。しかし彼女はその時間の大半を、狭苦しいインターネットカフェに閉じこもり、仕事に忙殺されていました。たとえインターネットカフェから出て、家族と食事をしているときも、ビーチにいるときも、教会にいるときも、そして中世の石造りの城であるアラゴン城を訪れるときですら、彼女の心は仕事に向けられていました。ある日、夫のアンソニーが彼女の目を見つめ、すがるように言いました。「こんなのはおかしい。きみの家族はここにいるのに、きみは僕たちの側にいない」。彼から、残りの休暇は電話もコンピュータも使わないとロサンゼルスの会社に連絡するよう言われた彼女は、それに従いました。

心穏やかになった彼女は、家族と一緒に聖アントニオ教会に足を踏み入れました。そして聖ジョヴァンニ・ジュゼッペの地下墓所の前に跪《ひざまず》き、祈りました。感謝の言葉を述べた後、彼女は神に尋ねます。「私はあなたのために何ができるでしょう？」。長身で意欲的で溌剌《はつらつ》とした、３人の子供の母親である彼女は、もっと有意義でより良い生き方があるのではと感じていたのです。「私は駆け足で生きていて、周りからは成功者と見られていました。でも、私の中では何かが壊れかけていて、崩れ落ちるか逃げるしかないところまで追い詰められていたんです」と彼女は言います。「そのとき、心の中から声が聞こえました。『私たちの物語を広めなさい。聖人たちを若者のヒーローにするのです』と」。エイミーは外に転がり出て、今聞いた声のことを夫に話しました。すると彼は彼女を見つめ、「中に戻って、方法を聞いてくるんだ！」と言いました。エイミーは再び走って教会に戻り、聖ジョヴァンニ・ジュゼッペの前に跪き、その方法を尋ねました。すると心の中で「ネックレスとブレスレットを作り、石に聖人の姿を今風に彫り、それから徳を記したタグを付けなさい。その聖人に関連する徳を一つだけです。若者たちは私たちの言葉を理解するでしょう。彼らはその言葉、あるいは聖人を通して結びつきます。あとは我々がやります」。

こうして、２００９年にMy Saint My Hero（私の聖人、私のヒーロー：ＭＳＭＨ）が誕生しました。会社の理念は、「有意義な仕事を通じて世界中のコミュニティを鼓舞し、自分たちは愛され、祝福され、守られていることに気づかせるためのブレスレットを製造すること」です。事業は、エイミーの自宅から始まりました。現在、営業とマーケティングのディレクターを務める長女のエリーは、コーヒーテーブルの前で何時間も背中を丸めてコツコツとデザインをし、ブレスレットとネックレスを丹念につなぎ合わせていた母の姿を今も覚えていると言います。

2010年10月、エイミーは、聖母マリアの出現地として何十年も前から大勢の巡礼者たちが訪れる、ボスニア・ヘルツェゴビナの小さな村メジュゴリエへ巡礼の旅に出かけました。そこで彼女は数珠《じゅず》を編む女性に出会い、100本のブレスレットの製作を依頼しました。間もなく、その数は毎週100本となり、やがて毎月1000本となりました。こうして順調に売り上げを伸ばした彼女の会社は、3年半後には村の女性たちに毎月3万本のブレスレットを発注するようになっていました。今では、メジュゴリエだけでなく近隣の村の女性たちのチームも雇用しています。MSMHは女性たちを鼓舞することに力を注いでいるのです。

大勢の女性たちが、この仕事のおかげで貧困から脱出することができました。廃棄された鉄道車両の中で家族と共に暮らしていたある女性は、今では家を所有しています。近隣の村の別の女性は、MSMHの仕事のおかげで「暮らしが少しずつ楽になりました。経済的に安定したのです。毎週必ず収入が入るようになりました」と言います。しかし、この仕事がもたらした恩恵は金銭面だけではありません。「毎週、ブレスレットの材料を取りに集まる場所は、笑い声と明るい雰囲気で満ちています」と彼女は言います。「厳しい暮らしの中、私たちは一緒に笑ったり、コーヒーを飲んだりする時間を持つことができるようになりました。みんなで、ブレスレットが私たちにもたらしてくれた恵みや、子供たちに買ってあげられるようになったものについて話をするのです」。

メジュゴリエの女性たちは同じテーブルで一緒にブレスレットを編みながら、多くの私たちの生活から失われてしまった共同作業と支え合いを実践しています。ある女性は「ブレスレットが私たちを結びつけてくれました」と言います。「最初はただの顔見知り程度でしたが、ブレスレットのおかげで絆が強くなったのです」。一緒にブレスレットを編むことで、女性たちの間にはコミュニティと支え合いの精神が育まれていきました。母親がブレスレットを編んでいる、16歳の少女はこう語ります。「ブレスレットがもたらしてくれたのは、靴や食べ物や教育だけではありません。今、隣人が仕事を必要としていたら、母はその家族にこの仕事を紹介してあげることができます。隣人の家族の、そしてコミュニティの力になってあげられるのです」。

エイミーの会社とビジョンは発展を続けました。当初、最初の月は100本だった販売数が、毎月300本になっただけでも「大変な驚きでした」と彼女は言います。しかし、その後、売り上げは飛躍的に伸びていきました。2017年から2020年にかけては、1カ月の平均販売数は2万～2万5000本に増えました。そしてこの発展に伴い、世界中の他の地域のコミュニティでも、女性たちを苦境から救い出すことができるようになっていきました。

現在MSMHは、ブレスレットやその他のジュエリーに使う手彫りのメダルを製造する女性たちを、イタリアで20人、メキシコで10人雇っています。さらにカンボジアでは、人身売買の被害者にリハビリと教育と雇用を提供するセンホア財団と提携して、ウェブサイト上で販売するための幅広いジュエリーコレクション製造のための研修を女性たちに提供しています。センホア財団と一緒に仕事をしているある神父によれば、女性たちにとってジュエリー作りは「ただのお金を稼ぐ手段ではなく、もっと大きな意味のあるもの」です。この地でも、仕事の報酬が金銭を超えたものであるということが大切な意味を持っています。ここでは、多くの女性にとって、仕事といえば観光リゾート地でのマッサージ師くらいしかありません。そんな中、センホア財団の安全な私有地で働けることで、人身売買の被害者たちは、苦痛で危険なクライアントや客との接触を避けることができます。そして女性同士のコミュニティの中で、安心してジュエリー作りに励むのです。「ここは安全な場所です」と神父は言います。「思索にふけり、心を癒やすための場所なのです」。センホア財団が救出した女性の中には、14歳のときに母親の命を救うための手術費用を捻出するために体を売った16歳の少女がいます。彼女はMSMHでの仕事について、感極まった様子でこう語ります。「高級なスワロフスキーのクリスタルを扱っていますが、信頼されているのだと感じ光栄に思います。そのおかげで、私は自分に価値を感じることができるようになったのです」。

最近では、MSMHの事業はアフリカにまで広がっています。ここで彼らはナイジェリアの児童養護施設とウガンダの学校の女性教師たちと提携して、ブレスレットを製作しています。そのおかげで、ウガンダの女性教師たちは学校の机を購入し、生徒たちに制服や学用品を提供することができました。ウガンダとナイジェリアでのブレスレット製作は、MSMHのある壮大なキャンペーンを支えています。このキャンペーンが目指すのは「愛と思いやりの行動を通じて世界を変えること」です。2019年、MSMHは、ビーズを使ってモールス符号で「kind（思いやり）」と綴ったブレスレットを発表しました。これを着けることで、分断された現代社会でより必要とされている思いやりの行動をすることを、人々が思い出してくれればという思いからでした。キャンペーン期間中には、このブレスレットは無料で提供され、携帯電話のケースやバッグの中に忍ばせられるように包装されています。〝心が引っ張られたとき〟にいつでも誰かにあげられるようにです。MSMHには、ブレスレットがいかに自分の毎日を、そして時には生き方さえも変えたかという体験談が続々と寄せられています。いじめられっ子のティーンエイジャーは、苦しんでいる彼女を見たクラスメートからブレスレットをもらって心が救われました。ブレスレットは、コミュニティの誰かが自分を気にかけてくれている、自分はひとりではないということを教えてくれる、目に見える証しなのです。2019年には、7万本のブレスレットが配布されました。2020年には14万本、そしていつか100万本に到達することが彼らの目標です。

第2章に登場した「解き放つ」というコンセプトに則って、MSMHは、有意義な仕事を通じてコミュニティを力づけるという彼女らの理念に沿っている限り、それぞれの村や店、学校や組織のカルチャーに合った方法で業務提携をしています。エイミーにとって、メジュゴリエの女性たちの仕事の進め方が、ウガンダやナイジェリアやイタリアの女性たちとは異なるのは想定内です。国によってオペレーションやロジスティックスが違うのは当然で、それでいいのです。むしろ、その違いこそが会社の強みになることに、彼女は気づいています。

例えば、メジュゴリエのMSMHのリーダーであるアニタは、販売用の基準に達しなかったジュエリーを、托鉢《たくはつ》をする修道士に寄付しています。それは修道院のギフトショップで販売され、売上金は（マザーテレサゆかりの地である）アルバニアの児童養護施設の子供たちの寝具を買う資金などに利用されています。これはエイミーが言う、自らの会社の仕事の「本質的な価値」が引き起こした「波及効果」の一種です。

エイミーは、MSMHは「会社を超えたコミュニティ」であると言います。彼女が言うMSMHのコミュニティには、従業員や販売員のみならず、客や小売業者、その理念に惹かれているセレブリティたちも含まれます。そして、彼らが互いに結びつきを感じ、「強さや喜び、希望といった、孤立とは対極にある」コミュニティを生み出してくれていることを喜ばしく感じています。一つの理念を通じてつながっているという感覚こそがコミュニティの要であり、彼女が言うように「人は何か有意義なものを求めてやまない」ものなのです。

多くのビジネスリーダー同様、エイミーも自身の志と会社の理念を試される、いくつもの試練に直面しました。成功に伴い、事業拡大のチャンスが訪れたのです。初期の段階では、あるバイヤーから、中国で製造すれば10万個を迅速に製造できると提案されました。しかし彼女は、女性を雇い、鼓舞するという会社の理念を曲げませんでした。ある人気テレビ番組からは、MSMHがあまりに「カトリック的」すぎるので、スピリチュアルな側面について触れないようにと要望され、彼女はこれも断りました。大手デパートからは、ブレスレットを目立つ場所に展示する条件として、ブレスレットの意味とそれを編んだコミュニティを記した、付属品のカードを排除してほしいとの申し出がありました。どのケースでも、エイミーは自分の会社が存在する理由に立ち返りました。「冷静になり、会社の価値観に沿うものは何かを考えてみれば、どうするのが最善かは自ずと見えてきます」。

他にも美味しい話を山ほど持ちかけられたものの、彼女はそれらを断りました。「断るのは容易ではありません。向こうの要望を受け入れた上で、妥協点を探ればいいとも言われます。でもこれは、自分たちの理念に忠実かどうかの問題なのです」。彼女は自分が揺らげば、それは彼女が作り上げたコミュニティの終焉《しゅうえん》につながることを理解しています。「利益のために、コミュニティのメンバーを見捨てるつもりはありません。そのためなら、全てを賭けるつもりです」。

エイミー・ダンブラにとって、自分が仕事をする理由は明確でした。あなたはどうでしょう？　これは考える価値のある問題です。特にリーダーならなおさらです。あなたが仕事をする理由が、コミュニティのメンバーにどんな意義を与えるかを考えてみましょう。それを用いて、コミュニティのレベルを高め、あなたの会社の理念をさらに発展させてくれるメンバーを引きつけるには、何をすればいいのでしょう？

みんなが集まる場所、コミュニティを作る

アイスクリーム会社のソルト&ストローの共同創業者キム・マレクもまた、ビジネスを通じて従業員や客、そして店舗がある地域のコミュニティに、意義と結びつきを感じてもらおうと奮闘している女性です。コミュニティを作りたいという気持ちこそが、幼い頃から彼女を突き動かし、ビジョンを描かせてきました。

キムの両親は再婚同士で、それぞれ6人の子供がいました。固い絆で結ばれた大家族で育った経験は、キムにコミュニティの大切さを教えてくれました。「コミュニティがあれば、社会との向き合い方が変わります。家族との結びつきを、自分の周りのもっと広い世界にも求めるようになるのです」。彼女は、家族全員が彼女の通う高校を訪れた日のことを、楽しげに振り返ります。祖母、祖父、5人の伯母と叔父、その配偶者、そして14人の従兄弟《いとこ》たちと一緒にいることで、仲間に支えられ

ている気持ちになったそうです。彼女はずっと、コミュニティの一員であることの利点を感じて育ってきました。「家族で集まるときは、いつも12人以上が参加しました。誰か一人の家に全員が何時間もかけてやって来て、夜はソファやエアマットレスで眠るのです。朝食はスウェーデン風パンケーキ。それぞれが、お互いのために集い、そこが自分の居場所だと感じられる。それが全てでした」。

出かければ必ず知り合いに出会うような町で幼少期を過ごしたことも、彼女に大きな影響を与えています。「私はモンタナ州ビリングスという都会の郊外で、自由に伸び伸びと育ちました。そこで私が得た一番大きなものは、コミュニティという感覚だと思います。全ての人が知り合いというあの感覚と、それが私にとってどんなに大切だったかは今も覚えています。あれが私の人生を決定づけたのです」[※1]。だからこそ彼女は幼い頃から、大きくなったら何になりたいかと問われると、コミュニティに関わる何かと答えていたのです。

彼女はわずか10歳のときに、書店の中にコーヒーショップを開くことを思い描いていました。「まだスターバックスコーヒーが町中に登場する以前の話」です。彼女はそのビジョンを、サマーキャンプのカウンセラーに話しました。「そのお店は、お喋りをしたり、アイデアを交換したりする場なのです」と彼女は言います。

彼女の仕事への高い意識は早い時期に、必要に迫られる形で芽生えました。大学1年生のときに父親が事業で失敗し、彼女の学費を払えなくなったのです。キムは学校を続けることを選び、すぐさま2つのアルバイトを始めました。そのうちの1つが運命的にも、エスプレッソバー事業を展開していた、初期のスターバックスコーヒーでのバリスタだったのです。卒業後、彼女はそのままマーケティング部門に採用されます。両親は、当時まだ30店舗しかなかった、ほぼ無名のコーヒーショップチェーンは、大学出の娘の就職先としては物足りないと思っていたようですが、彼女は自分の決断に自信を持っていました。「この会社はいつか大化けするわ。ハワード・シュルツなら絶対にやる」というのが当時の彼女の口癖でした。[※2] そしてまだ下っ端の頃から敬意を払われていた彼女は、シュルツから、「人を最優先してビジネスモデルを築くことができる」と学びました。[※3] 彼女はまた、コミュニティを核に据えることで事業を繁栄させられるということも学びました。「スターバックスにいる間、私たちは常にコミュニティ作りについて考えていました。消費者やコーヒーの供給元をどのように一つにまとめるか、です」と彼女は言います。

１９９６年、ジョブ・ローテーションでシアトルからポートランドへ赴いた彼女は、この町にあるコミュニティの連帯感に魅了されました。そして、子供の頃からの夢を実現するために、ポートランドに移り住んでアイスクリームショップを開くことを思いついたのです。なんといってもアイスクリームなら誰もが大好きだし、人々を結びつけるのにこれ以上のものはないと考えたのです。しかし、出資を打診した先はどこも、彼女のまとめ上げたビジネスプランに否定的でした。ある男性は真っ赤に添削したものを送り返してきて、表紙の一番上には「無謀すぎます。あなたは何様のつもりですか？　スターバックス？」と書かれていました。

心が折れてしまったキムは、このアイデアを一旦棚上げしました。そして、マーケティングのキャリアに邁進《まいしん》し、ヤフー、アディダス、そしてＵ２のボノが設立したＨＩＶ支援団体（ＲＥＤ）と渡り歩くことになります。２０１０年、キムはＲＥＤの仕事のためにニューヨークに移り住む準備を進めていました。しかしその直前、彼女は友人の誕生パーティーのためにポートランドを訪れ、そこで出会ったマイクと恋に落ちます。現在2人は結婚し、3人の子供を養子に迎えています。仕事を辞めてポートランドに引っ越した彼女は、ある朝新聞を読んでいました。すると、アルチザン・アイスクリームが最近注目されているという記事が目に飛び込んできたのです。彼女はマイクに、「これは私のアイデアよ！」と訴えます。すると彼は、不況の真っ只中に、雨が多く涼しい時期が長いこの町でアイスクリーム会社を始めることの難しさには目もくれず、彼女の背中を押しました。出資者が見つからなかったため、彼女は自らの確定拠出年金（401k）を換金してそれを資金に充《あ》てました。一方マイクは、知り合ってまだ4カ月の彼女の会社経営をサポートするために、自宅を担保に入れました。[※4]

そしてこれまた絶妙なタイミングで、彼女の従兄弟タイラーが中国から帰国しました。それまで目指していた国際的なビジネスマンから路線変更して、料理学校へ通うことを考えていた彼は、キムのアイデアを聞いて、取るものも取りあえず彼女の〝冴えない〟作業場へ駆けつけました。そして、起業家としてもアイスクリーム製造者としてもまったくの初心者であったにもかかわらず、2人は16ドルで購入したアイスクリームメーカーを使ってアイスクリーム作りに取りかかりました。キムの作業場で、彼は膨大な時間をかけて様々なフレーバーや調合を試しました。そして2011年の春、彼らはアルバータ・ストリートでワゴン販売を始め、その年の夏には最初の店舗をオープンさせました。

会社のウェブサイトによれば、2人は最初から「コミュニティを頼り、シェフ、ショコラティエ、ビール醸造家、農家などの友人にアドバイスを求め、インスピレーションが湧くものを探しました」[※5]。また、オレゴン州立大学とオレゴン州農務省が、地元の食材や農家を支援する企業を援助することを目的に共同運営する、フード・イノベーション・センターの協力を得ました。そのおかげで、キムとタイラーは最新の施設や食品科学者の力を借りて、レシピを開発することができました。彼らは常にコミュニティのほうを向き、協力してレシピ作りをするための方法を探りました。「私たちはすぐに、レシピ開発を通じてコミュニティを顧みるようになりました」と彼女は言います。

スモークチェリーと牛の骨髄、梨とブルーチーズ、ストロベリーハニーバルサミコ酢と胡椒《こしょう》など、それまでになかった奇抜なフレーバー一つひとつの背後に、「私たちと共に働き、親しくなった人がいます。アイスクリームからそうしたコミュニティ感が伝わってくるのです」。キムは、様々な専門知識を持った人々がどこからともなく現れ、力を貸してくれたと言います。

ソルト&ストローのメニューにシーソルト・アイスクリームがありますが、ある日、まだ開店前の早朝に、店のドアをノックした人物がいました。「マーク・ビッターマンでした。ジェームズ・ビアード財団賞を受賞した作家で、『Salted』の著者です」。そして、ポートランドにある世界的に有名な塩の専門店「ソルティッド」のオーナーでもある彼は、ソルト&ストローに一言助言がしたくてわざわざやって来たのでした。彼がブリーフケースを開けると、中には塩がぎっしり詰まっていて、彼はその場でそれをキムたちに味見させました。このとき彼に教わったことから、店の一番人気のフレーバー、シーソルトとキャラメルリボンが誕生したのです。

ソルト&ストローは好調なスタートを切りました。『ウォール・ストリート・ジャーナル』からは大絶賛され、雑誌『O』には、オプラ・ウィンフリーのお気に入りのアイスクリームとして取り上げられました。ポートランドから、シアトル、ロサンゼルス、サンフランシスコ、サンディエゴ、アナハイム、マイアミへと店舗が拡大していく中でも、ソルト&ストローはキムのビジョンを守り続けました。各都市で、地元の酪農家、果物農家、職人、チーズ製造家、ビール醸造家、養蜂家などと提携し、コミュニティを反映した独自のフレーバーを開発していったのです。キムたちはよく、その土地特有の味を製品に反映させる、ワインのテロワール（産地の特性、風土）について話をするそうです。それこそ、彼らがアイスクリームで実現したいことなのです。

エイミー・ダンブラと同様、キムの言うコミュニティとは、製品が作られている場所だけに存在するものではありません。そこには、スターバックスで学んだ「人を最優先する」という理念どおり、消費者のみならず、生産ラインの末端の人々まで含まれるのです。「ありきたりに聞こえるかもしれませんが、従業員や納品業者や販売店などを第一に据えるビジネスモデルのほうが賢く、最終的には長続きするのです」。彼女は、自分の会社もそうやって繁栄してきたと確信しています。「人々が、会社の成功を生み出してくれるのです。彼らを大事にして下さい。従業員や関連業者の人たちこそ、成功への原動力なんです[※6]」。

キムが最も誇らしく思っていることがあります。それは事業開始から1年も経たないうちに、従業員に健康保険を付与し、有給休暇プログラムを拡張できたことです。彼女はその2年後には、前年に従業員が40時間の研修を受けたこと、福利厚生が類似企業の2倍の規模になったことを発表しました。ソルト&ストローは事業開始当初から、就業不能保障保険、3カ月の有給育児休暇、従業員支援プログラムなど、毎年少なくとも一つの福利厚生を新たに加えてきました[※7]。

またソルト&ストローは、人々が集まれる場所を客に提供したいと考えています。それは、ばったりご近所さんと出くわしたり、営業１日目から絶えることのない列に並んでいるときに知り合いになったり、さらには後々ビジネスやロマンスにつながるような出会いがあったりという場所です。彼女の店に来た客が、その場限りの楽しみ以上の何かを得られることが、キムにとって何よりの喜びなのです。

ある女性客はキムに、とても印象深い話をしてくれたそうです。彼女は〝金曜日の夜に帰宅すると、つい一番楽な服に着替えてベッドに飛び込みたく〟なるそうです。でも、それはダメと自分に言い聞かせ、代わりにソルト&ストローへ行き、来店客と話をします。すると、とても気分が良くなるというのです。「他人と会い、つながる機会」、これこそキムがソルト&ストローを通じて提供したいものであり、良い一日と悪い一日を分けるものなのです。

ソルト&ストローのホームページには、ショップマネージャーのモニークの体験談が掲載されています。ある日、彼女の店にスーパーヒーローの仮装をした小さな男の子がやって来ました。彼女が、スーパーヒーローのためだけに作ったアイスクリームがあると声をかけると、彼の顔はパッと輝き、「ぼくはスーパーヒーローだよ」と彼女に告げました。その後彼女は、男の子の母親から感謝されました。何でも、彼はその日学校でいじめられ、店に来るまでずっと泣いていたというのです。その日彼が笑顔を見せたのは、モニークと話をしているときだけだったそうです。※8

「こうしたエピソードこそが、私たちのビジネスの方向性は正しくて、カルチャーが健全であることを実感させてくれます」とキムは言います。「まさしく成功を測定するものさしです。あの日、私たちは男の子にシナモンアイスクリームだけを手渡したのではありません。ささやかな思いやりを添えたことで、彼の気分を明るくしました。人々が孤独感を深めている今、それは何よりも大切なことなのです[※9]」。

　子供に関するエピソードは他にもあります。ソルト&ストローは年に一度、コミュニティに溶け込み、恩恵をもたらすための試みの一環として、地域の学校と連携し、子供たちによる新フレーバーの開発コンテストを開催しています。その年優勝したある男の子の学校では、彼を讃えるための集会が開かれ、彼はそこで詩の朗読をすることになりました。ステージに向かう彼に皆がハイタッチをして歓声を送りましたが、彼の母親はその光景を不安な面持ちで見守っていました。というのも男の子には重い吃音《きつおん》があったからです。しかし驚いたことに、彼は一度も吃音の症状を出すことなく朗読をやり遂げました。後に母親がキムとタイラーに伝えたところによれば、それはこれまでで初めてのことであり、この経験が彼にとって大きな自信になったに違いないということでした。「私たちが目指すのはまさにそういうことです」とキムは言います。「一人ずつ変えていくんです」。

　キムの志はそれだけに留まりません。彼女は昔、シアトルにあるベーカリーのオーナー、マギー・ワイズマンの下で働いていました。あるとき、刑務所から出所したばかりの男性の採用を決めたワイズマンは、彼を買い物に連れていってデオドラント剤を買ってあげました。それを見たキムは、ワイズマンが彼に、仕事に向き合うための姿勢をさりげなく教えたのだということに気づきました。そして「ビジネスを通じてたくさんの善行を施すことができる」と悟ったのです。「経営者ならそうするのが当然です。一人ひとりのために行動し、できる限り力になってあげなくてはいけないのです」。

彼女はまた、アフリカ最大の原油産出地ナイジャーデルタに関する映画からも大きな影響を受けました。それは、土地を採掘して環境と生活を破壊する多国籍企業の石油会社と地元のコミュニティとの闘争を描いた作品でした。これを観た彼女は、どうすれば企業が地元のコミュニティの中で、破壊的な役割ではなくポジティブな役割を果たせるかを考えるようになったのです。「それは道義的に正しいからというだけでなく、そのほうがビジネスにとっても有利なのです。ビジネスは政府や他の企業とも連携して、コミュニティを活性化すべきです」。こうして、キムは社会正義への意識を高めていったのです。

パートナーと３人の子供たちがアフリカ系アメリカ人だからということもあり、彼女は社会にはびこるあらゆる形の人種差別にも敏感です。ジョージ・フロイド氏が白人警官に殺害された直後には、「共同創業者からのメッセージ：ブラック・ライブズ・マター」というタイトルの記事を会社のウェブサイトにあげ、自分の家族が経験した人種差別の経験を綴りました。彼女は会社を、変化をもたらすためのプラットフォームとして用いることで、世の中に貢献しようとしています。ブラック・ライブズ・マター運動を支援することも、刑務所から出所したばかりの女性たちのための研修プログラムを作ることも、子供の貧困への認知を高めることも、非行に走る危険性のある青少年に研修を施すことも、職場に自らの価値観を確実に反映させることも、全てその一環です。ソルト＆ストローのチームの50パーセントがＢＩＰＯＣ（「黒人・先住民・有色人種」というマイノリティを表す言葉）であり、マネージャーの70パーセントが女性であることは彼女の誇りです。

その唯一無二のフレーバーと高品質のアイスクリームによって一躍人気ブランドとなったソルト＆

ストローですが、その成功の原動力となっているのは、コミュニティの一員として、客のみならずスタッフにも有意義な体験を提供しようとするその姿勢なのかもしれません。

コミュニティとそのメンバーに意義を感じさせる

アメリカ人が仕事上最も優先するのは、有意義な仕事、目的意識や使命感を求める気持ちです。2017年に2万7000人を対象にしたワークヒューマンの調査では、3分の1近く（32パーセント）が、仕事を有意義と感じられることが、その仕事を続ける主な理由になると答えています。[※10] エイミー・ダンブラとキム・マレクという2人の起業家を見てもわかるとおり、有意義な仕事はビジネス上でも成果を上げます。モニークとスーパーヒーローに扮した男の子のエピソードのように、従業員の意欲を掻き立て、職務の枠を超えて何かをしたいと思わせるのです。自分のしていることには意味があり、自分の利益より大きな何かの役に立っているのだという感覚は、強力なモチベーションとなります。

従業員が自分の仕事に意義を感じられるカルチャーを作ることが、従業員にも会社の利益にもプラスに働くことは、様々な調査で示されています。例えば、これから社会に出ていく大学生および、ミレニアル世代、X世代、ベビーブーマー世代という3世代にわたる大卒の従業員1726人を対象にした調査では、仕事を通じて社会または環境に影響を及ぼしていると感じている人の仕事への満足度は、そうでない人に比べて2倍高いことがわかっています。[※11]

トニー・シュワルツと私は『ハーバード・ビジネス・レビュー』上で、業種や組織の枠を超えた2万人以上の従業員の仕事と私生活のクオリティに関する調査を実施しました。その結果、働きがいを感じるかどうかの一番の要因は、そこに意義を感じるかどうかであるということが明らかになりました。それは、学習や成長のチャンスがある、自分が得意なこと、さらにはやっていて楽しいといった要因を上回るのです。またこれは、組織に留まるかどうかを予測する上でも大きな指針となります。仕事に意義を感じている人は、組織に留まる率が3倍高いのです。

こうした従業員は仕事への満足度も1・7倍、エンゲージメントも1・4倍高いと報告されています。私が6つの組織で行った別の調査では、仕事に意義を感じている人たちは上司からのパフォーマンスの評価が19パーセント、組織へのコミットメントが47パーセント高く、疲労度は71パーセント低くなっていました。

組織心理学者でベストセラー作家でもあるアダム・グラントは、部下が仕事に意義を見出す手助けをすれば、マネージャーやリーダーは生産性を20パーセント以上上げることができると述べています。[※12]ブルー・ゾーンの調査では、明確な意義や目的があれば、人の寿命は7年延びると出ています。[※13]

より崇高な目的にエンゲージしているという感覚こそ、働く人が求めてやまないものです。ブルームバーグによる秀逸な調査「最も幸せな職業」では、最も好ましい仕事は必ずしも金銭的な報酬が多いものではないことが明らかになっています。それよりはむしろ、人間同士の信頼や結びつきを軸にした、人間としての能力や目的を重視するものなのです。では、最も幸せな職業とは何だったのでしょう？　職務に伴う危険性や、決して高くはない給料にもかかわらず、仕事への満足度が最も高かったのは、消防士でした。彼らは仕事を通じて、自分自身を超える大きな目的のみならず、仕事への満足度を高めるもう一つの要因でもある、仲間との結びつきも感じていました[※14]。消防士は通常、24時間体制で共に働き、生活をし、さらには料理もします。地元のスーパーで食材の買い出しをしている消防士たちの姿は、仲間意識に溢れています。

こうしたデータに裏打ちされているにもかかわらず、企業の中では未だに仕事への意義は軽視されています。私たちが調査をした2万人の人たちのうち65パーセントが、自分の仕事に意義や重要性を感じていませんでした。同様に、国際的な世論調査会社ギャラップ社は「アメリカの職場におけるグッドニュース」として、「2019年、(無作為に抽出された従業員4700人のうち)仕事にエンゲージしている人——仕事と職場に深く関与し、情熱を持って取り組んでいる人——の割合は35パーセントに到達した。これは2000年に調査を開始して以来の最高値である」と公表しています。ちなみに、13パーセントは「意欲を持とうとしない」人たちで、不機嫌な空気を職場にまき散らす傾向にあります。残りの52パーセントは「意欲がない」人たちで、「仕事に時間は費やすものの、エネルギーや情熱は注がず、必要最低限の貢献しかしない」とされています[※15]。

確かにそれまでの年と比べれば数値は上がっているのかもしれませんが、この結果は決して喜ばしいものとは言えません。この結果からわかるのは、膨大な量の才能と潜在能力、そして潜在的な収益が無駄になっているということです。エンゲージメントはかねてより生産性と結びつけられてきました。192の企業を対象とした263の調査のメタアナリシスによれば、従業員のエンゲージメントが最も高い企業の収益は、従業員のエンゲージメントが最も低い企業より22パーセント高いとされています[※16]。

興味深いのは、意義を見出す能力というのは、必ずしも仕事や業界や組織によらないということです。一部の人は、生まれつきそういう才能を持っているのです。私の同僚で、仕事における意義の研究のパイオニアであるエイミー・ヴェジェスニエフスキーとジェーン・ダットンは、病院で清掃員を調査しました。この種の仕事に意義を見出すのはなかなか難しいのではないかという大方の見方に反して、清掃員の一部、特に仕事で求められている以上の結果を出している人たちは意義を感じていました。

例えば、何人かの清掃員は、日頃から見舞い客がいない患者たちを心に留めておいて、自分のシフトのときに、その患者が話し相手を欲しているかどうかを確認するようにしていました。昏睡《こんすい》状態の患者のフロアで働いていたある清掃員は、壁に飾られている絵を、病室間で定期的に循環させるようにしていました。環境を変えることが何らかの形で患者の助けになり、回復も早まると信じていたからです。調査員たちから、それも業務の一部なのかと問われた彼女はこう答えました。「いいえ、業務の一部ではありませんが、私の一部なのです[※17]」。

自分の仕事をただの業務ではなく使命として捉えられるかどうかは、本人が日々の業務にどうアプローチするかが大きいとヴェジェスニエフスキーは言います。しかし、それを後押しするために経営陣ができることはたくさんあります。一部の企業は、従業員のやりがいを高めるために、ジョブ・クラフティング（従業員が仕事を主体的に捉え直すことでやりがいを持てるように導くための手法）と呼ばれるものに取り組むことを積極的に勧めています。

ジェーン・ダットンとジャスティン・バーグは、そうした企業の一つであるパーツビーズの4人の従業員を対象に、ケーススタディを実施しました。パーツビーズは、環境に優しいパーソナルケア製品の大手メーカーです。4人の従業員の職種はバラバラですが、彼らはそれぞれ経営陣からの支援を受けて、仕事に意義を感じるための方法を見つけ出しました。例えば、製造プロセスの効率を上げることに熱心に取り組んでいたメンテナンス技術者のアンディは、経営陣からの支援の下、データを集め、プロセスを向上させるための実験を実施しました。これは彼の職務からはかなり逸脱していたものの、彼にとっては大いに意義のあることであり、結果的に効率アップを会社にもたらしました。

もう一つ例を挙げましょう。お客様相談窓口の担当だったミンディーは、注文を受けたり、顧客からの苦情を処理したりしていましたが、同じことの繰り返しに飽き飽きしていました。しかし、新しいスキルを学んだり、イベントに参加したりすることが好きな彼女は、パーツビーズのチームの一員として展示会に出かけることを上司から許可されました。そこで、持ち前の社交術を発揮してクライアントと良好な関係を築いた彼女は、自分の仕事を、質問に答えたりデータを入力したりする以上の何かだと思うことができるようになりました。業務の枠を超えて動くことを従業員に推奨することで、パーツビーズは従業員と組織双方に恩恵をもたらしているのです。[※18]

以下に、意義とパーパス（目的）を会社の基盤とするカルチャーを推進するために、取り入れることができる戦略上のアイデアをいくつか[*]ご紹介します。それは採用の時点から始まります。会社の価値観を理解し、それを責任を持って体現するであろう人を雇うのです。

◎パーパスと意義を求める人を雇う

キム・マレクは、ソルト＆ストローはアイスクリーム作りよりも人材開発のほうに力を入れていると冗談交じりに言います。「従業員はビジネスとその成功の核であり、それは採用の時点から始まります」とキムは言います。彼らが求めるのは、「ポジティブであることを悪びれない」人です。これは、履歴書を見るだけでは伝わってこない資質ですが、コミュニティ作りには非常に重要なのです。ソルト＆ストローの面接官は、成長の段階で一番影響を受けた人は誰か、尊敬する人は誰か、これまで働いてきた中で一番優秀だったリーダーは誰かなど、たくさんの質問をします。また、これまで仕事で一番プレッシャーがかかったのはどんな状況で、それにどう対処したか、そこから何を学んだか、さらには、どんな形でフィードバックを受けるのが好きか、そのフィードバックを日々の仕事にどのように生かすか、前職で顧客を喜ばせるためにどんな工夫をしたかを尋ねます。彼らはまた、物語を伝えることに長けている人材も求めています。というのも、キムは従業員たちが、「人との結びつきに関する物語を伝え続けること」を求めているからです。顧客、納入業者、そして職人たちとい
ったコミュニティに関する物語こそを、彼女は追い求めているのです。ソルト＆ストローでは、それこそが模範とされ、讃えられるのです。

ウェルネス志向のベビーおよびビューティー用品ストアのオネスト・カンパニーは、この2年でス

＊　自分の仕事が社会に影響を及ぼしていると感じている人は、そうでない人に比べて仕事への満足度が2倍高いという調査結果もあります。

タッフの数を3倍の600人近くにまで増員しました。リクルーティング担当のシニア・マネージャーを務めるレイア・メイは、自分たちのチームを、企業カルチャーを守る番人と捉えています。「私たちのチームが適切な採用をしなければ、会社のカルチャーはいともたやすく変わってしまいます。採用の際には、一人ひとりの原動力や推進力は何か、それが私たちのブランドに適うものかどうかを徹底的に追求します」。

スターバックスのグローバル・タレントアクイジション（獲得）担当のジョン・フィリップスも似たような発言をしています。「採用担当の役目は重大です。職務上の役割を超えて、世間が何を求めているかを念頭に行動しなくてはいけないのです[※19]」。

◎物語を伝える——内部から

物語を伝えるスキルに注目して従業員を採用すると公言してはばからないキムが、その能力を重視しているのは明らかです。それにひきかえ、会計監査や税務、コンサルティングを主力とする会計事務所KPMGは一見、良い物語のもととなるパーパス（目的）にこだわっているようには見えません。しかし実は、この会社も従業員も、語るべき物語をたくさん持っているのです。それは、従業員の満足度が高い理由を経営陣が調査したことで、思いがけず明らかになりました。KPMGは、数年にわたる社内調査で、2万9000人の専門職の約80パーセントが素晴らしい職場であると答えている企業であり、『フォーチュン』誌の「働きがいのある会社ベスト100」に長年ランクインし続けています。しかしKPMGは、そうした事実の原動力となっているものは何なのか、そしてその情報を使ってさらに成長するにはどうすればいいかを理解したいと思ったのです。[※20] 彼らは年に一度の従業員に対する意識調査の結果を精査し、従業員のエンゲージメント、リテンション、プライドを後押しする強い要因となっている一つの特質を発見しました。それは「自分の仕事はただの仕事ではなく、特別な意義がある」という感覚です。[*]

より高いパーパスが従業員にとっていかに重要であるかに気づいた経営陣は、会社に対してより強いプライドを感じてもらうために、ＫＰＭＧが歴史上果たしてきた有意義な仕事について語ることにしました。[※21] キム同様、彼らも力強い物語が持つ潜在的な力を理解していたのです。そこで、彼らは「ハイアー・パーパス・イニシアチブ」を開始し、その手始めとして「私たちは歴史を作る」と題したビデオを制作しました。それは、彼らがナチス・ドイツ打倒のためにレンドリース（武器貸与）法をいかに駆使したか、１９８１年にイランにおけるアメリカ人の人質解放のために、対立する双方の賠償請求をいかに解決したか、そして１９９４年の南アフリカの選挙におけるネルソン・マンデラの勝利をいかに認定したかなどに光を当てる内容でした。

ＫＰＭＧの経営陣の試みは、そこで終わりではありませんでした。世の中を変えるために自分が何をしているかを語らせるために、インターンから会長まで全ての従業員に対して、パーパスを原動力とする仕事の物語を共有することを呼びかけたのです。

＊　この感覚は、自分の仕事を（業務やキャリアではなく）使命と捉えている人は、仕事から喜びや意義を得ているとするエイミー・ヴェジェスニエフスキーの研究を裏付けるものです。

ある従業員は、ＫＰＭＧの支援によりアメリカ国立科学財団が南極の気候変動の研究をすることが可能になったことで、科学の進歩に貢献したという体験談を披露しました。別の従業員は、ＫＰＭＧが開発プログラムを監査して、ボストンの低所得者コミュニティの再生に貢献し、住民たちに新しい可能性の扉を開いた事例を挙げました。あるＫＰＭＧの従業員は、農業の発展に貢献しました。家族経営の農場や牧場がローンを必要としたとき、ＫＰＭＧはクレジット制度を駆使して彼らを、ひいては家族経営の農業というアメリカの伝統をも守ったのです。[※22]

当初の目標は、1万件の体験談を集めることでしたが、蓋《ふた》を開けてみると2万9０００人の従業員から4万2０００件の物語が集まりました。ＫＰＭＧはそれらを印刷物やデジタル媒体、そしてライブなどにまとめました。[※23] すると、ＫＰＭＧを素晴らしい職場と考える従業員の割合はさらに上昇し、89パーセントに達しました。エンゲージメント調査のスコアは記録的なレベルに跳ね上がり、離職率は激減しました。『フォーチュン』誌の「働きがいのある会社ベスト１００」のランクも急上昇し、ＫＰＭＧは初めて、世界4大会計事務所の中で最高位を獲得しただけでなく、近年最高の収益も記録しました。[※24]

その影響力の大きさを目の当たりにしたＫＰＭＧは、その効果を詳しく査定するために、上司とパーパスについて話し合った従業員と、話し合っていない従業員の調査のスコアを比較してみました。リーダーが、自分たちのチームの社会的な価値について話し合ってくれたと報告した従業員たちのうち、94パーセントがＫＰＭＧは素晴らしい職場であり、ここで働くことに誇りを感じると答えていました。

一方、リーダーがパーパスについて話し合ってくれなかった従業員の場合、ＫＰＭＧは素晴らしい職場だと答えたのは66パーセント、ここで働くことに誇りを覚えると答えたのは68パーセントに留まりました。また、リーダーからパーパスの話をしてもらえなかった者たちは、別の仕事を探すことを考えていると答える傾向が３倍強いことがわかりました。

マネージャーたちがパーパスについて話し合うことを後押しし、その方法を彼らに教えるために、ＫＰＭＧは現在、リーダーシップの開発プログラムにパーパス志向の話をするためのトレーニングを組み込んでいます。これは、パーパスに関して説得力のある話をするための能力を開発すると同時に、マネージャーたちが自らをさらけ出せるようにすることも目指しています。[※25] ＫＰＭＧは、物語を伝える上で個人的な経験が大いに役立ち、聞き手の心や精神に強く訴えることを知っているのです。

ＭＳＭＨのエイミー・ダンブラも素晴らしい物語を愛し、それが会社の理念にとっていかに重要かを知っています。

あるとき、販売員のためのイベントの開始直前に、エイミーはきちんとしたスーツを着た一人の男性が、パソコンをテーブルの上に置いて、部屋の隅に所在なさげに座っているのに気づきました。彼女は彼に近づき、ここにいる女性たちはこれからイベントを始める準備をしていることを説明し、ご迷惑をおかけして申し訳ないと謝りました。その男性は暗い表情で、何のイベントなのかと尋ねました。エイミーはニッコリして、すぐさまＭＳＭＨのブレスレットをはめた自分の手首を指さし、商品の説明をしました。そしてブレスレットを手首から外し、彼に手渡しました。「どうぞ」と彼女が言うと、彼はみるみるうちに涙ぐみ、嗚咽《おえつ》し始めました。「これが私にとってどんな意味があるか、おわかりにならないでしょう」と彼は言い、説明を始めました。「5年前の今日、息子が亡くなりました。毎年この日には、妻と一緒に教会に行き、息子が安らかであるようにと祈っています。今日は私たちにとってとても辛い日なんです。そして、息子の死後初めて、今日私は教会に行くことができませんでした。ここで重要なミーティングに出ないといけなかったからです。それで一日中、気分がふさぎ込んでいたんです。一日中、息子のことが頭から離れなくて。ありがとう。本当にありがとう。今やっと、息子は安らかだと思えました」。

これを聞いたエイミーは、イベントに残ってくれるよう彼に頼みました。そして、スタッフたちに彼の物語を話して聞かせ、彼女たちの仕事に感謝しました。その後本部に戻ったエイミーは、他の従業員たちにもこの物語を語りました。

◎物語を伝える──外部から

この物語は従業員たちにとって意味のあるものだと感じたエイミーは、会社全体にこの物語を広めました。私が、「物語を伝える──内部から」の項目にこのストーリーを加えたのもそのためです。しかしこれは、外部の人間の物語がMSMHのコミュニティのメンバーに、自分たちの仕事が重要であり、苦しんでいる人の心を救う役に立っているのだということを知らしめたことの一例でもあります。こうした物語は、時に従業員たちが最も求めているものなのです。

KPMGのように、組織のリーダーたちはパーパスの重要性を従業員に伝えることができます。しかしアダム・グラントの調査によれば、組織の製品やサービスの恩恵を受けている人たちが、リーダーよりもさらに強く従業員の心を揺さぶる場合があるそうです。グラントがこれに気づいたのは、ミシガン大学の博士課程の学生だったときに、大学のための資金集めを呼びかけるキャンパスのコールセンターで、ある標語を見かけたことがきっかけでした。それにはこう書かれていました。「ここで良い仕事をするということは、ダークスーツを着たままお漏らしをするのと似ている。じんわりと温かい気持ちになるけれど、誰からも気づかれないのだ」。

スタッフは明らかにやる気がなく、自分たちの仕事を無意味だと感じていました。そこでグラントは、彼らが集めた募金がいかに役立っているかを本人たちに教えることで、スタッフの士気を高めようと思いつきました。彼はチームのリーダーと交渉して、スタッフが電話をかけて集めた資金が新しい校舎の建築、大学職員たちへの給料、大学のフットボールやバスケットボールチームのために使われていることを伝えてもらいました。しかし調査員たちがその成果を調べたところ、大きな変化は現れていませんでした。リーダーのスピーチを聞いた後も、スタッフの仕事ぶりは熱心にも生産的にもなっていなかったのです。

グラントは、メッセージの発信者の人選を間違えたのではと考えました。リーダーには立場上、部下たちをもっと働かせたいという意図が見え隠れしていたからです。では、このメッセージを発信するのが別の人ならどうだろう？　そう考えたグラントのチームは、コールセンターのスタッフをランダムに3つに分けてみました。1つ目は、ウィルという奨学生と直接会うグループ。彼らの仕事によってウィルは奨学金を得ることができ、人生が変わったという話を5分にわたって聞きました。2つ目は、同じ内容が綴られた手紙をウィルから受け取るグループ。しかし、直接会うことはありませんでした。3つ目は、ウィルにも彼のメッセージにも接点のないグループです。

次の1カ月間で、ウィルに直接会ったグループのパフォーマンスは、平均で1週間にかけた電話の数は142パーセント、週間収益は171パーセントと急上昇しました。彼らは、自分たちの仕事が誰かの役に立っている価値あるものだという思いを強くし、他の奨学生たちにも今後影響を及ぼすであろうということに気づいたのです。そして、その気づきを、寄付を依頼する電話の相手にも伝えることができるようになりました。ウィルの手紙を読んだグループと、ウィルとまったく接点のなかったグループには双方とも、意欲にも成果にも変化は見られませんでした。

グラントのチームは、奨学生とスタッフを変えて、同じ実験を5回行いました。あるケースでは、奨学生との短時間の交流によって、収益が400パーセント以上上昇しました。同じメッセージをリーダーから伝えられた場合や、元スタッフから仕事上の個人的なメリット（キャリアアップやスキルの向上）を挙げられた場合には、チームにさしたる変化は見られませんでした。自分たちの仕事がコミュニティのメンバーに恩恵をもたらしていると本人から直接聞いたときだけ、彼らのモチベーションとパフォーマンスは飛躍的に向上したのです。[※26]

同様の効果は他にも見られました。自分たちが準備した手術用器具を使用した医療関係者と直接会って、長時間働くようになった看護師たち。ファイルに交ざっていた患者の写真を見て、より正確にスキャン画像を読み取るようになった放射線科医たち。そして、ライフガードのレスキュー体験談を読んで、それまでより長く働くようになり、有用性が21パーセント上がったと上司から評価されたライフガードたち。[※27]自分の行動の先に誰かがいると感じることで、モチベーションは跳ね上がるのです。

だからこそ「ザ・マイティ」では、グループリーダーたちに、メンバーの体験談の投稿や回覧を奨励しているのです。健康上の問題と向き合うために必要なサポートを提供するマイティの従業員にとって、感謝が綴られたメッセージは大きな意味があります。ロサンゼルスで開催されたマイティの2回目のリトリートで、マイクはそうしたメッセージの一つを従業員たちの前で披露しました。

ジーン・シャロン・アボットは幼い頃に脳性麻痺と診断されてから33年間、そう信じて生きてきました。しかしそんな彼女に、「それは違うのではないか」と指摘する医師が現れたのです。医師は彼女に薬を処方しました。その翌日、ジーンは数十年ぶりに人の助けを借りずに立ち上がることができました。当時、わずか3人だったマイティの従業員はこの驚くべき体験談を読み、他の仕事を中断してこの物語を広めました。当時は脳性麻痺患者の大規模なコミュニティを持っていなかった彼らは、様々なメディアに接触を試みました。そして2週間もしないうちに、ジーンは情報番組の『トゥデイ』で紹介され、その体験談は一斉に広がりました。

数カ月後、ジーンはさらなる朗報をマイクに伝えました。マイティが彼女の物語を伝え始めてから、20人が彼女と連絡を取り、彼女と同様に脳性麻痺ではないことが判明したというのです。彼らも適切な薬を摂取し、立ち上がって歩けるようになりました。「たった一つの物語が大勢の人生を変えました」とマイクは言います。「それは、物語をたくさんの人に伝えることで実現したのです」。マイクはチームの面々に、彼らがジーンの物語を広めたからこそ、大勢の人の人生が変わったのだということを伝えることで、チームを鼓舞しました。これは、マイティが人々を救った数多くの事例の一つです。マイティの従業員たちはそのことを認識しているときもありましたが、往々にして知りませんでした。マイクは、確実にそのことを知ってほしいと思ったのです。

◎自分たちが及ぼした影響力の評価基準を共有する

従業員やコミュニティのメンバーに、人々の人生を変えるために自分たちは何をしたかを伝えましょう。トムスは、靴を1足買ったら困っている人に1足寄付するという理念、「ワン・フォー・ワン」の下に誕生しました。2019年の終わりには、トムスは9500万足以上の靴を、38の州と82の国の人々に寄付し、2020年には1億足の寄付を目指していました。

2011年創業のアイウェアラインは、78万人の視力回復のために資金提供をしてきました。また、コーヒー豆を販売するトムスローースティング・カンパニーは、2014年の創業以来、貧困コミュニティに1億リットル以上の安全で清潔な水を供給しています。創業者のブレイク・マイコスキーは、「ビジネスを通じて人々の人生を向上させるというトムスの存在意義は、私自身や我々が販売する靴、あるいは今後販売するどんな商品よりも大きいのです[※28]」と言います。そして彼は、従業員にもそのことを確実に伝えるようにしています[※29]。

◎従業員とコミュニティのメンバーの裁量に任せる

数年前、シスコは従業員の慈善活動の形を変えました。従業員から集まったものを、会社が選んだ限定的ないくつかの組織に寄付するというそれまでのやり方から、従業員自身に寄付する先を選ばせるようにしたのです。従業員たちは自分がサポートしたい組織を選べるようになり、その結果、数千もの組織がシスコの「ビー・ザ・ブリッジ」キャンペーンから寄付を受けることになりました。従業員の寄付額が飛躍的に増大したのです。[※30]

従業員を、その行動によって恩恵を受けた人に直接会わせることも、彼らにとって大いに励みになります。トムスでは、フルタイム勤務の従業員は全員、1年目と3年目の終わりに、その後は3年ごとに奉仕活動の旅に出ることができるのです。旅先では、目の検査を実施したり、ネパールやホンジュラスなどの国に靴を配布している非営利団体の手伝いなどをします。[※31]

従業員の中にある仕事への意義を育み、繁栄へ導きましょう。パーパスや結びつきを実感すれば、多くの人が直面している孤立や断絶を減らすことができます。パーパスを共有する方法を見つけて下さい。従業員だけでなくコミュニティのメンバーも巻き込んで、物語を通じて意義を伝えるのです。意義は強力なモチベーションとなります。それは水面の波紋のようにコミュニティ全体に広がっていき、人々を活気づけ、パフォーマンスを活性化し、従業員のリテンションを増やし、会社の収益に貢献します。次の章では、コミュニティのウェルビーイングを推進することのメリットについて説明します。

第6章 ウェルビーイングを活性化する

周りにいる全ての人を尊いものとして重んじれば、彼らは繁栄するだろう。心ない扱いをすれば、彼らは破綻するだろう。

——リチャード・ブランソン

2016年9月23日、マリオット・インターナショナルはスターウッドホテル&リゾートを買収し、世界最大のホテルチェーンとなりました。マリオットはこの買収に130億ドルを費やしました。この種のM&Aは大いなる希望と共に始まるものですが、往々にして破綻します。それは主に、この2つの企業がそうだったように、あまりにもカルチャーが異なると、それを統合するのは非常に困難だからです。この場合、特に相手が規律と一貫性を重んじるマリオットだったため、その冒険的な姿勢と「クールさ」で知られるスターウッドとの相性が懸念されていました。ニューヨーク・タイムズの記事のタイトル「マリオットはスターウッドのクールさと、その顧客を維持できるか?」は、このジレンマを見事に捉えていました。

マリオットとスターウッドは、合併に関する研究者たちが「堅いカルチャー」と「緩いカルチャー」と呼ぶ事例の典型でした。彼らによれば、堅いカルチャーが規則や規律、一貫性やルーティーン、そしてヒエラルキー型の構造を重視するのに対して、緩いカルチャーは従業員の意思決定における柔軟性や自主性、おおらかさやクリエイティビティに価値を置き、平等主義的なアプローチを好みます。

１９８９年から２０１３年にかけて、国内外の４５００件以上の合併を調べた研究者たちは、こうしたカルチャーの違いがある企業を買収した場合、会社の資産が３年後には平均で０・６ポイント、または純利益が1年当たり平均2億ドル減少することを発見しました。中でも堅さと緩さの差が著しく大きかった企業は、1年当たりの純利益が6億ドル以上も下落したのです。※1

こうした残念な結果の原因はいくつもありますが、特筆すべきは、２つの異なるカルチャーを合併させようとすると、従業員のエンゲージメント、注意力、集中力を削ぎ、パフォーマンスが下がるということです。２０１７年にアマゾンがホールフーズを買収したときも、同じことが起こったと研究者たちは指摘します。アマゾンはその堅固な構造と規律、そして中央集権的な意思決定でよく知られています。それにひきかえホールフーズは、各店舗が顧客の好みに合わせて意思決定することを奨励しており、そのおおらかさや冒険的な姿勢が有名でした。

合併から1年後、ホールフーズの一部の従業員と顧客の間に不平と不満が広がっているという記事が研究者により発表されました。地域ごとの傾向を考慮しない、杓子《しゃくし》定規かつデータ主導で中央集権的なアマゾンの在庫管理システムのせいで食品の欠品が頻繁に生じており、自由なやり方に慣れていた従業員たちは怒りと不満を募らせているというのです。

２０１８年、全ての従業員に、組合結成のための運動への支援を要請するメールが送られました。

しかし、労働組合結成の取り組みは失敗に終わりました。[※2] 今日に至るまで、アマゾンは労働組合結成の動きを警戒し、最も組合を組織しそうな店舗をアルゴリズムで割り出すなどして、そうした取り組みを潰すために入念な戦略を立ててきました。そして2018年、ホールフーズは20年間で初めて、『フォーチュン』誌の「働きがいのある会社ベスト100」のランクインを逃しました。[※3]

しかしこうした懸念の中、マリオットとスターウッドの合併は予想とはまったく異なる結果になりました。総勢75万人以上の従業員（そのうちスターウッドの従業員が約35万人）を一つにまとめ上げたこの大規模なM&Aから2年後、2つのライバル企業は困難を乗り越えて一つの家族になったのです。

今や30のホテルブランドがマリオットの傘下に入り、130カ国以上で7000軒以上の系列ホテルを営業しています。[※4] 合併後、マリオットの株主利益率は上昇し、ロイヤルティプログラムは目覚ましい成長を見せています。加えて、従業員のエンゲージメント調査では、2つのカルチャーが一つになったことを示す安定的なパターンが得られています。合併当時、スターウッドの従業員のエンゲージメントは高いスコアを示していました。しかしマリオットのスコアは、それよりさらに5ポイント上でした。そして合併から3年が過ぎた2020年初頭、その差は埋まり、2つのグループのスコアは同じになりました。

マリオットのグローバル最高人事責任者であるデヴィッド・ロドリゲスは、2つのカルチャーの共通性を特定し、それを強調できたことが、成功の要因ではないかと考えています。その共通点とは、従業員のウェルビーイングにコミットメントすることです。彼は、合併の成功は、従業員を大切にするマリオットの揺るがぬ姿勢に負うところが大きいと語ります。それは創業者のJ・ウィラード・マリオットが作り出したカルチャーに宿る、マリオットのDNAの一部です。彼の「従業員を大切にしなさい。そうすれば彼らはお客様を大切にし、お客様はまた戻って来てくれるでしょう」という言葉は、今でも度々唱えられています。

遡《さかのぼ》ること1930年代、従業員の健康を重視したマリオットの創業者たちは、事業拡大に伴って産業医を雇いました。そのレガシーは、2010年に発足した「テイクケア（Take Care）」プログラムに受け継がれています。開始当初、テイクケア・プログラムは肉体的なウェルビーイングの推進に重点を置き、ストレスマネージメント、エクササイズやフィットネス、栄養と体重管理、禁煙などに取り組んでいました。また、健全な経済状況も重視されました。以降、テイクケア・プログラムは個人およびコミュニティを超えて、社会全体のウェルビーイングへと広がっていきました。

今やこれは、マリオットのカルチャーとアイデンティティの中核となっています。デヴィッド・ロドリゲスはいみじくもこう言っています。「人は人生の大部分の時間を雇い主と共に過ごします。ですから、従業員のウェルビーイングを推進するという姿勢が重要なのです。何しろ雇用主は、従業員のライフパートナーなのですから」※5。

スターウッド本部の従業員たちは、マリオットの最高幹部たちとの初対面の場面ですでに、マリオットのカルチャーを体験していました。「会長のビル・マリオットと後のCEOアーン・ソレンソンが自らオフィスに赴き、何時間もかけて全ての従業員一人ひとりと握手をしたのです」とロドリゲスは振り返ります。「中には『これから記者会見で合併を大々的に発表するのだから、あんなことしなくてもいいのに』と言う人もいましたが、彼らにとっては、あの行動こそが最も重要なイベントだったのです」[※6]。

スターウッドのジェネラル・マネージャーは、社内のグローバル・レコグニション・イベントでこう語りました。「最初は不安でしたが、オンラインでテイクケア・プログラムのサイトを見た後は、きっと大丈夫だと思えるようになりました。彼らと私たちは、従業員を大切にするという同じ信念を持っていました」。これがあるからこそ、モクシー・ホテルのようなスタイリッシュなミレニアル世代のブランドも、リッツ・カールトンやセント・レジスといった由緒あるアイコニックなブランドが名を連ねるグループにすんなりと馴染むことができるのです。それぞれのブランドカルチャーはまったくかけ離れているように見えますが、彼らはホスピタリティという同じミッションと、従業員の基本的なニーズを優先するという価値観を共有しているのです[※7]。

マリオットの基本的価値観は、その驚異的な安定性に貢献しています。近年、「働きがいのある会社研究所」は、一部の企業のカルチャーがきわめて不安定であり、急激にランクを落としていることを発見しました。しかしマリオットは、1998年の開始以来、リストにランクインし続けているわずか6つの企業のうちの1つです[※8]。

マリオットのコミットメントは、様々な形で従業員に提供されています。

チャンス

人は誰でも成長するチャンスを求めていることを知っているマリオットは、新しいスキルを習得するためのコースをいくつも提供しています。エマージング・リーダー・プログラム（ＥＬＰ）はパフォーマンスの高い従業員を選抜して、彼らに「1年間の開発およびメンタリングのプログラムを受けさせます。１００人以上がこのＥＬＰを受講済み、または受講中であり、参加者の半数以上が女性、3分の1以上がマイノリティです[※9]」。

マリオット・インターナショナルのボヤージュ・グローバル・リーダーシップ・デベロップメント・プログラムもまた、スキル習得を目的としたイニシアチブです。新卒の従業員にホスピタリティ業界における実践的なリーダーシップ体験をさせるために編み出されたこのプログラムは、12カ月から18カ月にわたって、50カ国以上の会計および財務、料理、エンジニアリング、イベントオペレーション、食品・飲料のオペレーション、客室のオペレーションなど多岐にわたる分野の従業員に提供されています。世界中の参加者たちが、ホテル運営のために必要なことを学べるオンラインのシミュレーションで切磋琢磨《せっさたくま》しています。これは、ジュニア・マネージメントの役職を狙う若者たちの野心に火をつける燃料となっています。

マリオット・デベロップメント・アカデミーでも、意欲溢れるマネージャーたちは、リーダーの役割を果たすために必要なことを学ぶことができます。これは各自に合わせて調整可能で、自分の個人的および仕事上の興味に関連する研修を、多彩なメニューからそれぞれの学びの嗜好に合わせて選ぶことができます[※10]。

マリオットの多種多様な研修プログラムの恩恵を受けた者たちの中でも代表的なのが、現在ベトナムのルネッサンス・リバーサイド・ホテル・サイゴンで宿泊部門のマネージャーを務めるチ・グエンです。このホテルのスタッフたちは、2019年に平均53時間の研修を受けています。その一環である「トゥ・ザ・ジャーニー」と呼ばれる1週間のプログラムでは、自分の業務とは異なる別の業務に必要な知識やスキルについて学び、様々な部署やホテルのシニア・マネージャーたちと話をし、ジェネラル・マネージャーたちとの会話を通してキャリア開発のための見識を深めます。

グエンのこのホテルでのキャリアは、1999年にウェイトレスから始まりました。様々な研修を受けることができたおかげで、彼女はやがてフロント・オフィスへと配属され、5年間ゲスト・サービス担当者を務めました。その後、クラブフロアの交代勤務監督者に昇進し、その1年後にはクラブフロアのマネージャーになりました。その後もフロント・オフィスのアシスタント・マネージャーに、2010年にはフロント・オフィスのマネージャーに抜擢されました。宿泊部門のマネージャーに就任した彼女は、フロント・オフィス、ハウスキーピング、ヘルスクラブ・チームの77人の部下を率いています。このホテルで20年以上キャリアを積んで、彼女は遂にここまで辿り着いたのです。

ルネッサンス・サイゴンの人事部門ディレクター、ミン・タム・クアン・ツィは、マリオットの研修プログラムで得た経験やデベロップメントを巧みに活用したグエンを絶賛しています。今でも彼女は、マリオットのオンラインでのマネージメント研修を通じて、知識やスキルをアップデートしています。またミン・タム・クアン・ツィによれば、研修で学んだことを、近日ベトナムにオープンするスターウッド系列のホテルのマネージャーたちに伝授しているそうです。

グエンのように、マリオットですでにマネージャー職にある者たちは、その地位を目指す者たちの成長を後押ししています。また彼らは、従業員の潜在能力に目を留め、それを開花させることも奨励されています。

アベリノ・マルティネスはまだ高校生の頃に、コートヤード・マリナ・デル・レイ（マリオット系列）でロビーでの出迎え係として働き始めました。あるとき、彼はマネージャーから呼び出されてこう言われました。「きみを見ていると、我が社への熱い思いが伝わってくる。きみの力になるにはどうすればいい？」。マルティネスは、今後のキャリアのためにも、学校での勉強を続けることが彼にとって一番の優先事項だと説明しました。するとマネージャーは、それを可能にするスケジュールを組むと約束してくれました。そのおかげで、彼はホテルでの仕事を続けながら、ビジネス・マネージメントの学位を取ることができたのです。「本当にありがたかったですし、心に残っています」とマルティネスは言います。「だからこそ、今同じことを部下たちにしてあげようと思っています」。学位という武器を手に入れたマルティネスは順調に昇進し、ロサンゼルス空港にあるルネッサンス・ホテルとアーバインにあるスペクトラムのハウスキーピングのマネージャーを歴任しました。[※11]

従業員が意欲のある同僚の後押しをした事例がもう一つあります。これを私に教えてくれたのは、フロリダ州にあるルネッサンス・ワールド・ゴルフ・ビレッジ・リゾートのエグゼクティブ・シェフ、ディーアン・ホブスです。それは、15年前にこのホテルでハウスキーピングの仕事を始めた女性の話でした。

彼女はアルバニアからの移民で、これが彼女にとってアメリカでの初仕事でした。その彼女が、もっと長く働きたいと言い出し、ホブスの働く厨房での仕事に興味を示したとき、ホブスはそれを受け入れ、厨房の仕事の基本的なスキルに加えて、食品業界全体の仕組みについても彼女に教えました。女性は厨房での仕事を楽しみ、高い能力を発揮しましたが、英語が得意ではなかったため、将来には限界がありました。彼女には素質があると見抜いたホブスは、英語のレッスンを受けられるよう手配しました。ひとたび英語が上達すると、彼女はホブスの厨房のスーパーバイザーとなり、やがて「すぐ近所にある」、高齢者居住地区のレストランにスーシェフとして雇われることになりました。彼女が去ってからも、ホブスと女性の絆は続きました。実際、私と話をしている最中に、マネージメントへの昇進を果たしたことを報告するこの女性からのメールが、ホブスの携帯電話に届いたのです。

どれだけ大きい（またはグローバルな）企業でも、コミュニティを作ることは可能です。コミュニティを最優先して着実に育てていけば、必ず達成できます。ここまでご紹介した事例に見られるように、それは往々にしてチームとチームリーダーとの間で始まります。

ダイバーシティとインクルージョン（D&I）

マリオットは、全ての従業員に帰属意識を感じてもらいたいと思っています。マリオット・ファミリーの中に自分の居場所があり、昇進のチャンスがあると感じてほしいのです。約34万5０００人が参加する、年に一度の世界規模の統計調査でデヴィッド・ロドリゲスが注目するのは、人種やジェンダーなどによって従業員のウェルビーイングに著しい差がないかどうかです。彼は常に「不当な思いをしている層はいないだろうか？」と自問しています。

マリオットのD&Iがうまくいっているかを評価する際、ロドリゲスは評価基準だけでなく、自らの直感も大事にしています。例えば、彼はよく社内のカフェテリアを覗《のぞ》いて、異なる民族や人種のグループが混じり合っているかどうかを確認します。それこそが、健全さのサインだと考えているからです。「インクルージョンのレベルが低い場所は、見ればすぐわかります。そこでは、同族の人間同士で固まっているからです。インクルージョンを測るものさしはありませんが、それが企業にとって問題なのは間違いありません」[※12]。

彼がインクルージョンに強くこだわるのは、子供時代の経験から、居場所がないと感じることの辛さをよく知っているからです。サウス・ブロンクスで育った彼は、「色白で赤茶色の髪をしたプエルトリコ人」でした。見かけが他と異なり、スペイン語もうまく話せなかった彼は、ラティーノの子供たちから無視されました。そこで、ハーレムにある小学校に通い始めた彼は自分のことを、友達になってくれたアフリカ系アメリカ人だと思うようにしたのです[※13]。「D&Iに関する私の理念の大部分は、どの層にも溶け込むことができず、それでも溶け込みたいと願っていた、個人的な経験が基盤になっています」[※14]。

マリオットは、女性に同等のチャンスを与えることも含めて、ダイバーシティにも強くこだわっています。マリオットの社長ステファニー・リナーツは、上級職に女性が多いという事実こそ、スターウッドの従業員がすんなりと受け入れてくれたマリオットのカルチャーの一つだと言います。現在、マリオットの役員11人中４人が女性であり、最近引退したCEOの直属の部下の半数は女性でした。これは「フォーチュン２００」の他の企業では例がありません。社内の上位（重役以上）８５０人のうち、40パーセントが女性です。マリオットの従業員全体の65パーセントがマイノリティで、アメリカのマリオットでは中間管理職の31パーセントがマイノリティです。[※15]

役員レベルにおけるダイバーシティに関して、マリオットはホテル業界の中でも群を抜いており、ダイバーシティインクの「2020年ダイバーシティ企業トップ50」では業界の垣根を越えて1位に選出されました。[※16] 2020年には、「障害者インクルージョンにとって働きがいのある職場」「LGBT平等にとって働きがいのある職場」「ラティーノにとって働きがいのあるアメリカの職場ベスト50」など、数々のランキングに選出されました。

テイクケアの3つの柱

そもそもは従業員の肉体的な健康促進のために生まれたマリオットのテイクケア・プログラムは、長年の間により包括的なアプローチをするようになり、今では3つの柱を軸にしています。それは、自分、同僚、そして社会における会社の役割です。

「自分」には従来のウェルネスとライフスタイルのプログラム（肉体的な健康、減量、精神的なウェルビーイング、瞑想など）が含まれます。テイクケア・プログラムは、ウェルネスを一時的なものではなく、生き方そのものにすることを目指していることから、マリオットは2019年にゲームアプリの「テイクケア・レベル30」を導入しました。これは従業員や宿泊客のみならず一般の人でも利用でき、ポジティブな行動を日常のルーティンとするのに役立つ、ウェルビーイングのチャレンジを提供するものです。30という数字は、習慣を築くのには30日かかることから来ています。

「同僚」には、従業員同士を結びつけるために様々なプラグラムを提供しています。「ハピネス・ヒーロー・カード」は、同僚のスキルから仕事のやり方まで、何かしらを認定するもの。「バディ・アップ」は、チームビルディングのためのエクササイズ。「オン・ザ・メンド」は、気分や体調が優れない人に解決策を提供するもの。そして「ハイ・ファイブ・フライデー」は従業員たちに、その週にあった「最高の瞬間」を90秒でチームに共有することを勧めるものです。

「社会における会社の役割」では、多くのホテルが、自分たちのコミュニティの地域に根ざしたプロジェクトに取り組んでいます。例えばタイのＪＷマリオット・プーケット・リゾート&スパでは海洋保護に積極的に取り組んでおり、マイ・カオ・マリン・タートル・ファウンデーションを立ち上げて、近くに生息する絶滅危惧種のオサガメを保護するための資金集めをしています。彼らはきれいなビーチと海の大切さを謳《うた》い、カメが生きるデリケートな生態系を維持するための啓蒙《けいもう》活動も行っています。

ＪＷマリオットは近隣のマリオット・ホテルであるル・メリディアン・プーケット・ビーチ・リゾートと連携して、ウミガメの保護を支援しています。これは、近隣のビーチから卵を回収して、安全に孵化《ふか》できる場所を提供し、子ガメを海へ戻すというプログラムです。[※17]

ル・メリディアン・プーケット・ビーチ・リゾートは、別の形でも地元のコミュニティに貢献しています。アースデイには、コミュニティのために2キロメートルの遠泳大会を海で開催し、その参加費をビーチの清掃活動をしているトラッシュ・ヒーローに寄付します。また、社内のエンジニアリングチームは、これまで地元の10の学校を支援してきました。ある学校では図書館、食堂、教師用の会議室を修繕しました。壁やテーブルや椅子を塗り直し、基本的な備品を提供したのです。また、予算不足で3年間閉鎖となっていた学校に大規模なリノベーションを実施し、再開へと導きました。

◎パーパス

マリオットは、従業員の精神的な欲求を満たす手段の一つとして、彼らに目的（パーパス）意識を与えることにしています。ソーシャルインパクトのプラットフォームであるサーブ360は、最も差し迫った社会、環境、そして経済面の問題の一部に取り組んでいます。各ホテルは、地域に応じたアプローチをしています。例えばロドリゲスはバリを訪れた際、「ヘルメットもかぶっていない女性や子供を乗せたオートバイやスクーターの脇すれすれを、車が走る様子を見て肝を潰した」そうです。その経験を踏まえて、マリオットが立ち上げたイニシアチブの下、バリのリッツ・カールトンは地元の子供たちにヘルメットを配布し、そのヘルメットをデコレーションするために子供たちをホテルに招待しました。

また、従業員が社会的な問題に取り組むことを後押しするためのマリオットのプログラムの一つが、人身売買への意識を高めるための研修です。ホテルは人身売買業者に利用されることが多いため、マリオットは何に気をつけるべきかを研修でスタッフに伝授し、職種に応じた指示を与えてきました。フロントの受付係が目にするものと、清掃係やバーテンダーが目にするものは異なるからです。セント・パンクラス・ルネッサンス・ロンドンの監視員ヨーゼフ・ラダニーは、こうした研修担当者の一人です。

ハンガリーのデブレツェンで生まれたラダニーは、1996年にブダペストに移り住み、夜はブダペスト・マリオット・ホテルのドアマンとして働き、昼間は英語学校に通いました。様々な研修プログラムを受けた彼は、前マネージャーからの要請を受けて2005年にロンドンに移り、その後ロンドンにあるマリオット系列のホテルの一つで顧客サービスマネージャーとなりました。そして2005年7月に起きたロンドン同時爆破テロをきっかけに、ホテルの警備、特にホテルでのテロ防止に注目するようになりました。それまでに彼は、警備に関するあらゆる種類の研修を受けていました。それは、著名人の来訪に際して警備の詳細を詰めること、犯罪に発展しそうな事態を調査すること、効果的な緊急時対応の計画を立てることなどです。そのおかげで彼の観察眼は磨かれ、危険な事態を察知するには何に注意すべきかを熟知していました。

また、ドアマンとしての過去の経験も役立ちました。「ドアマンは、警備と連携して仕事をします。来訪者と最初に接触し、どんな人物かを見抜き、状況を理解するのはドアマンです」とラダニーは言います。「警備だけでなく、フロアにいる全ての人が神経を研ぎ澄ましていなくてはいけません。そして異変を察知した同僚が、迷いなくそれを伝えに来られるような関係を築いておくことも重要です」。

2016年、ラダニーのもとにある小児性愛者の情報が入りました。その男は、インターネットで出会った未成年の少女たちとの待ち合わせ場所に、セント・パンクラス・ルネッサンス・ロンドンのロビーを使っているというのです。監視を強めた彼とそのチームは、この件を警察に報告しました。

警察は、この男が人身売買業者である可能性もあると見て、ラダニーに監視カメラの映像も要請しました。これが証拠の一部となり、この人身売買業者は逮捕され、4年の禁固刑に処されました。

逮捕からわずか2年半後の2018年、(模範囚として刑期が短縮された) 男が再びホテルに現れました。「ラウンジエリアにいた責任者の一人が彼に気づき、数年前に、ホテルを標的にした特定の犯罪者への警戒を呼びかけるチラシが配られたことを思い出しました。彼女は大急ぎで、彼のことを私たちに教えに来ました」とラダニーは言います。

ラダニーのチームはその日ずっと、彼から目を離しませんでした。そして特におかしな行動は見られなかったものの、ラダニーが警察にこの件を報告すると、警察は再びこの容疑者に関するチラシを配布しました。それから1カ月もしないうちに、この男がセント・パンクラス・ルネッサンス・ロンドンのレストランを予約したと、ラウンジエリアの責任者からラダニーに報告が入りました。当日、ラダニーのチームが目を光らせている中、イスラム系の少女2人がこの男と一緒にテーブルにつきました。この男が釈放の条件の一つとして、未成年の少女との同席を禁じられていることを知っていたラダニーは、すぐさま警察に通報し、この人身売買業者の男は拘束されました。「我々の介入によって、彼は刑務所に逆戻りになりました」。

その1週間後、男を逮捕したトニー・フォラン刑事が、ラダニーのもとを訪れました。彼によれば、犯人は元警察官だったこともあって「警察の手口を知り尽くしており、尾行をまくのもお手の物だった」そうです。それゆえにフォランは、この「民間人のお手柄」に感動し、当時マリオットのCEOだったアーン・ソレンソンにメールで感謝を伝えました。

２０１７年1月、マリオットは人身売買業者を見抜くための研修を、ホテルの敷地内で働く全てのスタッフに義務づけました。2年間で50万人の従業員が、人身売買のサインを見抜く方法や、見つけたときの対処法について学びました。「ホテルのスタッフが目にするのは、犯人が被害者を拘束している場面とは限りません。大抵は、何に警戒すべきかを承知していなければ見逃してしまうような、微妙で気づきにくい光景なのです」とロドリゲスは言います。「だからこそ、性的搾取や強制労働のサインをホテルの従業員が見抜けることがとても重要なのです。こうした知識は、自分が何かの役に立っているという彼らの自信にもなります」。その重要性を強く感じているマリオットは、世界中で若者を危険な状況から救ってきたこのプログラムを、ライバルでもある他のホテルが使用することを許可しています。その結果、何千何万もの人々がこの研修を受けることができました。

マリオットには、従業員のウェルビーイングへのコミットメントを試される時期がこれまで何度もありましたが、彼らはその価値観を守り続けてきました。アメリカ同時多発テロの後、旅行業界は壊滅的な打撃を受けました。マリオットの稼働率も75パーセントから5パーセントに下落し、従業員も勤務時間の削減を余儀なくされました。アーン・ソレンソンはビル・マリオットの後押しを受け、従業員が保険やその他の給付金をもらい損ねることがないように配慮し、医療保険や福利厚生の適用範囲である、週に最低30時間の労働という要件を撤廃しました。

２００８年の金融危機の際も同様の事態となり、マリオットの多くの従業員が、労働時間が必要最低時間に足りず、医療保険を受けることができなくなりました。デヴィッド・ロドリゲスは、スタッフミーティングでこの件を持ち出したときのことを振り返ります。「私が話し始めて30秒で、ビル・マリオットは話を遮り、こう言ったんです。『何をすべきかは明白だ。その規則は一旦停止させろ』[※18]」。

残念ながら、マリオットにとって新型コロナウイルスがもたらした荒波は、アメリカ同時多発テロと２００８年の金融危機を合わせたよりも激しいものでした。世界各国で旅行が禁止される中、マリオットは２０２０年３月に、保険などの福利厚生は維持したまま、一部の従業員を自宅待機させることを余儀なくされました。第２四半期には２億３４００万ドル、即ち利益の72パーセントを損失したマリオットは、スタッフの17パーセントの解雇を計画。２０２０年12月には、８００人以上の非組合員である従業員に対して、翌年の３月に解雇する旨を通告しました[※19]。

当時ＣＥＯだったアーン・ソレンソンは、従業員や株主、そして顧客に向けてのビデオメッセージの中で、会社が取らざるを得なかった措置について説明すると同時に、２０２０年度は自分とビル・マリオットは給料を受け取らないこと、他の幹部たちの給料も50パーセント削減することを発表しました[※20]。パンデミックのせいで従業員を失ったものの、もしソレンソンとマリオットが給料を放棄せず、他の幹部たちの給料も削減していなかったら、もっと大勢が解雇されていたでしょう。

創業者の信念に基づき、マリオットとその経営陣は従業員のウェルビーイングを最優先しています。それはエンゲージメントとロイヤルティへとつながり、さらにリテンションとより良いサービス、顧客の満足度、そして利益へとつながります。マリオットのデータでは、従業員のエンゲージメントが高いホテルほど、財務上高い成果が出ていることが判明しています。[※21]「サービス業界では、スタッフのウェルビーイングが会社に反映されるのです」とロドリゲスは言います。[※22]

次にご紹介する事例からもわかるとおり、資金がたっぷりある業界の巨人でなくても、思いやりのカルチャーを作ることはできます。小規模ながらもパワフルな投資アドバイス会社モトリー・フールは、従業員のウェルビーイングを重視したカルチャーで定評があります。一見まったく別物の企業に見えますが、マリオットとモトリー・フールは、大事にすべきものについての価値観は一致しています。

モトリー・フール

私が最初に、モトリー・フールの共同創業者トム・ガードナーに会ったのは、グーグルリワークのイベントでした。トムはそこで、カルチャーの重要性と、それが会社の投資戦略においてどんな役割を果たすかについて講演をしました。モトリー・フールは、25年以上にわたって投資の研究をし、その間ずっと市場を揺るがしてきました（彼らのストック・アドバイザー・プログラムは、２００２年以降５０５パーセントのリターンを生んでいます。一方、S&Pのリターンは１０１パーセントです）。

トムによれば、彼らの強みは、短期でものを見るウォール・ストリートと違い、アドバイザーたちがその組織の現在のカルチャーを詳細に見ることです。マネジメントの権威ピーター・ドラッカーの「カルチャーは戦略を朝食に摂る」（企業のカルチャーというものは戦略を超えるパワーがあるの意）という言葉に触れながら、トムは冗談半分にこう語りました。「あるいは、カルチャーは戦略と同じ朝食の席に着くだけかもしれません。両者がそれほど近い関係にあるのなら、私たち全員が関わるあらゆる組織のカルチャーを、一刻も早く見直さなくてはなりません」。

その日の夜、夕食を終えてホテルに戻るバスの中で、私と友人のエイミー・ヴェジェスニエフスキーは、トムの近くの席に座りました。3人であれこれ話をして笑い合っていると、エイミーがそっと私に囁《ささや》きました。「あなたは彼らのカルチャーを研究すべきよ、クリス。彼らはそれを体現しているんだから。先方のオフィスに出向いて、その目で見てみないと」。

それから間もなく、私は彼女のアドバイスに従いました。そして、彼女が正しかったことを思い知りました。1993年にトムとデヴィッドのガードナー兄弟によって創業されたモトリー・フールは、575人の従業員を抱え、[※23]ウェブサイト、ポッドキャスト、書籍、新聞のコラム、ラジオ番組、ミューチュアルファンド、そしてプレミアム投資サービスを通じて、何百万人もの人が経済的自由を手に入れる手助けをしてきました。トムとデヴィッドは当初から、従業員のエンゲージメントがモチベーションを活性化し、最終的にはパフォーマンスの向上につながると信じていました。従業員たちに一生「フール」（道化師）でいてほしいと考えた彼らは、ミッションとカルチャーを通じて彼らの幸福とウェルビーイングが確保されるよう尽力してきました。

その結果は？　モトリー・フールの離職率は、この業界の基準からは信じられない低さの2パーセント以下です。[*]さらに彼らはインクスの「働きがいのある会社2020」など、そのカルチャーに対する数々の賞を受賞しています。しかし彼らの功績は、賞に留まるものではありません。それは、モトリー・フールのオフィスで過ごせば誰もがすぐに感じる雰囲気を作り上げたことです。ある「フール」はエンゲージメント調査にこう記しています。「危機に直面すると本質が明らかになると言われますが、だとしたら私が目撃し、実際に触れてきた絆と思いやりは、我が社の従業員の人となりを証明していると思います。私たちは他に類のない、心優しい人間の集まりなのです[※24]」。

それを踏まえれば、モトリー・フールの共同創業者デヴィッド・ガードナーとトム・ガードナーが、コンシャス・キャピタリズム・オーガニゼーションが選んだ23の企業の中の28人の「コンシャス・キャピタリズムのヒーロー」に入っていることが納得できます。彼らのクレド（行動指針）は、「コンシャス・ビジネスには、心からの信頼と革新と思いやりのカルチャーが存在し、そこで働くことで人としての成長と仕事上の充足感を得られます。彼らはステークホルダーに、経済、知性、社会、カルチャー、精神、肉体、そして環境における豊かさをもたらすために努力します[※25]」というものです。

創業者たちの価値観は、モトリー・フールというその名前に反映されています。会社のウェブサイトでトム・ガードナーが語っているところによれば、この名前は「シェイクスピアの作品に登場する宮廷道化師へのオマージュです。彼は、首をはねられることなく、王や女王に真実を告げることができました。古《いにしえ》の道化師はユーモアで宮廷人たちを楽しませると同時に、彼らを導いたのです。さらに

＊　会社の発展——今年度には従業員の数が375人から575人に増加——は従業員にチャンスを提供し続けています。モトリー・フールはジョブ・クラフティング（従業員が仕事を主体的に捉え直すことでやりがいを持てるように導くための手法）を通じて、従業員に仕事の意義（第5章参照）を感じさせることにも取り組んでおり、ガードナーは従業員に「たとえ給料が15％カットされたとしても、やりたいことは何か？」を尋ねています。モトリー・フールは給料カットなどはしませんが、従業員が有意義なことを考え出し、それに従事することを望んでいるのです（グーグルリワーク〈2014年11月10日〉）。

重要なのが、道化師（フール）が社会通念を疑うことを恐れなかったことです」。つまり道化師たちは、悲劇でも喜劇でも決定的な役割を果たすシェイクスピア作品の道化師たちのように、独創的で恐れ知らず、そして率直であることを求められているのです。そう考えれば、彼らのカルチャーの根幹が従業員への「信頼」であることも頷けます。

◎信頼

モトリー・フールが従業員に向けている信頼は様々な形で現れており、その一つが勤務スケジュールです。従業員たちは、どこでいつ働くかを、自由かつ柔軟に決めることができます。トム・ガードナーは「企業の潜在能力を拡大するための才能を解き放つには、勤務スケジュールは可能な限り柔軟に構成しないといけません」と言います[※26]。この信頼は、（創業の年である）1993年から始まったモトリー・フールの無制限の休暇という方針にも反映されています。「フール」たちのほとんどは3〜4週間の休暇を取りますが、コミュニケーション・マネージャーのローリー・ストリートが言うように、「ちゃんと仕事をしている限り、人事部の誰も従業員の休暇の日数を数えません」。そして、時差ぼけを治すためにもう一日休みたいとか、ハイシーズンを外して旅行したいとかいうのも、従業員の裁量に任されています。従業員には判断力があり、会社の信頼を裏切らないことが前提とされているのです。

病欠に関しても、同様のアプローチが取られています。トムは、病欠の日数に規定を設けたりはしません。彼にとってこれはいたって単純で、「病気なら、家にいてください」ということなのです。

「それが常識です。私たちは皆、大人なのですから」[※27]というわけです。家にいさせるのは、当人のウェルビーイングのためのみならず、他のスタッフのためでもあります。病気なのに会社に来られたら、他の全員を危険にさらすことになるからです。もしマネージャーが、この方針を悪用している部下がいると感じたら、それを指摘するのは勤務評価のときです。しかしトムは、この種の問題に関してはさほど心配していません。というのも、組織の意義やパーパスが確立していれば、チームメンバーは職場に来たがるものであり、むしろ来させないようにするほうが大変だということを知っているからです。トムによれば、以前激しい吹雪《ふぶき》が発生し、モトリー・フールが従業員たちに数日間出社しないよう通達した際、ある従業員は「そんな！　私はオフィスに行って仲間に会いたいのに！」とぼやいたそうです。

トムに言わせれば、病欠の日数を定めるのは「パフォーマンスを下げる典型的な手法です。これは皆のやる気を挫きます。従業員を信頼しないのは、企業にとって、風邪による数日間の休みよりずっと危険なことなのです[※28]」。モトリー・フールは産休や育休にも寛容で、子供が1歳になるまでは最長4カ月の休みを取ることができます。

モトリー・フールの職場には、あちこちに玩具やフィットネス用品やボードゲームなどが置かれていて、楽しげな雰囲気に包まれています。チーフ・ピープル・オフィサーのリー・バーデイジはその様子をこんなふうに説明しています。「今、私の席から見えるのは、①空気で膨らむ大きなゴム製の水遊び用遊具（白鳥、シャチ、サメ、セイウチ、カメ）、②シューティングゲーム用のオモチャの銃、③フールたちが作ったアート作品、④ボードゲーム5つ、⑤ウィザードチェスセット、杖《つえ》とほうきの柄（ファイアボルトとニンバス）、⑥道化師の帽子10個ほどです」[※29]。この遊び心溢れる雰囲気は、決して仕事の効率を落としてはいません。むしろその逆です。トム・ガードナーはこう言います。「私たちは突飛な行動を軸にして、信頼というカルチャーを築いているんです」。そのカルチャーこそが「フールたちを楽しませ、良い人材を集め、従業員のリテンションを向上させ、健全なオフィス環境を生み出すのです」。

ガードナー曰く、信頼の役割は仕事の質を向上させることです。「多くの人がわかっていないのは、信頼則ちスピードだということです。仕事上の信頼は、生産性とアウトプットと密接に結びついています。職場に関係が築けていれば、決定は早まり、協力関係は強まり、自主性も上がります。周囲との強い信頼関係があれば、人は未来に集中し、全てがスピーディーに動くのです。あなたが間違ったことを言っても、周りは理解してくれます。あなたが過ちを犯しても、周りは力になってくれます。

一方、周囲との信頼関係が低い人は過去に囚《とら》われ、失敗は何度も蒸し返され、正しい言葉を選ぶのに無駄に時間が費やされます。失敗を取り繕うのに精一杯で、未来に集中するために前進することに力を注ぐことができなくなります。そしてチーム全員から責められます」[※30]。

長年リーダーたちと仕事をしてきた『スピード・オブ・トラスト――「信頼」がスピードを上げ、コストを下げ、組織の影響力を最大化する』（キングベアー出版）の著者スティーブン・M・R・コヴィーも同様の発言をしています。彼曰く、信頼こそ「パフォーマンスを活性化させる上で、最も見過ごされ、誤解され、活用されずにいる資産」なのです。

ガードナーは経営者たちにこうアドバイスします。「会社のカルチャーを強化、再建、再構築したいなら、楽しいことではなく、信頼から始めることです」。神経経済学者のポール・ザックも同意見です。人との協力関係を作ろうとする脳内神経回路に有効なオキシトシンの量を計測することで信頼を数値化してみたところ、信頼関係が高い企業の従業員は、信頼関係が低い企業の従業員に比べて、ストレスが74パーセント低く、生産性が50パーセント高く、エンゲージメントが76パーセント高いことがわかったのです。[※31]

ガードナーは、従業員の健康管理の重要性も十分に理解しています。２０１３年にモトリー・フールがチーフ・ウェルネス・オフィサーという役職を社内に設けたのも、こうした理由からです。

◎ウェルネス

長年経営を続けるうちに、トムは従業員たちの体重がデスクワーク中心の仕事のせいで増加傾向にあることが気にかかるようになりました。現チーフ・ウェルネス・オフィサーのサマンサ・ホワイトサイドによれば、従業員の体重が入社後に平均15ポンド（約7キログラム）増えていたことから、それは「フーリッシュ15」と呼ばれたそうです。[※32] そこでトムはウェルネスの管理に力を入れ始めました。まず取りかかったのが、ジュースやお菓子の自動販売機を撤去することです。また、会社を辞めてフィットネストレーナーになろうとしていた従業員を口説いて会社に残ってもらい、勤務時間の一部を、他のフールたちの個人トレーニングやグループフィットネスに充ててもらうことにしました。

その後、専任のチーフ・ウェルネス・オフィサーに就任したホワイトサイドは、現在「フール・フォーカス」と呼ばれているプログラムを作りました。それは、運動、栄養、健康促進と病気の予防、脳の健康という4つのカテゴリーで構成されています。[※33] フール・フォーカスは全ての従業員に、フーリッシュ・フィットネス・クラス（ブートキャンプスタイルのクラス）、ヨガクラス、ズンバクラス、そして一緒にバスケットボールや室内ホッケーやサッカーやバレーボールができるオープンジムを提供しています。また、1対1のトレーニングセッションや、助成金で大幅にカバーされるマッサージを1週間に2回受けることもできます。フール・フォーカスが提供する講座に参加した従業員は、最初の2年間で89パーセントに上り、以降その割合は増え続けています。ホワイトサイドは、様々なチャレンジも考案しています。「フール・ワイド・プッシュアップ・ウェルネス・チャレンジ」は1カ月で1000回の腕立て伏せをするというもので、他にもボランティア活動をしたり寄付をしたりする「慈善活動チャレンジ」などもあります。

脳の健康のためには、従業員がストレス管理のためのリソースを活用することが肝要だと考えるホワイトサイドは、年に最低2回は従業員支援プログラムのカウンセラーに、従業員の悩みに答えてもらっています。また各従業員は、1年に6回の無料カウンセリングを受けることができます。他にも活発な読書会や、ジョン・マッキーなど世界的に有名な起業家や実業家と議論するセッション、そして従業員に無料で本を配布する「ブッキー・モンスター」など、従業員のメンタルを活発かつ健康で、エンゲージしている状態に保つためのたくさんの取り組みが用意されています。

従業員の燃え尽き症候群の危険を承知しているモトリー・フールは、勤続10年以上の従業員に4〜8週間の長期有給休暇を提供しています。また、デヴィッド・ガードナーが考案した「フールズ・エランド」プログラムは、勤続1年以上の従業員にも長期休暇のチャンスがあります。毎月行われる「フールズ・エランド」の抽選会で当選した人は、1000ドルをもらって好きに使うことができます。ただしそれには条件があり、その後4週間の間に2週間続けて休みを取り、仕事から完全に離れなくてはいけないのです。病気や家族の事情によって休む場合にも、チームメンバーが自分の穴を埋めてくれるので、仕事に支障は起こらないと安心できるのです。

従業員の健康的な生活を後押しするために、モトリー・フールの冷蔵庫にはいつもオーガニックな軽食が詰まっていて、誰でも自由に食べることができます。カフェテリアの健康的なメニューも、無料または最高90パーセントまで助成金で補助されています。WW（旧ウェイト・ウォッチャーズ）のプログラムにも、50パーセントの助成金が出ます。健康的な食生活に興味がある従業員は、管理栄養士の指導を受けることもできます。そして年に複数回、フードカートがオフィスにやって来て、従業員のデスクに美味しいおやつを置いていきます――これは往々にして何かを達成したときに実施されます。そして毎年、自転車やハイキングシューズを買ったり、水泳のレッスン、または栄養学や瞑想の講座を受けたりと、健康に関連することならどんな形でも使える、ウェルネス関連に使うための資金が提供されます[※34]。

フィットネスプログラムの一番の目的は健康ですが、従業員たちはこのおかげで協力関係や友情が育まれたと口を揃えます。困難なチャレンジを共に乗り越えていくことで、互いの距離が縮まり、団結心が育まれるのです。ガードナーは、15年前にウェルネス・コーディネーターを雇うべきだったと考えています。「結果的に、生産性を上げ、医療保険費を減らし、満足度を上げるためにはうってつ

けの解決策を、従業員たちに提供できました」と彼は総括します。[※35]

◎フールを迎え入れる：フーリエンテーション

モトリー・フールは「フーリエンテーション」なるものを通じて、新入りの従業員をコミュニティに馴染ませることに力を尽くしてきました。新入りのフールには、初出勤の前にマネージャーが電話をして、どんな疑問にも答えるようにしています。[※36]また出勤初日の前には歓迎メールが届きますが、それも紋切り型の内容ではありません。それは伴侶や家族や友人とのディナーに使えるギフト券だったり、オフィスのデスクを飾り付けるための軍資金だったりします。モトリー・フールは、新入りの従業員に、初日から気分良く出社してもらいたいのです。彼らはそれを「ケアする」と表現しています。[※37]

新入りのフールは初出勤前に、好きな食べ物、スポーツ、映画、休暇を過ごす場所、趣味など、お気に入りのものに関するアンケートに答えます。そして当人がオフィスに到着すると、そのデスクはアンケート内容を反映したグッズで飾られているのです。例えば旅行好きのフールだったら、行った場所をスクラッチできる地図や、世界中のおすすめの旅行先を紹介する本などが置かれています。また、その人が好きなお菓子の詰め合わせが置かれていることもよくあります。ある従業員のデスクには、スターバーストのキャンディで「スティーブ！」と綴られ、その脇にはキャンディが詰まった大きな紙袋、動物園に関する本が数冊、そしてモトリー・フールの横断幕などが飾られていました。

出社1日目のフールは「初日サバイバルキット」を手渡され、上司に連れられて社内を巡り、高いパフォーマンスを引き出すそのカルチャーを目の当たりにします。昼休みは別の部署のフールたちとランチをすることで社内に知り合いを増やし、最後はチームパーティーで一日を締めくくり、夕食代100ドルと共に送り出されます。フーリエンテーション2日目は、様々な部署を訪れて各部署がどのように機能しているかを学びます。またフール・バディと呼ばれる、定期的に相談に乗ってくれる終身在職権を持つ従業員と面談します。加えて、新入りのフールは「フーリッシュ・スカベンジャー・ハント」に参加し、謎解きをしながらモトリー・フールのコミュニティに関するヒントを集めていきます。

◎コミュニティとコラボレーション

トムとデヴィッドが率いるチームは、従業員たちの間にコミュニティが生まれるように様々な手を尽くしています。彼らはみんなに、仲間に会うために職場に来たくてたまらないと語った例のフールのようになってほしいのです。そのために彼らは、週末に地元のソフトボールチームでプレーしたり、連れだってコンサートに出かけたりと、幅広い機会を提供しています。創業メンバーの一人で、現在チーフ・コラボレーション・オフィサー――これはアメリカ企業で初の肩書きです――を務めるトッド・エッターは、フールたちをまとめるためにありとあらゆる手を使っています。そのうちの一部は、即興演劇の教師だった経験から生まれたものです。彼はチーム作りの一環として、週に3回社内のカフェテリアでパズル大会やボードゲーム大会を開催しています。会社内のフールたちが集い、ゲームを通じてお互いを知り、協力することを学び、人間関係を築くのです。※38

楽しみながらお互いを知ることができるように、モトリー・フールは従業員に10ドル分のスターバックスカードを配布しています。フールたちは、それを使って同僚――理想を言えば、あまりよく知らない相手――に飲み物を奢《おご》らなくてはいけないのです。トム・ガードナーはこのカードを使うことが、従業員にとって他の人たちのプロジェクトについて学ぶ機会になり、それによって他の従業員が用いているベストプラクティスを把握したり、力を合わせて課題に取り組んだりしてほしいと願っています。会社全体で課題に取り組むことで、驚くほど字がうまかったり、パズルを解くのが名人級だったりといった、従業員の意外な能力が明らかになることもあります。元シェフだったあるフールは、肉料理を振る舞って賞賛を浴びました。

ガードナーは、より良いカルチャーを作るには従業員同士の絆が不可欠だと考えていました。そこで彼は、全ての従業員が自分以外の全従業員の名前を覚えれば、20パーセントのボーナスを出すという挑戦を仕掛けます。この挑戦のポイントは、ボーナスをもらうためには全員が参加しないといけないという点でした。フールたちはこの挑戦を受けて立ち、見事ボーナスを獲得しました。

コミュニティを開拓し、それを維持するために、モトリー・フールは多種多様なイベントを企画しています。各従業員の勤続記念日には、プレゼントと風船が送られます。特別な記念日（勤続5年、10年、15年、20年）は、風船のブーケで大々的に祝福されます。従業員の誕生祝いも、毎月行われます。また、パフォーマンスを評価された少人数の従業員は、職場を離れたイベントに招待されます。それはサッカーの試合やコンサート、アートイベントだったりしますが、何であれその狙いは、参加したフールたちにコラボレーションを実感させることです。年に一度のリトリートもまた、新しい友人関係を生み出すのに一役買っています。会議続きの一日を終えた後、フールたちは地元のレストランでのパーティーで大いに盛り上がるのです。

インクルージョンと平等性

トム・ガードナーによれば幹部陣は当初、会社の経営は順調だと思っていたそうです。平均を大幅に上回る従業員の80パーセントが、エンゲージメントを実感していると答えていたからです。しかしよく考えてみると、それは10人の漕《こ》ぎ手のうち8人だけがゴールに向かって必死に漕いでいる状態で、いい加減な態度の残りの2人は潜在的に様々な問題を引き起こし、時に仲間の足を引っ張っているのではないかとトムは気づきました。それ以降、トムは会社として、従業員の気持ちにもっと耳を傾けることに力を入れるようになりました。彼らがインクルージョンを感じているか、自分たちの声が上層部に届いていると感じるかを確認するようになったのです。

現在モトリー・フールは（電話やコンピュータでできる）簡易なパルスサーベイ（従業員の満足度を測る調査）を実施しており、その結果は従業員の思考やエンゲージメントを追跡するのに非常に役立っています。そしてこのデータを様々な特質ごとに分析すると、重要な事実が浮き彫りになりました。安心して上層部に意見できるという数値が、全体的には非常に高かったにもかかわらず、女性に限っては数値は著しく低かったのです。コミュニティ内部にある差異に気づいたモトリー・フールは、それに応じて迅速に対処してきました。

例えば、男女間で給料差が生じる原因の一つが、給料の交渉そのものにあることが調査によって浮き彫りになったとき、モトリー・フールは「昇給お願いデー」を設けることにしました。それまでは、男性のほうが女性より頻繁に昇給を願い出ており、男性のほうが頻繁に要望が叶えられていました。女性たちは、要求するだけでも多くのリスクを伴ったのです。[※39] モトリー・フールはあらゆるジェンダー、人種、文化の人たちに、昇給を躊躇せずに願い出てほしいと考えました。ガードナーは言います。「我々は、チームメンバーやステークホルダーの成功への障害となる思い込みを取り去りたいのです」。そこで彼は他の幹部にこう提案しました。「思い切って、全員に昇給を要求させたらどうだろう？[※40]」。

バイス・プレジデントのカラ・チャンバースと、チーフ・ピープル・オフィサーのリー・バーデイジはモトリー・フールのポッドキャストでこのプログラムについて話し合い、どうやって参加したらいいかについてアイデア交換をしました。バーデイジは、自分が会社にもたらしている価値を測るための素晴らしい方法を従業員たちに伝授しました。自分がここにいなかったら、あるいは今自分がやっていることをやっていなかったら、会社はどんな状態になっているか考えてみようと呼びかけたのです。参加を決めた従業員は上司と対峙《たいじ》する前に、チャンバースと彼女のチームからコーチングを受けて、妥当な給与の範囲を算出することができました。

ガードナーもまた、粋な計らいをしました。希望どおりの昇給や昇進が叶わなかった場合でも、声を上げたという行為に対して200ドルが支払われることになったのです。モトリー・フールの従業員のおよそ半数がこれに挑み、そこに男女の差がなかったことは、会社の体質を反映していました。

参加した従業員のほとんどは3～10パーセントの昇給を実現し、200ドルしかもらえなかったのは全体の3分の1だけでした。「昇給お願いデー」の後、定期的に実施されている調査で、「正当な額の給料をもらっている」という項目に「はい」と答えた従業員の数は13パーセント上昇しました。結局このプログラムはモトリー・フールを破産させるどころか、少なくとも従業員一人の転職を思いとどまらせたのでした。[※41]

リー・バーデイジは言います。「特典が従業員のエンゲージメントを上げるのではありません。上層部が自分と自分の要望を気にかけているという実感こそが、エンゲージメントを上げるのです」。

ここでご紹介したマリオットやモトリー・フールの事例からもわかるとおり、コミュニティはエンゲージメントに拍車をかけ、それはパフォーマンスの向上、ひいては利益の上昇につながります。しかし、その成果にはドルやセントには現れないものもあり、それを数値化するための方法が別にあります。

思いやりのカルチャーを作ることのメリット

それは、その場に一歩足を踏み入れるとわかるほど明白だと言います。研究者のシガル・バーセードとオリビア・オニールは、彼女たちが「仲間愛」と呼ぶものを基盤としたカルチャーを研究する中で、それを目にしました。彼女たちの言う「仲間愛」とは、「他者への慈《いつく》しみ、思いやり、気遣い、優しさ」であり、それは様々な形で表に出すことができます。それは「気遣いと慈しみを互いに見せ、互いに相手の気持ちを守り、物事がうまくいかないときには優しさと思いやりを示すこと」です。
彼女たちは、ある医療施設で働く人の言葉を紹介しています。それは「私たちは家族です。立場の上下に関係なく、全員が互いを思いやっているのです」というものです。また多発性硬化症と診断されたある女性は、同僚たちの反応についてこう語ります。「みんな、これ以上ないほどの愛と思いやりを示してくれました。多発性硬化症になったことはもちろん残念ですが、あれほどの愛情を受け取る機会がなかったほうが良かったかと問われれば、とんでもないと答えます[※42]」。

バーセードとオニールが知りたかったのは、仲間愛が職場に測定可能な影響を及ぼすのかということでした。その疑問を解明するために、２人は非営利の長期ケア施設の従業員１８５人、患者１０８人、そして患者の家族42人を対象に調査を実施しました。彼女たちは、マネージャーやリーダーが職場での親密な人間関係を推進すれば、必ず目に見えるメリットが生まれるはずだと信じていました。

そして、結果はそのとおりでした。態度、感情、行動、健康の領域における測定可能な変数を、16カ月という期間の前後で2回調べたところ、同僚から結びつきや気遣いを感じるようになった従業員は、パフォーマンスもエンゲージメントも上がっていたのです。彼らは精神的な疲労度が下がり、欠勤が減り、チームワークも向上し、満足度のレベルも上がっていました。このカルチャーは患者にも波及し、彼らはよりポジティブな感情を抱くようになり、生活の質は上がりました。健康状態も向上し、救急処置室へ行く回数も減りました。結びつきと愛を基盤にしたこのカルチャーは、患者の家族の満足度にもつながりました。患者がきちんと世話をしてもらっていると感じた患者の家族は、この施設を自ら進んで周囲に勧めるようになりました[※43]。

バーセードとオニールは、設定を変えても同様の結果が得られるのかどうかを考えました。そして、金融から不動産まで7種の業界における3201人の従業員を調査し、同様の結果を得ました。お互いに気遣いや慈しみ、そして思いやりを気兼ねなく示すことができている従業員たちは、より組織に満足し、コミットしていたのです。[※44]

従業員の間にコミュニティ感とお互いに親身になる雰囲気が生まれると、それは周囲に波及効果をもたらします。なぜなら、行動や気持ちは社会的ネットワークを通じて分岐し、増幅していくからです。ニコラス・A・クリスタキスとジェイムズ・H・ファウラーは著書『つながり――社会的ネットワークの驚くべき力』（講談社）の中で、私たち一人ひとりは自分が思っている以上に大きな影響力を持っていると指摘しています。というのも、私たちの幸福とウェルビーイング（その逆もまた然《しか》り）は自分の友人たちだけでなく、友人の友達、そしてその友人へと波及していくからです。

これはどんなコミュニティでも発生する現象で、定量化することができます。人は、自分と直接つながっている人が幸せなら、幸せになる傾向が15パーセント高くなります。友達の友達の友達に対する幸せの影響力は6パーセントです。クリスタキスとファウラーは、個人的な深いつながりがなくても幸せの波及効果があることを立証しています。プロの男性クリケット選手33人に小型コンピュータを装着させ、試合中に4回、各自の気分を記録したところ、試合の流れに関係なく、選手自身の幸福感とチームメイトの幸福感には強い関連があることがわかりました。さらに、チームメイトの幸福感が高まると、パフォーマンスも向上しました。[※45]こうした影響力が、オフィスを始め、他の環境でも機能していることは明らかです。

思いやりのカルチャーを作るには

マリオットとモトリー・フールは、思いやりのカルチャーを体現している秀逸な事例です。しかし、マリオットほど大がかりでも、モトリー・フールほど愉快で奇抜で独創的でなくても、そうしたカルチャーを実現する方法はたくさんあります。これからご紹介するのは、職場の結びつきとコミュニティを促進させるための、ややローテクで、費用のかからない、一般的なアプローチです。その方法は様々ですが、共通しているのは、人々に対して敬意を払うという点です。

◎従業員や同僚と直接話をする

業務の多くがメールを通じてなされる今、私たちは直接やり取りすることの大切さを忘れがちです。しかし、他人と心理的なつながりを築けるかどうかは、物理的に一緒にいるときにしかお互いキャッチできない、社会的および身振りによる信号——アイコンタクト、視線の方向、顔の表情など——によるところが大きいと、ワシントン大学の学習・脳科学研究所の共同ディレクターであるパトリシア・クール博士は説明します。クール博士らは、第二言語（中国語かスペイン語）で直接話しかけられた9カ月の幼児は、その言語で喋りかけられると音を聞き分け、熱心に耳を傾けることを発見しました。ところが、同じ内容の話をオーディオやビデオの録音でしか聞かされなかった幼児には、同じ反応は見られなかったそうです。[※46]「直接人から話しかけられたグループは驚異的な学習をし、肉体を伴わない音源のみを聞いたグループは何も学びませんでした」[※47]とクール博士は説明します。別に、職場の誰かに中国語を教えようと思っているわけではなくても、このクール博士の言語習得に関する研究が、つながりを求める人間の基本的欲求と関連していることは明確です。

話している相手が同じ部屋にいない場合は、これらの信号をできるだけたくさん再現するよう、クール博士は助言しています。有意義な会話をするときにはお約束の、アイコンタクト、頷き、視線の交換などをすることで、こちらが関心を払い、熱心に聞いているという合図を送るのです。ご存じのように今なら、こちらの言葉を聞かせるだけでなく、表情や仕草を相手に見せるためのツールはいろいろあります。パンデミックの最中、クール博士は、研究室のスタッフと直接会うことはできないもののの、ビデオ通話でつながっていました。そして、膝に赤ちゃんを乗せていたり、子供部屋からオンライン会議に参加するスタッフの姿を見て、それまで知らなかった彼らの一面を垣間見ることができました。「直接対面はできませんでしたが、私たちが次に会うときは、お互い相手への理解がさらに深まっていることでしょう」[※48]。

社会的なつながりを求める気持ちは、人間以外の動物にも見られる本質的なもので、食べ物を求める気持ちと同様に基本的な渇望です。神経科学者のレベッカ・サックス博士とリヴィア・トモヴァは、複数の成人を丸一日社会から隔離した状態で過ごさせ、その前と後の脳のｆＭＲＩ画像を検証しました。するとそこには、丸一日断食をした人と同じ神経活動のパターンが見られました。孤立した人は、空腹の人が食べ物を渇望するのと同じように、社会的な交わりを渇望するのです[※49]。

職場における同僚との交流がある人々は、帰属意識が高まり、それゆえにモチベーションもエンゲージメントも向上します。些細な交流でもいいのです。例えば、1000人の従業員を対象にしたある調査では、39パーセントが、同僚から（私生活と仕事の双方において）様子を尋ねてもらうと帰属意識が高まると答えています。[※50]
「調子はどう？」とか「何か手伝うことある？」といった些細なやり取りが、大きな効果を発揮します。ですから、自分とは異なる他人の見解にも、興味を持っていることを態度で示しましょう。相手の意見に賛同できないときも、言い争うのではなく、相手の考えをもっと知りたいと伝えたり、自分がそれまでそういう見方をしてこなかったことを自覚しましょう。また、自分が直面している試練を、あえて同僚に打ち明けるのもいいでしょう。弱さを見せることは、関係を深めるための手段の一つです。
こうした行動は、職場におけるポジティブなつながり、さらには友情を育みます。トム・ラスとギャラップ社が行った調査によれば、親友がいる人のエンゲージメントはいない人に比べて7倍高くなるとなっています。[※51]これもまた、人と人とのつながりがパフォーマンスにいかに影響を及ぼすかを示しています。

◎共通体験を作る

人々が、共通体験を通じてつながるための方法を考えましょう。ユーチューブで音楽配信サービス事業を展開しているサンジェイ・アミンは日頃から、従業員に自分の個人的な話をしたり、チームメンバーに同じアルバムを聴くよう勧めたりしています。その形態は様々で、参加するもしないも本人の自由です。彼は、自らの弱い部分も「開けっぴろげ」に見せることで、そうした気風を高めようとしてきました。それ以外にも彼は、チームミーティングを、前日に参加者たちに配布した質問カードへの答えについて話し合うことから始めるようにしています。答えるかどうかは本人に任されていますが、これによって参加者たちが声を上げ、自分の考えや経験や気持ちを伝えることで、自分たちが人間的な感情や絆を共有していることに気づくのです。

◎メールに費やす時間を減らす

多くの人々はメール漬けの毎日を送っています。一日にやり取りされているメールの量は、なんと2000億通にも上るそうです。[※52] こうしたメールの大半は仕事関連のもので、さらにその大半が社内メールです。平均的な従業員は、就業時間の23パーセントをメールに費やし、1時間に36回（あるいはそれ以上）メールチェックをしているそうです。ある調査では、費やす時間の長さにかかわらず、メールは精神的疲労を増幅させ、ウェルビーイングと仕事のパフォーマンスにマイナスの影響を及ぼすことが示されています。言い換えれば、テクノロジーを使っていないときでも、それを常に必要としているという事実がストレスを生み出しているのです。[※53]

そして言うまでもなく、メールに時間を費やす分だけ、人との直接的なつながりのために費やされる時間は減ります。時には電話でのちょっとした会話や5分間の話し合いのほうが、際限のないメールのやり取りよりずっと早く物事を進展させます。実際のところ、メールというのは大抵焦って雑に書かれるので、直接的なやり取りよりも混乱を生みやすく、結局はより多くの時間が無駄になるのです。

ITサービス事業などを手掛けるフランスのアトスのCEOティエリー・ブルトンは、矢継ぎ早のメール攻撃を環境汚染にたとえました。そしてメール汚染を一掃すべく、こう宣言したのです。「我々が生み出している大量のデータは、みるみるうちに職場の環境を汚染し、私生活まで侵食しています。産業革命後に環境汚染を減らすために立ち上がった数々の企業と同様に、私たちはこの流れを変えるために立ち上がります」

彼の号令の下、アトスは社内のコミュニケーションの合理化と向上のために、一連のプロジェクトを始動させました。ブルトンは、社内で送られるメールを3年以内にゼロに減らすことを目指しました。高すぎる目標を設定した際の常で、この試みは失敗に終わりましたが、目標に向かってかなりの進歩は見られ[※54]、社内メールは全体で60パーセント減少したのです。

同じ時期の2013年、アトスの営業利益率は6・5パーセントから7・5パーセントに上昇し、1株当たり利益は50パーセント以上上昇しました。そして、運営費は13パーセントから10パーセントに減少しました。こうした好転の全てがメール削減のおかげとは言えませんが、大いに関連があることは間違いありません[※55]。

昨今、メールが私たちの精神に負担をかけていることを示す調査結果が、続々と公表されています。メールの削減は、ストレスの削減、そして仕事への満足感や生産性の向上と密接に結びついています。社内メールに伴う精神的負担に気づいた一部の組織では、従業員が一日の特定の時間内しかメールを送れないよう定めています。

◎ミーティングに費やす時間を減らす

ミーティングもまた、時間を消耗するものです。そして、対面で行われるにもかかわらず、それが社会的つながりや生産性を促進することを示すものは何一つありません。それどころか、当事者はむしろ疲弊し、不快になります。『SUPER MTG スーパー・ミーティング』（サンマーク出版）の中で著者のスティーヴン・G・ロゲルバーグ教授は、非管理職は1週間に8回、管理職は12回のミーティングに日常的に参加しており、その大半は1時間ほどかかると説明しています。組織内での地位が上がるにつれて問題は悪化し、CEOの勤務時間の約60パーセントはミーティングに費やされているそうです。

ほとんどの人は、必要だからではなく習慣だからという理由で行われる定例ミーティングを忌み嫌っています。2014年のザ・ハリス・ポールの調査では、回答者の50パーセントが、定例ミーティングに出るくらいなら「面白くない業務」をやるほうがマシと答えています。ある電気通信会社のリーダーは、従来はミーティングで伝えていたメッセージを前もって5分間の動画に録画することで、ミーティングの回数を半分に減らしました。

ミーティングの参加者は、なるべく少人数に抑えましょう。とはいえ、ロゲルバーグ教授によれば、それによって中には疎外感を覚える人もいるそうですから、呼ばなかった人にはミーティング直後に議事録を共有してフォローしましょう。[※56]

短時間のミーティングでもその成果は損なわれることはなく、その一方で充実度は高くなることは、多くの調査で証明されています。ですから、本当にそのミーティングが必要かを慎重に判断し、必要であるなら、従来どおりの時間をかけるべきかどうかを検討しましょう。惰性で今までどおりの60分に設定するのではなく、20分、30分、40分のミーティングを試して下さい。あるいは、10～15分といった短時間の打ち合わせを、より頻繁に行うようにしてもいいでしょう。[※57] 従業員の時間にどれだけの価値があるかを考え、ミーティングはその最中だけでなく、始まる前から時間を浪費していると いうことを覚えておきましょう。ミーティングの予定が入っていると、その前の1時間でできる仕事の量が22パーセント下がるという調査結果もあります。この後に業務やアポイントメントが待っていると思うと、自由時間は短く感じられるそうです。予定に組み込まれた業務は、生産性を下げるのです。[※58]

定期的にミーティングを見直しましょう。ミーティングを主導する人々は、自分が他のメンバーよりもうまくやれると思い込んでいます。どうしたらミーティングを向上させられるかについて意見を募り、変革しましょう。インテルの前CEOアンディ・グローブに倣《なら》って、従業員に研修を受けさせるのもいいでしょう。ある研究では回答者の75パーセントが、ミーティングの進行または参加の方法に関連する研修を何も受けていないと答えています。[※59]

職場のカルチャーを改善するために、あなたには何ができるでしょう？ 仕事によって人々がより深く豊かに結びついて、コミュニティが育まれれば、従業員のみならず、組織や株主もその恩恵を受けます。モトリー・フールやマリオットが身をもって体験したように、従業員を気遣い、コミュニティのカルチャーに投資すれば、それなりの見返りがあるのです。ウェルビーイングと従業員を気遣うカルチャーを作るのに、大金は必要ありません。ものを言うのは、気遣いを示すささやかな行動です。そしてその影響は、コミュニティ全体に広がっていくのです。

第 2 部

チャレンジ――それはあなたから始まる

誰もが世界を変えようと考えるが、
誰も自分を変えようとは考えない。

――レフ・トルストイ

私たちのほとんどは、ポジティブで精力的な人たちが集まるコミュニティの一員になることを切望します。それは、こちらを気遣って支えてくれ、寛大で協力的、そして夢の実現を後押ししてくれるようなコミュニティです。しかし、ほとんどは望むようなコミュニティを見つけることができず、満たされない思いを抱えています。

では、私たちは何をすべきなのでしょう？　解決策は、自分が望む変化を自ら起こすことです。第2部では、繁栄へとつながる場所に自らを置くには、何をしなければいけないかを検証していきます。肉体および精神のウェルビーイング、休息と回復、そしてポジティブなマインドセットが、いかに最善の自分を引き出してくれるかを探っていきます。トニー・シュワルツと私は、リーダーが繁栄の模範を示すと同時にそれを周囲に促進することで乗数効果が発生することを確認しました。つまり、最善の自分を引き出すことは、組織やコミュニティの発展にもつながるのです。第2部では、この乗数効果を実現した組織と、それが彼らのコミュニティに与えたとてつもない影響力をご紹介します。

こうした乗数効果を実現した人物の一人が、ニーナ・バカです。5人兄弟の3番目としてエクアドルのキトで生まれた彼女は、ロサンゼルスで育ちました。15歳で、両親が営む人気旅行代理店で働き始め、17歳で父が他界してからは、経営を担うようになりました。その後大学に進んだ彼女は、卒業後――一族では彼女が初めてでした――ニューヨークに移り、テクノロジー業界で働き始めます。

1996年、25歳の彼女は、ダラスにある小さなアパートの居間で、ピナクルグループを創業します[※1]。一人の女性が立ち上げた、このＩＴスタッフ派遣会社は世界的なワークフォース・ソリューション企業へと成長し、電気通信、金融サービス、運輸、テクノロジーなど多種多様な企業に、人材派遣サービスのみならず、給与支払いシステムなどのITリソースも提供しています。ピナクルは、『インク』誌による、成長著しい米国企業ランキング「Inc. 500/5000」に13回ランクインしています。

ニーナは、ラテン系の管理職を増やすことに注力すると同時に、慈善活動家としてコミュニティへの貢献にも熱心に取り組んでいます。現に、ピナクルのモットーは「コミュニティこそ私たちのビジネス」なのです。これは、母親から受け継いだ姿勢だと彼女は言います。母親は彼女に「成功した人間ではなく、価値ある人間を目指しなさい」と教えたそうです。彼女の慈善活動は、傷痍《しょうい》退役軍人、ホームレス、がんと闘う子供がいる家庭、DVのシェルターに暮らす女性や子供、そして低所得家庭の子供が多く通う学校の生徒や親や教師の支援にまで及びます。また特に力を入れているのが、STEM（科学・技術・工学・数学）分野における女性や少女、そしてビジネスにおける女性やヒスパニックのチャンスを広げることです。

4人の子供の母親でもありながら、彼女はどうしてここまでのことをこなせるのでしょう？　私は、「女性のためのテキサス会議」での討論会の前に彼女と夕食を共にし、彼女から発散されているエネルギーを直に感じました。彼女のエネルギーの鍵となっているのは、「コーポレートアスリート」である自分をケアすることです。これは、『ハーバード・ビジネス・レビュー』に掲載された、ジム・ローアーとトニー・シュワルツの「コーポレートアスリートの作り方」という記事を読んで以来、彼女が最優先してきたことです。この記事には、肉体、メンタル、感情、精神の活動と観念を統合することで、リーダーに求められるレジリエンスやエネルギーが築かれるとあります。ニーナはこのメッセージに感銘を受けました。「私の仕事には、エネルギーのレベルと健康、そして精神の安定を維持することが不可欠です。だからこそ私はそれらを重視して、プロのアスリートと同様に、自分のケアに力を入れるのです」[※2]。

健康的な生活を送ると決心する前のニーナは、絶えず働き続けてはストレスに陥るというサイクルを繰り返しており、時にはオフィスのソファで眠ることもあったそうです。しかし現在の彼女は定期的なエクササイズ、マインドフル・イーティング（低糖質の食事を少量摂《と》り、加工食品は摂取しない）、そして睡眠を大切にしています。エクササイズへの情熱が高じて、大地震の後にエクアドルに住宅を再建する資金を提供したトライアスロン大会やハーフアイアンマン、多発性硬化症のための170マイル自転車レースなどにも出場しています。彼女はこうした自転車レースに、クライアントや将来的なビジネスパートナー候補を誘っています。「断言してもいいですが、レースで一緒に泥だらけになって壁を越えたり、坂を登ったりした人たちとの間には、必ず絆《きずな》が生まれます」と彼女は言います[※3]。

しかし、彼女が何よりも重視しているのは睡眠です。「睡眠に真剣に取り組む」ようになったことで、彼女は「ビジネスウーマンとしても人としても進歩した」[※4]と言います。特にメンタルと感情と精神の集中力が高まることで、事業の成功という目の前の目標を超えた、もっと大きな何かを見据えることができるようになったそうです。「アスリートが、チームや家族、またはお金や名声よりも重要な何かのために戦うときに力を発揮するように、より重要な何かとつながることで、燃え尽き症候群を防ぎ、より活力に満ち、パフォーマンスも上がるのです」。

彼女が個人的なウェルビーイングをここまで意識するのは、従業員に模範を示すためでもあります。「CEOの私が自分の健康とウェルネスを優先させているのを見れば、従業員も背中を押されて、それを人生の優先事項にしようと思うはずです」。彼女は健康的なライフスタイルの模範を示し、伝導するだけでなく、それをピナクルのカルチャーの基軸にもしています。それは職場に置いてあるスナックの種類、チーム全員で参加するアクティビティ、そして様々なフィットネスチャレンジなどに反映されています。

とはいえ、健康へ向かう彼女の旅には、障害がなかったわけではありません。2014年に虫垂炎を患《わずら》った彼女は、激しい後遺症のせいで何カ月間も活動できなくなりました。「ずっと健康的で活動的な生活を追求してきた私にとって、あれは大打撃でした」。しかし、長年健康を維持するために守ってきた規則正しい生活は、後遺症からの回復にも力を発揮しました。「私はできるだけ早くリハビリを始めました。最初は郵便受けまでゆっくり歩くところから始め、その後は道路の行き止まりまで、自宅のあるブロックを1周、次は2周といった具合に、一日ずつ、一歩ずつ、健康と体力を取り戻していったのです」。ニーナが以前の自分に戻ったと思えるまでには、1年に及ぶリハビリを要しました。

しかしこれも彼女にとっては、従業員に人間の回復力を、身をもって示す機会となりました。「私が健康とライフスタイルを取り戻すことで、私も従業員たちも、人は自分が思っているより強いのだ、それを仕事に傾ければ思っている以上の成果を出せるのだと感じたのです」とニーナは言います。

キャプテン

たとえ組織のリーダーでない人でも、その行動がチームに潜在的な影響を及ぼすことは大いにあります。それこそ、いくつもの世界的なスポーツチームを研究したサム・ウォーカーが発見したことでした。彼は著書『常勝キャプテンの法則――スポーツに学ぶ最強のリーダー』（早川書房）の中で、新旧16の一流スポーツチームのある共通点に「たじろいだ」と述べています。全てのチームのパフォーマンスが、一人の特定のプレイヤーの参加または不参加に、良くも悪くも左右されていたのです。「そして気味悪いほどの確率で、その人物はチームのキャプテン、でなければ後にキャプテンになりました」とウォーカーは言います。キャプテンは、人に命令するのではなく、人々をつなぎ、鼓舞し、背中を押すことでチームを率います。実際の権力を持っていない彼らが手にしている力は、チームメイトの純粋な尊敬から生まれたものに他ならないのです。

私自身、数々の組織との仕事を通じて、そのことは感じてきました。自分のチームに影響力を発揮するのに、その組織のトップリーダーである必要はないのです。それを体現しているのが、私がニーナ・バカと出会った「女性のためのテキサス会議」で出会ったもう一人の女性、カーラ・ピネイロ・サブレットです。ウルグアイ出身の彼女の言動には、ラテン・アメリカ人らしい温かさと陽気さが満ち溢れていました。

テクノロジー業界で20年以上グローバルセールスやマーケティングチームを率いた経験を持つ彼女

は、現在ＩＢＭのシニア・バイス・プレジデント兼チーフ・マーケティング・オフィサーを務めています。しかしそうした重要な地位に就くずっと以前に、カーラが、一人の人間が企業のカルチャーに与え得る影響力を実感する出来事がありました。

それは、デルの営業部門で働いていたときのことでした。コールセンター全体を見渡した彼女は、そこで働く人々が健康でないことに気づいたのです。デルのウェルネスチームが調査を実施したところ、健康統計上、コールセンターの従業員の体内年齢が実際の生物学的年齢より10歳も上であることが明らかになりました。また彼女は、コールセンターで働き始めてから最初の30日間で、彼らの体重が平均15ポンド（約7キログラム）増えていることも突き止めました。

この問題を悪化させていたのが、カップケーキやチップス類など、カロリーと脂肪の塊《かたまり》のお菓子をコールセンターで販売する出入り業者でした。ある日、業者がケーキポップを納入するのを見たカーラの我慢は、限界に達しました。彼女は「ケーキポップはおしまい！」と宣言し、自腹でジュースやスムージー、そして地元で採れた果物や野菜をコールセンターに持ち込むことにしました。さらに彼女は、運動をしたい人はランチ休憩に加えて1時間の休憩を取ることができるという新方針を打ち出しました。また、一日に3回フィットネスセッションを行うトレーナーも用意することにしました。彼女もこれに参加しましたが、最初のうちは「1マイル（約1・6キロメートル）走っただけで息切れが止まらなかった」そうです。

当初、コールセンター外からの反応は芳《かんば》しくありませんでした。上層部の中には、彼女が「スライブ（繁栄）」と名付けたプログラムの一環である、従業員が運動するための休憩時間を設けるというアイデアを「冒瀆行為《ぼうとく》」だという声もありました。それでもカーラは、その効果を確信していました。

実際、スタッフがデスクに向かう時間が減り、運動する時間が増えると、コールセンターの生産性は25パーセントも急上昇したのです。従業員2人が100ポンド（約45キログラム）以上減量し、75人以上が15ポンド以上減量し、それまで運動をしたことがなかった人たちが、長距離を走るようになりました。ある男性従業員はマラソンに目覚め、1マイルを6分で走るようになりました。カーラは、80歳になる彼の母親から感謝されたそうです。「スライブ」は大成功で、その噂は瞬く間に広まり、デルの他の部署からも、参加希望者が訪れるようになりました。

このプログラムがもたらした、完全に想定外ではあったものの嬉しい副産物は、「ヒエラルキーが取り払われたことでした。リーダーと従業員のコミュニケーションの扉が開いたのです。権力や地位による障壁がなくなりました」とカーラは振り返ります。人々は肩を並べて走り、互いに相手から学び、その過程で友人になりました。また会社もその恩恵を受けました。営業部の生産性が上がり、収益性は48パーセント上昇したといいます。カーラは2015年にデルを去りましたが、彼女が立ち上げた「スライブ」プログラムは現在も活用されています。

第7章では、乗数効果を実現した人々をさらにご紹介します。それは、自分をケアするという理念によって、自身のみならず同僚のウェルビーイングにも影響を及ぼした人たちです。また、力を合わせて生存から繁栄へと前進したチームやコミュニティの事例もご紹介します。

第7章 自己認識

より良い方法がわかるまでは、今の全力を尽くしなさい。
より良い方法がわかったら、それを実行しなさい。

――マヤ・アンジェロウ

先に登場したアマン・ブータニが有能なリーダーであることに、異論の余地はないでしょう。しかしそんな彼にも、かつてエクスペディアに在籍していた頃には失態がありました。当時彼には、半ば日常的になっている問い合わせメールにも焦って返信をする習慣がありました。特に相手が、CEOなどの重要人物だった場合はそれが顕著でした。問い合わせを受けると、彼は24時間から48時間以内に回答しなくてはならないと半狂乱になり、必要な情報を集めるために最大150人もの人たちにメールを矢継ぎ早に送りました。その返信全てが揃うのは、時に数日を要しました。しかし、その頃にはブータニはCEOへの回答を済ませており、結局、彼が奪った他の従業員の時間とエネルギーは無駄になったのです。

ブータニは、こうしたやり方は非生産的であること、心が穏やかな状態のほうが自分はもっと能力を発揮できることを知っていました。母親が、科学とスピリチュアル関連の本の40年来の愛読者だったこともあり、彼はマインドフルネスや瞑想の効能をよく承知していました。「私は、いちいち何かに反応してネガティブになったり興奮したりする傾向を変えなくてはと思っていました。創造は、穏やかな心から生まれますから」。そして物事に過剰に反応する自分を意識的に変える決意をしたのです。より穏やかになって、自らの反応に慎重になれば、エネルギーの消耗も防げます。そして、彼の行動が同じ職場の人々に多大な影響を及ぼすことを考えれば、それは結果的に他の人たちにも恩恵をもたらします。彼が今直面しているチャレンジは、自分を変える最善の方法を見つけるということでした。考えた末に、彼はエネルギーを浪費している全ての瞬間に意識的になることにしました。意識しないことには、何も手を打てないからです。

ブータニはデータ重視の本領を発揮し、エクセルの表計算ソフトを作成してこの問題を追跡調査することにしました。すると、自分が1週間に4〜5回、興奮のあまりはしゃいだり落ち込んだりしていることがわかりました。約5〜6カ月後には、そのたびに心を落ち着かせるのに24〜28時間かかっていることが判明しました。

データを目《ま》の当たりにした彼は、変化を起こすことを決意します。必要な答えを求めてチームメンバーに闇雲《やみくも》にメールを送るより、一旦落ち着いてみることにしました。すると、落ち着いて取り組めば、往々にして自力で答えを見つけられることに気づきました。たとえ見つけられなくても、誰なら力になってくれそうかをより慎重に考えられるようになり、その結果、本当に協力を求めるべき相手は大抵1人か2人しかいないことにも気づきました。この追跡調査を始めてからというもの、彼は意識的に、それまで手当たり次第メールを送るのに費やしていた時間やエネルギーを減らし、チームメンバーに余計な負担をかけることがなくなるようになりました。

本人はまだ現在進行形だと言いますが、彼の努力は実を結びつつあるようです。彼はこの章でこれからご紹介する、自己認識を成し遂げた人たちの一人です。データを活用して追跡調査をするというブータニの手法は、彼曰《いわ》く「秩序だって自己認識をすること」です。彼はまず、エクセルの表計算ソフトで集めたデータを使って問題を「透明化」しました。それが認識を高め、彼はその認識がもたらした成果を追跡調査しました。その結果、絶えず自分自身にフィードバックできるようになり、それによってさらに自己認識を深めることができました。これは、彼が傾倒する科学的メソッドの手法です。「大変だけどやる価値はある」とブータニは言います。

言うまでもありませんが、自己認識に至る道筋として、全ての人がエクセルの表計算ソフトを選ぶ必要はありません。自己認識の定義が千差万別であるように、そこへ至る道筋も千差万別です。しかしどのように定義しようと、またどのように達成しようと、自己認識は21世紀における成功の基本的スキルです。

メドトロニックの前CEOビル・ジョージは、自己認識こそがリーダーシップの出発点であると捉えています。自己認識ができれば、信念を持って誠実に自らを導き、ひいては他人やコミュニティをより良い形で導くことができます。[※1] また自己認識は、自分が繁栄しているかそうでないかを判断するのにも役立ちます。そしてそれを知ることは、リーダーの地位にある人間にとってはことさら重要です。繁栄していないリーダーの無力感は、会社全体に広がるからです。

自己認識が重要であることは概《おおむ》ね衆目の一致するところですが、それが何なのかに関しては人それぞれ意見が異なります。それをどう定義するかは人によって異なり、内面への深い探究だという人もいれば、存在意義と生き方を見出《みいだ》すことだという人もいます。家族や友人、同僚やコミュニティとどう交流し、どう影響を及ぼすかだという人もいます。そして多くの人にとって、自己認識は欠点や長所も含めて自らについて正確に知り、自分のフィールドで秀でるためのものです。この章に登場する人々の体験談からは、その人なりの自己認識とは何なのか、それをどう成し遂げたか、そしてそれが本人のみならずコミュニティにどんな影響を及ぼしたかがわかるはずです。

自己認識のあるユニコーン

自分が自己を認識できているかは、どうすればわかるのでしょう？　こう自問してみて下さい。私は自分自身を（内的な自己認識）、そして他人が自分をどう見ているかを（外的な自己認識）、正しく理解しているだろうか？　ターシャ・ユーリック博士が世界中の数千人の人々から集計したデータによれば、なんと95パーセントもの人が自分は自己を認識できていると考えているそうです。では実際、自己を認識できている人の割合はどれくらいだと思いますか？　驚くなかれ、ユーリック博士の基準ではたったの10～15パーセントなのです。

それでもあなたは自分のことを、自分自身、そして自分が他人からどう見られているかを理解するためのスキルを持った10～15パーセントに入ると言い張るかもしれません。しかし、『insight（インサイト）――いまの自分を正しく知り、仕事と人生を劇的に変える自己認識の力』（英治出版）の著者ユーリック博士は、自己認識ができているかに関する、自らの評価と周囲の評価を比較した結果、80〜85パーセントの人々が自らを不正確に捉えているとの結論を得ました。そうなると、あなたは、自分自身に対する自分の認識は現実に即したものなのだろうか、それとも周囲の人のそれとは異なるのだろうかと不安になってくるかもしれません。

ユーリック博士とそのチームが実施したアンケート調査は、自分がどれだけ自己認識できているかに関する70の質問に答える形式です。それは「自分にとって何が一番重要かを決める価値観が明確である」「自分が人生に何を望むかがはっきりしている」といった内的な自己認識に関わるものから、「周囲に与える自分の影響力を承知している」といった外的な自己認識に関わるものまで多岐にわたります。回答者はこうした70の質問に、「とても当てはまる」から「まったく当てはまらない」の間で答えます。そして、その人をよく知る人物にも同じ質問によって、当人の評価をしてもらいます。調査員たちは、それぞれの評価を照らし合わせて一致する箇所としない箇所を特定し、当人の自己認識を評定します。

また、自己認識ができている人はどのようにしてそうなったのかを解明するため、自己認識ができていると認定されたごく少数の人たちにインタビューをしました。その結果わかったのは、彼らの自己認識の感覚は生まれつきで、自然に備わったものだということでした。ユーリック博士らは、その資質を育むために彼らがどんな経験をしてきたかを明確にすることができませんでした。その資質を持って生まれなかった人がそれを育むための方法を知りたかったユーリック博士は、この結果に落胆しました。

アンケート調査は行き詰まったかに見えましたが、次に博士らは元々自己認識が確立していたわけではない人たちに目を向けることにしました。自己認識が低いまま大人になり、時間をかけて自らを鮮明に見ることができるようになった人たちです。膨大な調査を経て、博士らは50人のそうした人々を見つけ出し、その希少性ゆえに彼らを「ユニコーン」と名付けました。しかし彼らへの調査から彼女らが学んだのは、自己認識のあるユニコーンは希少ではあるものの、自己認識は開発可能なスキルだということでした。※2 生まれつき備わっていなくても、心から望み、追いかければ手に入るのです。

ではユニコーンたちは、自己認識の鑑《かがみ》となるために何をしているのでしょう?

◎ユニコーンの自己認識はゆっくりと着実に形成される

この50人を調査して、チームが驚かされた事実が2つありました。1つは、彼らが徐々に己《おのれ》を知っていったということです。ユーリック博士曰く、自己認識のプロセスは、何かをきっかけにして突如自分がこの世に生まれ落ちた理由を悟るといった魔法のようなものだと思われがちです。しかし自己を認識している人の大半は、そんなふうに己を知ったわけではありません。それどころか、彼らは毎日積極的に努力して小さな変化を積み重ね、それがやがて大いなる自己認識へとつながっていくのです。そこに魔法のような要素はありません。彼女が強調するように、それは定期的にジムに通うようなもので、自己認識という資質を鍛錬し、ゆっくりと着実に形成するのです。

◎ユニコーンは自己認識を形成するために努力する

チームが発見した2つ目の事実、それはユニコーンたちが懸命に努力をして自己認識を形成したということでした。近道はないのです。「ユニコーンたちは、真実を知りたいと意識的に決意して、その答えを探す努力をしていました。彼らには自分自身に対する好奇心があり、まるで宇宙を探索するかのように、もっともっと知るべきことがあると考えていたのです」とユーリック博士は言います。

ユニコーンたちから学ぶべきもう1つの重要な要素、それは自己をしっかりと「認識すること」と、自己をしっかりと「受け入れること」です。ユーリック博士は「この2つができれば、人は学び続け、自己を修正することができます。失敗をしても、それを人としての欠陥と捉えず、そこから学んだことを次に生かせばいいと考えるのです」と語ります。

◎ユニコーンは質の高いフィードバックを求める

自己認識ができていない人も含めた多くの人たちと同様、ユニコーンたちも自分自身に関する周囲からのフィードバックを積極的に求めます。しかし自己認識が確立していない人と違うのは、ユニコーンはフィードバックを求める相手を平均3～5人に厳選するという点です。彼らは①全てのフィードバックが有益ではないこと、②全てのフィードバックが善意によるものではないことをわかっているのです。ユニコーンがフィードバックを頼む相手は、①心底自分のことを思ってくれている人、②率直なフィードバックをくれる人です。彼らがフィードバックを求める相手は、ユーリック博士のチーム称するところの「愛ある批評家」なのです。[※3]

例えば、ミーティング後にいきなり寄ってきた誰かから「ちょっとフィードバックさせてもらってもいいかな?」と言われるなど、頼んでもいない相手から一方的にフィードバックをされることがあります。こういうとき、ユニコーンはこのような通りすがりのフィードバックが必ずしも有益な内容ではないとわかります。それでも第三者の意見が欲しくなったら、ユニコーンは「愛ある批評家」の考えを聞きます。「ある人から、私はミーティング中に他の人の発言を遮《さえぎ》って喋る傾向があると指摘されたんだ。あなたはこれまでいつも本当のことを言ってくれたし、これからもそうだと信じてる。だから正直に言ってほしいんだけど、私がこれまでにそういうことをしたのを見たことがある?」といった具合です。

◎ユニコーンには感情の敏捷性がある

チームによるもう1つの発見、それはユニコーンには「感情の敏捷性《びんしょうせい》(エモーショナル・アジリティ:EA)」があるということです。スーザン・デイビッド博士は著書『EA ハーバード流こころのマネジメント――予測不能の人生を思い通りに生きる方法』(ダイヤモンド社)の中で、それを「留め金を外す」能力と呼んでいます。それは、おおらかで真摯《しんし》な姿勢を保ちつつ、高いストレスや逆境に耐えるということです。デイビッド博士が言うように「彼らは、人生はいつも順調にいくわけではないと知っています。それでも、彼らは自分が一番大切にしている価値観に従って行動し、長期的で大きな夢を追いかけ続けるのです※4」。それは決して、目標に届かなかったときや批判的なフィードバックを受けたときに、怒りや悲しみ、失望や苛立《いらだ》ちを感じないということではありません。彼らが他と違うのは、そうした困難な状況と距離を置き、好奇心と自己肯定感を持ってアプローチできるという点です。彼らは、ネガティブな感情に流されて、志《こころざし》を見失ったりはしないのです。

デイビッド博士によれば、感情の敏捷性は自己認識への旅路を進む上で欠かせないものです。彼女はこう書いています。「恐怖や苦痛を呼び起こすものを認識し、受け入れた上で距離を取ることで、自分の中の『長い目で見る』部分にエンゲージメントすることができ、その結果、思考と気持ちが長期的な価値観や志と一体化し、そこへ至るまでの新しい道筋を見出す助けになります※5」。感情の敏捷性を維持するには、試練に直面したとき、それを受け入れるだけでなく、心躍らせ、張り切らなくてはいけません※6。ユーリック博士はいみじくもこう言っています。「私は自己認識へと至る旅のチケットを購入し、永遠にその列車に乗っているつもりです。景色が素晴らしく、旅が楽しくてたまらないからです」。

◎ユニコーンは「なぜ？」ではなく、「何を？」と自問する

ターシャ・ユーリック博士は、自己認識できていない人が最も陥りやすい罠《わな》として、「なぜ？」と自問自答することを挙げています。そのように内省すればするほど、人は深みにはまっていきます。自己を理解する鍵となる無意識の思考や気持ちや目的の大半はアクセスするのが不可能であるため、結局は答えが見つからずに失望する羽目になるのです。そうなると、私たちは非生産的な思考のスパイラルに陥り、しまいには失望感や無力感に囚《とら》われます。例えば、恋人と喧嘩《けんか》をしたら「もう、どうしてこうなるの？　何でもっと良い関係が築けないの？」となり、昇進ができなかったら「どうして

ダメだったんだろう?」と考えてしまうといったように、自分を責めてばかりで、自分を前進させてくれる類《たぐ》いの自問自答ができなくなってしまうのです。

ユニコーンたちは、これとは違う形で自問自答します。数百ページものインタビュー原稿に目を通したユーリック博士らのチームは、「なぜ」という言葉が使われている回数が150回以下なのに比べて、「何を?」という言葉が1000回以上使われていることを発見しました。例えば、恋人と喧嘩をしたら「私はこの関係に何を望んでいるのか?」、または「同じような事態にならないために、将来的に何をすべきか?」と自問するのです。

自己認識が人々やコミュニティにもたらすメリット

自己認識ができている人は、より楽しげで自信に満ち、コミュニケーションにも長《た》けています。彼らは職場や家でもより良い人間関係を築いています。結婚生活も順調で、子供たちにも協調性と落ち着きがあります。[※7]

彼らの属するコミュニティにも恩恵があり、仕事でも能力を発揮し、キャリアで成功を収め、より革新的でより良いリーダーになります。[※8] 自己認識している従業員の割合が高い会社は利益も高く、その反面、自己認識できていない従業員が多い会社の収益が低くなる可能性は79パーセントです。別の研究では、自己認識しているリーダーが率いる会社の収益は上がる傾向にあることが明らかになっています。[※9]

自己認識している人を雇うには、面接の際、これまで自分が正しいと確信した後に、その考えが変わった経験があるかどうかを聞いてみましょう。または、職場であまり親しくない相手、もしくは気が合わない相手のことを思い浮かべてもらい、その相手がその人のことをどう形容するだろうかを尋ねてみましょう。自己認識できている人なら誰かしらを思い浮かべ、自己に対する認識を挙げつつ、自分がそうした人たちとどう付き合うかを説明できるはずです。

数百人ものリーダーとその部下たちを調査したユーリック博士と私は、リーダーが様々な意味で自己認識できていると、チームはその恩恵を受けることを発見しました。自己を認識しているリーダーたちは、その能力を高く評価され、従業員とも良好な関係を築いています。従業員も、上司との関係や仕事に満足しており、組織へのコミットメントや帰属意識、そして愛着をより強く感じています。

それなのに、ユーリック博士が言うように、「自己認識を重視する人はほぼ皆無です。なぜなら、みんな自分はそれができていると思っているからです。しかし調査結果からもわかるとおり、自分に対する理解が鮮明になるにつれ、その恩恵は人生の隅々にまで波及します」。彼女の調査結果が公表された２０１７年以降、私たちは自己認識が人々の生活に及ぼす影響について理解を深めてきました。

チームやコミュニティに及ぼす影響を考えると、自分がどの程度繁栄――言い換えれば、自らの絶え間ない成長を実感してエネルギーに溢れている状態――しているかを認識することは特に重要です。繁栄している人は自分の成長や進歩を実感しており、停滞や消耗とは無縁です。個人の繁栄は、チームの繁栄やパフォーマンスに間違いなく影響を及ぼします。それなのに、自分がどれだけチームにエネルギーを与えているか――または奪っているか――を自覚している人はごくわずかです。そしてそれは往々にして、ささやかな行動を通して行われます。

テクノロジー・エグゼクティブのローラは、一歩間違えば、自らの停滞や消耗をチームに広げかねない状況にありました。しかし自己認識ができていた彼女は、長年愛してきた仕事ではあるものの、このままではもはや繁栄できないことに気づいていました。彼女は疲弊し、理不尽な役員会との対立にすっかり嫌気がさしていました。そして、親しい同僚も含めた従業員の一部を解雇するという任務を背負わされ、心が折れていました。会社の大規模な改編のツケを背負わされそうになっていた彼女は、退社を決意します。彼女は何よりも、ジョン・ゴードン称するところの「エネルギーバンパイア」（周囲からエネルギーを吸い取る人）にだけはなりたくありませんでした。そして自分自身のみならず大切な人たちのためにも、辞職すべきだと本能的に悟ったのです。結果的に、これは彼女にもコミュニティにとっても正解でした。彼女の後任は見事に組織の改編を成し遂げ、それ以降、素晴らしいキャリアを築いているそうです。

アレクサンドラ・ゲルバシ、アンドリュー・パーカー、そして私は、たった一人の人間がチーム全体からエネルギーを奪い、その機能を下げることがあることを発見しました。特に、それがリーダーの地位にある人だと、チームメンバーのエンゲージメントも協力態勢もパフォーマンスも著しく下降します。※10 そして、そうなるのに時間はかかりません。ロブ・クロスとグレッチェン・スプライツァーと共同で行ったソーシャルネットワークの調査では、長期間高い成果を上げてきた人が繁栄状態ではなくなると、マイナスの効果がコミュニティ全体にあっという間に広まることがわかりました。

◎自己認識と繁栄を促進するには

自分自身の自己認識を向上させたい人、またはリーダーとして自分自身もしくはチームの自己認識を高める方法を探している人、そのどちらにも役立つ戦略をいくつかご紹介しましょう。

◎フィードバックを求め、与える

フィードバックを求める際は、まず自分が何を目指しているかを考えましょう。例えば、５年以内にＣＥＯになることを目指しているなら、フィードバックを求める相手にもそれを伝えましょう。その上で、どうやってその目標に到達するかについて、具体的な質問を組み立てるのです。次に私が取るべきステップは？　目標達成の可能性を上げるには、どんなスキルを習得すべきか？　あなたから見て、今の私の足かせとなっているのは何だと思う？　私は何を変えるべきだと思う？　といった具合です。

リーダーの場合、率直で良質なフィードバックをもらうことは特に重要です。なぜなら私たちの自己認識は、実際の権力の大きさと反比例することが多いからです。出世の階段を上れば上るほど、自己認識は衰えがちです。自分のリーダーシップを評価する際、ベテランマネージャーのほうが新人マネージャーよりも正確性に劣るという調査結果もあるほどです。様々な役割や業界のリーダー３６０人を対象にしたある調査では、地位の低いリーダーに比べて、地位の高いリーダーは自分のスキルを第三者よりも高く評価していました。実際このパターンは、感情面の自己認識、正確な自己評価、共感力、信頼性、リーダーシップのパフォーマンスなど、調査員が測定した20のうち19のコンピテンシーで見受けられました[※11]。

ここから何が読み取れるでしょう？　1つ目は、リーダーには、率直なフィードバックをくれる、自分より上の立場の人間が少ないということです。2つ目は、権力が大きくなればなるほど、周囲は自らのキャリアへの不安が先に立ち、建設的なフィードバックをしづらくなるということです。ある人事部のバイス・プレジデントは、地位が上がれば上がるほど現実的なフィードバックを受けられなくなると言っています。3つ目は、リーダーシップ術の権威ジム・オトゥールが指摘しているとおり、人は権力が増大するに伴い、聞く耳を持たなくなるということです。それは、自分のほうが従業員よりもよくわかっていると思い込んでいるか、フィードバックを求めるとその代償が高くつくと思い込んでいるからです。

ノースカロライナ大学女子サッカーチームのヘッドコーチ、アンソン・ドランスのように、リーダーは自らの自己認識だけでなく、チームの自己認識も高めなくてはいけません。第4章でも触れましたが、ドランスは22回の全国優勝という快挙を成し遂げました。彼の率いるノースカロライナ大学のチームは、13の指標を定めています。それはタフ（泣き言を言わない）、思いやり（互いをチームメイトとして、また人間として思いやる）、そして品格（全ての人に敬意を払う）などです。1年に2回、選手たちは互いに、これらの指標について5段階で評価し合い、チームメイトが自分をどう評価したかを確認します。これによって選手たちは自己認識を高めることができます。具体的なフィードバックを与え合い、必要な軌道修正をすることで、互いを効果的に導くことができるのです[※12]。

ドランスは、このシステムによってチームカルチャーは一変したと言います。それまでずっと、彼はプレイヤーに査定結果を教えないようにしていました。ネガティブなフィードバックを目にしたら、本人が傷つくのではないかと考えたからです（そう、彼も過剰な配慮をしていたのです）。しかしあるとき、選手の一人の言動を腹に据えかねたドランスは、彼女との個人面談の際に、チームメイトからの悲惨な評価を本人に見せることにしました。彼が「これを見ることができて良かったと思うかい？」と尋ねると、彼女はきまり悪そうに「はい」と答えました。その理由を尋ねられると、彼女は彼を見据えてこう答えました。「自分が変わらなくちゃいけないとわかったからです」。

ドランスは、これほど見事な変身を見たことがありませんでした。批判にさらされ、彼女はムキになったり意固地になったりしてもおかしくありませんでした。または、心が折れたり、怒りを爆発させたりする可能性もありました。しかしこの選手は、比類なき「感情の敏捷性」を示してフィードバックを受け止め、自分を変えることに取り組み始めたのです。ドランスによれば、かつて手に負えなかったこの選手がその年の暮れに行ったスピーチは、彼がこれまで聞いた中でも最高のものだったそうです。彼はこの経験から、選手にとって自らに対する評価を認識することがいかに重要かを学びました。「これまで、人間的成長を促すための様々なプログラムを試しましたが、これこそ究極の方法です」と彼は言います。

他人からのフィードバックは、私たちを前進させてくれます。たとえそのときはそう思えなくても、それはギフトなのです。自己認識を高めてくれるフィードバックを受けると、私たちは比較的短期間のうちに、それまで眠っていた最高の自分を引き出すことができます。件《くだん》の選手も、短い秋のシーズンで生まれ変わりました。そしてそれは、チームやコミュニティにも多大な影響を及ぼすのです。

◎コーチを雇う

突っ込んだフィードバックが欲しいなら、それをくれる誰かを雇うのも一案です。たとえ順風満帆なキャリアを送っていても、上達のチャンスは常にあります。アトゥール・ガワンデ博士は一流の外科医であり、ハーバード大学医学部の教授であり、雑誌『ニューヨーカー』の記事を執筆し、ベストセラーとなった著作も複数あります。しかし外科医になって8年目の10年前、ガワンデ博士は自分の進歩が止まっている気がしました。そして周りを見ると、他のプロたち——教師、ルネ・フレミングやイツァーク・パールマンといった有名音楽家、オリンピックレベルのアスリート——にはコーチがいることに気づきました。ラファエル・ナダルなど、世界で活躍するテニスプレイヤーたちほぼ全員にコーチがいるなら、医者にだっていたっていいはずだ。むしろいないほうがおかしい。[※13]

そこで彼はそのための人物を雇いました。研修医時代に指導を受け、現在は引退している外科医ロバート・オスティーン博士に、手術の技術のみならず医師としてさらに進化するため、自分の仕事ぶりを見てアドバイスをしてほしいと依頼したのです。

オスティーン博士のアドバイス——特にある手術後のもの——は、ガワンデ博士を驚かせました。その手術は見事な出来映えだったのですが、その後に控え室で、オスティーン博士はいくつか技術上のアドバイスをしました。確かにそれは「些細《ささい》なこと」ではありましたが、後にガワンデが『ニューヨーカー』に寄稿した記事によれば、オスティーンはこのときこう言ったそうです。「これから数百回とある手術でトラブルを一度も起こさないようにするには、些細なことに気をつけるしかないんだよ」[※14]。

オスティーンはガワンデに、もっと肘《ひじ》に気をつけるよう注意しました。「肘が浮いていると、精密な手技ができない。外科医は、肘をゆったりと体の横に下ろした状態にするべきだ」とオスティーンは言います。「肘を上げたくなるということは、足の位置を変えるべきか、手術器具を変えるべきかのどちらかだ」。オスティーンのこうした指摘は、長いリストになっていました。「彼のノートパッドに、小さな文字でギッシリと書き込まれていたのです」[※15]。

彼が指摘した盲点がもう一つありました。それは、手術の最中に患者を覆《おお》う布のかけ方で、今のままだとガワンデからは手順がよく見えるのですが、手術台の反対側にいる助手の視界が遮られてしまっていたのです。ガワンデはそのことにまったく気づいていませんでしたが、コーチには一目瞭然でした。手術中は拡大鏡を覗き込んでいるガワンデは、周囲がほとんど見えていませんでした。そのせいで、麻酔科医がモニターしている血圧の異常に気づかないこともありました。ガワンデ曰く、コーチとの20分にわたるこの1回の話し合いは、「過去5年間で得たよりも多くの、考慮すべき点や改善すべき点を教えてくれました」[※16]。

その後もオスティーンは、手術の技術のみならず、研修医相手の働き方に関しても、いくつか改善点を指摘しました。ガワンデは彼から、研修医に作業を指示する際、彼らに悩む時間を30秒余計に与えることを勧めました。「私は進行が少しでも遅れると、即座に詳細な指示を与えていました。『いや。こっちのドベーキー鉗子《かんし》を使え』とか『まず開創器を移動させろ』とかいった具合です。オスティーンは私に『彼らに考えさせなさい』と助言したんです。人が何かを学ぶには、それしか方法がないからです」[※17]。

ガワンデは数カ月間、オスティーンにコーチを頼み続けました。あるとき、彼の判断ミスのせいで、オスティーンが立ち会っていた手術の最中に深刻な問題が発生しました。すぐに方針を変更したおかげで大事には至らず、患者も無事だったのですが、コーチの見ている前で判断ミスをしたことは彼にとって痛恨の極みでした。しかし痛恨であればあるほど、彼はオスティーンに助言を仰ぎました。というのも、一度にいくつか提示されるオスティーンの助言に数カ月間従った結果、患者の合併症の発生率が下がったからです。大きな合併症を一つ防げれば、患者の命を救えるだけでなく、平均1万4000ドルの医療費の節約になります。彼は、合併症の発生率が下がっただけでなく、医師として成長できたことからもコーチとの時間に価値を見出しましたが、それなりの対価も支払いました。それは恥をさらすということです。ベストではない自分を進んで他人に見せるというのは、自尊心が傷つく行為です。

これは、どんな状況でもフィードバックを求める際には言えることです。自分にとって耳が痛い事実を突きつけられるのは避けられません。しかし賞賛だらけのフィードバックでは、受ける意味がありません。ガワンデのようにその教訓を心に刻むことこそが、失敗から学んで上達するための鍵なのです。

◎職場の人間にコーチを依頼する

同僚というのは、活用されていないフィードバックの宝庫です。2013年にユーマス・メモリアル・ヘルスケアのCEOに就任したエリック・ディクソン博士は、革新的なカルチャーを築きたいと考えました。しかし最初の5年間、「事態は徐々に改善していましたが、それは我々が求めるペースではありませんでした」と彼は言います。彼には、進歩のために人々が遠慮なく意見やアイデアを述べる環境が育まれているとは思えませんでした。端的に言えば、彼は尊重されていることを人々に実感させるカルチャーを作りたかったのですが、その方法がわかりませんでした。そこで、医局長であり戦略的イニシアチブのアソシエイト・バイス・プレジデントでもあったアリソン・ルメイが提案したのが、全員が合意した敬意の基準を設けることでした。彼女は6000人の従業員を対象に、彼らが尊重されていると感じる事柄についてアンケートを取り、それを「敬意の基準6箇条」にまとめました。それが「認識する」「耳を傾ける」「コミュニケーションを取る」「すぐ反応する」「チームプレイヤーになる」「親切にする」です。

ユーマス・メモリアル・ヘルスケアはこのトレーニングプログラムとして、6箇条をどれだけ遵守しているかをマネージャー自らに認識させるための「段階的な敬意：マネージャーへのフィードバック」を考案しました。これは各マネージャーがそれぞれ数人の評価者を選定し、6箇条が反映されていたマネージャーの行動と、向上が必要な行動とその改善策を、それぞれ挙げてもらうというものでした。評価者は、6箇条それぞれについてマネージャーの行動をランク付けします。例えば「耳を傾ける」の項目だったら、「相手の話を聞くために作業を中断する」「具体的な質問をして理解を示す」

「相手が話しているときにデバイスを使用しない」「言いたいことが言えずにいる人がいないか配慮する」「返答する前に間を置く」といった具合です。評価者は同僚や、直属の部下または上司です。

評価を受けたリーダーたちが次にすべきプロセスは、欠点として指摘された振る舞いを改善するための具体的な行動を実践することです。例えば、あるリーダーは「横柄な物言いを控えてほしい」という指摘を受けました。そこで彼は、カッとなったらその場を立ち去り、しばらくしてから会話に戻ることを実践しました。こうすることで、彼は自分が横柄になっている状態を自覚し、患者やその家族の前でスタッフにきつく当たることを避けられるようになったのです。

そして、仲間にコーチを依頼します。マネージャー、直属の部下、友人、家族などから、週に一度、具体的な行動をどれだけうまく実践できているかを尋ねてもらうのです。

最終的には、「相手の強みに敬意を払い、失敬な振る舞いを避けるための具体的な提案をリーダーたちにすることで、ユーマス・メモリアル・ヘルスケア全体の敬意のレベルを上げること」を目指します。実際に、ユーマス・メモリアル・ヘルスケアのカルチャーには大きな変革が起こったのです。

ディクソン博士は言います。「敬意の基準プログラムが要となり、患者の満足度は大幅に上昇しました。職員のエンゲージメントも向上し、自分が尊重されていることを実感するようにもなりました。また、パフォーマンスも明らかに向上しました。敬意の基準プログラム抜きには、これらはなし得ませんでした」。そしてこの成果に大きく貢献したのが、仲間からのフィードバックだったのです。

◎「真実のディナー」に出かける

別の形のフィードバックが「真実のディナー」です。これはコミュニケーション学の教授ジョシュ・マイズナーが考案したもので、「賢く勇気を出す」ことをテーマとしています。まず、関係性を向上させたい人をディナーに招待します。その席で、相手に「私の言動で、最もイヤなのはどんなところ？」と聞いてみましょう。そして、その答えに耳を傾け、心に浸透させるのです。自分を正当化したり、ムキになったり、弁解に走ってはいけません。「具体的な事例を挙げてもらえる？」「それは昔より悪化していると思う？」などと質問して、問題を掘り下げていきましょう。

ターシャ・ユーリック博士は、これにまつわる自分の経験を教えてくれました。友人の中でも一番気むずかしいマイクをあえて選んだ彼女は、「よくぞ聞いてくれた。不満ならいくらでもあるよ」という反応を予想していたそうです。ディナーの日が近づくにつれ、彼女はマイクからなんと言われるかを考え、不安でたまりませんでした。しかし当日、彼女が勇気を振り絞って恐々《こわごわ》質問をすると、返ってきたのは予想ほどひどくない返答でした。

マイクはしばし考えてからこう言いました。「そうだな、きみに言いたいことがあるとすれば、きみのことは好きだけど、ソーシャルメディアのきみは好きじゃないってことかな」。この答えに驚いた彼女は、その真意を知ろうと「もっと詳しく話して、マイク」と頼みました。マイクによれば、実際に会っているときの彼女は相手に集中して、必要な情報を提供したりと相手の力になろうとしていました。しかしソーシャルメディアの彼女は、自分自身と自分のブランドのことしか目に入っていないようで、自分中心に見えると彼は言いました。「きみらしくないというだけじゃなく、ただイヤなんだ。きっときみの読者をはじめとする他の人たちも同じように感じているんじゃないかな」。

ユーリック博士とマイクは、どうすればそれを変えられるかを話し合いました。そして彼女は、記事の内容に慎重になり、特に謙虚さを装いつつ自慢話をしないよう気をつけるようになりました。今では、彼女は記事を投稿する前に「私はこれで何を伝えたいの?」と自問します。そして、「もし自分がいかにすごいかを誇示している内容なら、すぐに変更」するそうです。

それ以降10回以上重ねた「真実のディナー」によって、2人の関係性は深まり、彼女は自己認識を高めることができたと言います。フィードバックの内容は彼女にとっては意外なことばかりでしたが、総体的には納得がいくものでした。3年前、彼女が2009年に結婚した夫のデイブにフィードバックを求めると、彼は「きみは時々素っ気ない」と答えました。彼曰く、以前嬉しいことがあり、彼がそれを興奮して彼女に伝えると、彼女はメールをチェックするのに夢中で、まったく話に乗ってきませんでした。それを聞いた彼女は、「胸が痛んだ」そうですが、これは自分が知るべきことなのだと考え、結局はそれが自分のためになったと述懐します。

同様の経験をした人は他にも大勢います。例えばユーリック博士に送られてきたある手紙によれば、送り主の女性は5歳の息子に件の質問をしてみたそうです。子供が相手の場合、どんな答えが返ってくるか予想できないだけに、勇気ある行為と言えるでしょう。彼女の息子はこう答えたそうです。「ママ、僕はママが自分のことを全然かまわないことがイヤだよ。いつも僕やパパの世話ばかりしてるから、僕はママのことが心配なんだ[※18]」。ターシャは言います。「どんな答えが返ってこようと、それは間違いなく有益です。それに、恐れているような事態になることはまずありません」。

◎自分のレシピを見つける

第４章に登場した、『GREAT BOSS（グレートボス）――シリコンバレー式ずけずけ言う力』（東洋経済新報社）の著者キム・スコットは、グーグルに勤務していた頃にフレッド・コフマンからあることを学んだそうです。彼はホワイトボードに車輪の絵を描き、その中心がきみだと彼女に告げました。車輪を速く動かそうとしても、全体の調和が取れていないとうまくいきません。キムは自分なりのレシピ――自分の軸を定めて繁栄するためにしなければならないこと――を見つけることを勧めています。その秘訣は千差万別です。私のように自然の中で体を動かすことが好きな人もいれば、瞑想を好む人もいるでしょう。キムも自身のレシピを教えてくれました。「私には９時間の睡眠、１時間の運動、そして大好きな人との最低20分間のお喋りが必要です。この３つを毎日実行できていれば、周りの世界がどれだけ不安定に見えようが、自分の足元は揺るがないと思えます。逆にそれができないと、たとえ世界が安定していようと、とても不安定な気持ちになります。ですから自分なりの秘訣を見つけて、それを毎日実行することはとても重要なのです[※19]」。

そのレシピには、取り入れるべき食材などはあるのだろうかと考える人もいるでしょう。ダニエル・ピンクは著書『When　完璧なタイミングを科学する』（講談社）の中で、活動をするべきタイミングとその影響を解明しています。例えば、私のようなタイプの人たちにとっては、午前中に運動をすることは一日のスタートに活を入れる鍵となります。自分のレシピを見つけ出し、食材（そしてタイミング）による様々な影響を解明するには、グレッチェン・スプライツァーとトレイシー・グラントによって考案された「エネルギー効率診断」を試してみて下さい。数日間、一日の自分の行動と感情を1時間ごとに表にするのです。1〜2日でも何らかの気づきはあるでしょうが、誰にでもいつものスケジュールとは違う日があることを考慮すると、できれば数日間続けることをお勧めします。

表が出来上がったら、パターンを探してみましょう。エネルギーが跳ね上がるのはいつで、落ち込むのはいつでしょう？　あなたのパフォーマンスやウェルビーイングを促進させる、特定の活動はないでしょうか？　そしてそれが起こるのは、一日のどの時間帯でしょう？　良くも悪くも、活動やエネルギーの他への波及効果に着目して下さい。ある女性コンサルタントは、自宅で休息して、夕食の前か後にたとえ20分でも散歩をすると、気分が良くなることに気づき、子供たちにも、より穏やかに辛抱強く接することができるようになりました。

私から依頼してこの効率診断をやってもらった企業の幹部たちは揃って、そこから得られる大きな気づきに驚いていました。ある幹部は、土曜日と日曜日は電話とインターネットでの活動から離れることを決めました。彼と妻は取り決めをして、土曜日の早朝と日曜日の夜のほんの短時間だけメールをして、それ以外の時間はオフラインで過ごすことにしました。その結果、2人は人としても夫婦としても家族としても、豊かになった自分たちを実感したのです。

◎毎日の確認事項

誰もが実践できる、とても有益な手法があります。それは一日の終わりに、確認事項を見直すことです。ユーリック博士は、あまり考えすぎずにその日を振り返り、次のことを自問するよう勧めています。

1. 今日はどんなことがうまくいったか？
2. 今日はどんなことがうまくいかなかったか？
3. どうすれば明日はもっと賢く動けるだろう？

これらを自らに確認することで、他人との関わり合いについてもより意識的になることができます。あなたの中にある繁栄への意識が、状況や人との関わり方にどう影響したかを考えてみましょう。

◎利用者マニュアルを作成する

自己認識を高めるためのユニークな方法としては、リーダーが自分の嗜好や癖を記載した利用者マニュアルを作成し、それを同僚やチームメンバーに配り、自分と接する際の参考にしてもらうというものがあります。

私は企業の幹部たちにこの課題を出し、マネージャーとしての自らの長所と短所を箇条書きにしてもらっています。そして彼らの同僚たちにも、彼らに関して同様のものを書いてもらうか、下書きにフィードバックをもらうかして、見落とされていることがあればその改善に努めます。これは、コミュニティのメンバーとつながり、より良い関係を築くのに非常に効果的です。それだけでなく、自分の他人との関わり合い方を見直すことができるという点において、本人にとってもとても有益です。

病院長のロン・B・グッドスピード博士は、パフォーマンス向上部門の重役を雇う際に、自らのマニュアルを作成しました。そこには「私に『要点を言え』と注意して下さい。例えば私が的外れな比喩を持ち出したら、もっと具体的に話せと告げて下さい」と書かれており、採用候補者たちに、博士が「間違った道を突き進んでいたら警告してほしい」と依頼していました。博士が彼らに望んでいたのは、なるべくたくさんの情報を提供し、提案をする前に彼の顔色を窺ったりしないことでした。[※20]

次にグッドスピード博士はこの下書きを同僚たちに見せました。すると最高執行責任者が「私は耳に痛いことを指摘されると、統計データを引き合いに出す傾向がある」と付け加えるよう提案しました。このマニュアルは採用候補者のみならず、現役の職員たちにも役立ちました。以前は遠慮していた職員たちがミーティングで彼によく質問をするようになっただけでなく、彼の長話を遮って要点を話してくれと言うようになったのです。こうした指摘のおかげで、グッドスピード博士の仕事の能率も上がりました。[※21] 上司と部下双方からの批判を積極的に求めた彼は、返ってきた答えを喜んで受け入れました。パフォーマンス向上部門の採用候補者のためにマニュアルを作成することで、彼は自らのパフォーマンスを向上させたのです。

私が一緒に仕事をしてきたリーダーたちの中で、自らのマニュアルをコミュニティ内で共有した人たちは、そのおかげで学びのプロセスの速度が上がり、メンバーとの接点が増えたと証言しています。リーダーが自らの弱さをさらけ出してくれることを、周囲は歓迎するのです。

あなたは繁栄していますか？　それともただ生存しているだけですか？　人が自分のことをひいき

目に見る傾向があることとは、数多くの研究結果で証明されています。エグゼクティブコーチングの第一人者でありベストセラー作家でもあるマーシャル・ゴールドスミスはこれを「成功のハイライト映像」と呼んでいます。[※22]

しかしこれまでの実績を自画自賛するよりも、改善の必要がある部分をきちんと認識し、成長と発展を続けていきたいなら、その映像から目をそらして、盲点となっている部分に注目すべきです。そのために必要な自己認識を高めるには、フィードバックを集めることが必要不可欠です。

自己認識を確立するには自己を見つめ直す行為が不可欠ですが、それに特に効果的なのがグループからのフィードバックです。アンソン・ドランスとそのチームを始め、弟のマイクのマイティやクリーブランド・クリニックなど、ビジネスからスポーツまで多岐にわたる分野の人たちが、これが真実であることを実感しています。

親密でオープンで安心感のある場所で一致団結し、互いに支え合いながら一つの目標を追いかける人たちの集まりというのは、人を成長させるためのすさまじい力を持っています。グループのメンバーから言動に疑念や意見を提示されることで、私たちは自らを振り返り、軌道修正できるのです。そうして変わっていくことこそが、自己認識の最終的な目標なのです。

第8章

身体的なウェルビーイング

あなたが家族や世界にできる最高のプレゼント、
それは健康なあなたである。

——ジョイス・マイヤー

1999年、マーク・バーステーゲンと彼の妻エイミーは、エリートアスリートのためのトレーニング施設「アスリーツ・パフォーマンス」を開設しました。2006年、彼らはアスリートからターゲット層を広げ、アメリカ海軍や特殊部隊の兵士たちの戦地派遣へ向けた準備、怪我《けが》からの回復のための支援、そして市民生活に戻るための補助などを手がけるようになりました。それ以降、彼らのチームは世界中で42万5000人の海軍軍人と、フィジカルフィットネス・プログラムおよび健康を維持するために兵士たちをコーチするコマンドフィットネス・リーダーたち5000人を指導してきました。

しかし2013年に彼らは再び方針を変更しました。スポーツや軍隊に限らず全ての分野の人たちのパフォーマンス向上に取り組むことになり、これに伴い名称もEXOSと変更しました。会社のウェブサイトにも記載されているとおり、EXOSという名前は大気層のうち最も外側の層である外気圏（exosphere）に由来しており、そのミッションはアスリートと軍人、そしてあらゆる職種や年齢や健康状態の人たちのパフォーマンスを向上させることです。

EXOSの最終的な目標は、人々が自分の健康をコントロールできるようになり、何事においても成功できるようにすることです。より健康になり、人間としてアップグレードすれば、誰でも私生活と職場において恩恵を受けることになります。

この章は第6章を補足するものであり、身体的なウェルビーイングが、いかに人生を向上させ、私生活と職場の双方においてより強く、活力に満ち、幸せで、生産的なコミュニティを築くことに役立つかを説明します。本書第2部のテーマは、「全てはあなたから始まる」ということです。自らが手本となって、どうすればコミュニティをより健全な方向に導けるかを考えましょう。ただ共に生存するだけの関係から、共に繁栄する関係へと進むのです。

成功――人生をアップグレードさせること――マークはそれを知り尽くしています。

2年ほど前の春の日の午後、私はフェニックスにあるEXOSの、彼のこぢんまりしたオフィスを訪ねました。室内には、ワールドカップのドイツ代表チームの選手たちのサイン入りユニフォーム、有名アスリートたちのサイン入りスパイク、そしてサッカー、バスケットボール、野球、陸上競技など様々なスポーツ関連の思い出の品が所狭しと飾られていました。

コルクボードや壁には、アスリートやチームマネージャーからのお礼のカードがビッシリ貼られています。マークがアスリートたちに課す過酷なトレーニングの様子の写真や、トロフィーを掲げたり、オリンピックのメダルを受け取ったりしているチームの新聞記事の写真も室内を彩《いろど》っています。それでも、何十年も心血を注いでアスリートたちを頂点に導いてきた人物にしては、マーク・バーステーゲンは以前と少しも変わらず、謙虚で地に足がついた優しい人でした。

私がマークとエイミーのバーステーゲン夫妻に初めて会ったのは、大学卒業後にインターナショナル・マネージメント・グループのスポーツアカデミーIMGアカデミーで働き始めた夏のことでした。大学時代はフットボール選手で、総合的なスポーツ科学のパイオニアであるマークは、スポーツ科学で修士号を取得した後、ディレクターとしてIMGアカデミーのパフォーマンス・インスティテュートを立ち上げたのです。

当初1200平方フィートだった敷地には、ウエイトやトレッドミルなどのマシンが満載の部屋や、メディシンボールやダンベルが置かれた部屋、ストレッチ用の小さなスペースなどがありました。2年後に私が退社する頃には隣にドーム状の芝生広場も完成しており、サンクスギビング（感謝祭）には私たち（彼のスタッフと友人たち）と（過剰に）自信満々のテニスインストラクターたちとのフットボールの試合が派手に行われました。

私の退社から2年後、バーステーゲン夫妻もIMGアカデミーを去り、前述の「アスリーツ・パフォーマンス」を立ち上げ、マークは新しい試みに次々と取り組み、事業は拡大の一途を辿りました。マークの手法で画期的だったのは、科学とデータ分析を用いてアスリートのパフォーマンスを向上させるという点でした。彼はすぐに、プロを目指す才能豊かなアスリートをベストの形に作り上げることで知られるようになります。それは、アスリートの潜在能力を最大限に引き出すことを目指したシステムのおかげでした。

体の動きの機能不全や不調和は多くの怪我の原因になるというデータを基に、彼は動きのトレーニングに力を入れ、単なる体力や持久力よりも機能とバランスを重視しました。マークの手法が独特だったのはその総合的なアプローチで、彼が４つの柱と呼ぶ「適切な動き」「栄養」「回復」「マインドセット」の要素をプログラム全体に組み込み、高いレベルのパフォーマンスと同時に、持続可能なパフォーマンスも追求しました。

そのために、彼のプログラムではアスリートがどのようにパフォーマンスするかだけでなく、彼らがどのように負傷するか、そして彼らを怪我から守るにはどうすればいいかが考慮されていました。

彼が目指すのは「準備と治療」をすることだったのです。ＥＸＯＳの創業者および社長として、マークは20年近くＮＦＬ（プロ・アメリカンフットボール・リーグ）選手会のディレクター・オブ・パフォーマンスを務めながら、選手の安全と福祉に熱心に取り組んできました。

しかし、その春の日にマークのオフィスで交わされた私たちの話題の中心は、アスリートやコーチングではありませんでした。私が知りたかったのは、彼にとってのＥＸＯＳのミッションは何なのかということでした。それに応える形で、彼はもう何年も前に、多くの人が体調不良のせいで人生を満喫できないでいることに気づいた話をしてくれました。彼はどうしたら人々をより健康にして、ウェルビーイングを向上させることができるかを自問しました。それがきっかけの一つとなり、ＥＸＯＳが設立されたのです。ＥＸＯＳでの仕事を通じて、マークは彼が国家的危機と呼ぶ現象の改善を目指してきました。この危機が現実であることは、健康不良と肥満のせいでアメリカの企業は毎年２２５

0万ドルの出費を余儀なくされており、その数値は急上昇しているという疾病《しっぺい》予防管理センターのデータによっても裏付けされています[※1]。

「事後対応のヘルスケアは崩壊しています」と彼は言います。「我々のヘルスケアシステムにのしかかっている問題の70パーセントは、生活習慣病です。それをなくして、病状を改善することができれば、全ての人にとってウィンウィンです[※2]」。

彼とEXOSのミッションは、人々に自らの健康に対して積極的になってもらうことです。不健康なライフスタイルによって生じたダメージの修復に力を入れる「事後対応のヘルスケアシステム」に頼るのではなく、そもそも病気にならないよう予防するのです。

マークはできる限り多くの人たちの生活の質を向上させ、全ての人が競技場でもオフィスでも自分の好きなことをして花開くことを願っています。とはいえ、ほとんどの人は有望なアスリートではないので、重いダンベルやウエイトを持ち上げる罰ゲームのような運動は解決策にはなりません。そこで彼とエイミーは、これまでアスリートを相手に仕事をして学んだことを生かしつつ、一般の人々のニーズに当てはめるために、路線変更についてじっくり考えました。

このミッションを達成するために、EXOSは事業を拡大し、2014年には、企業、ホテル、リゾート、コミュニティセンターなどの施設内でフィットネスジムを経営するメディフィットを買収しました。そのジムの多くはアクティブな成人またはシニア用の施設で、このおかげで彼らは自分たちのコミュニティのためのスペースをより迅速に拡大することができたのです。

彼らは既存のジムの施設にフィットネスのトレーナーとプログラムを導入し、建物やキャンパスやセンター内の人々へとネットワークを広げていきました。ＥＸＯＳの創業以来、アディダス、ヒューマナ、インテル、グーグル、リンクトイン、ウォルグリーンといった「フォーチュン５００」に名を連ねる企業が、膨れ上がるヘルスケア関連のコストを抑え、従業員の健康と体調を向上させることを目的に、ＥＸＯＳに殺到しています。

こうした目標の達成に向けて、ＥＸＯＳは職場の一人ひとりに向けて「パーソナル・ゲーム・プラン」を提供し、職場にトレーナーやシェフを派遣してよりきめ細やかなサポートをしたり、会社のカフェテリアのメニューを考案したりしています。また、メイヨークリニックと提携して「３Ｄムーブメント・クオーシェント」を開発しました。これは、動画分析と生体力学を使って動きの質を瞬時に査定することで、可動性を向上して痛みを予防または和らげることを目的にするものです。

現在ＥＸＯＳが力を入れているのは、健康になって仕事のパフォーマンスを上げたいという人たちを対象にしたプログラムです。マーク自身がスポーツ界出身であることから、ＥＸＯＳが提案するプログラムには、彼がトップアスリートたちに用いる手法が取り入れられています。

参加者は、それぞれに合わせて作られた総合的な「ゲームプラン」と「コーチ」を与えられてアドバイスを受け、同じモチベーションを持った人たちのグループの一員となって互いにフィードバックやサポートを与え合います。また「スコアボード」で自らの進歩を数値化および確認することで、自分が何を達成したか、またどんな点をもっと向上させないといけないかを認識します。

ＥＸＯＳは、どんな職業の人でも最高レベルで自分を機能させる術《すべ》を日々学び、身体的なウェルビーイングを向上させれば、より質の高い生活を享受することができることを証明してきました。マークはこれを、ハイパフォーマンスのＤＮＡと呼んでいます。彼によれば、私たちは自らの行動の集合体であり、行動の90パーセントは、良くも悪くも習慣によって形成されています。だからこそ、彼らは習慣を変えることに力を入れてきました。悪い習慣を断ち切り、定期的に運動をするといった新しい習慣を築くのです。

この章では、人々やコミュニティがどのように運動や食生活を通じて自分自身や仲間にハイパフォーマンスのＤＮＡを注入し、その結果どのような恩恵を受けたかを示す事例やケーススタディをご紹介します。コミュニティがそのメンバーに投資をすれば、双方にとってウィンウィンの結果がもたらされるのです。

もし今、あなたの会社に体のケア関連のプログラムがないのなら、現状ですぐに始められることは何かを考えてみましょう。週末にランニングをしたり自転車に乗ったりするグループを作ってもいいですし、昼休みに競歩や散歩をすることを従業員に勧めるのもいいでしょう。あるいは、希望者を募って毎日のフィットネスチャレンジを実行するのも一案です。チャレンジは、一日に最低1回は20～30分体を動かすなど、簡単なことで構いません。2時間ごとに仕事の手を止め、ストレッチや深呼吸などを数分間行うのも効果的です。まずは、資金や特別な器具がなくてもできることから始めてみませんか。

ＥＸＯＳ式ハイパフォーマンスのＤＮＡ

ここからは、金融機関、倉庫、病院など多種多様な環境でＥＸＯＳがいかに機能しているかの事例をいくつかご紹介しましょう。それはどれも、体のケアの仕方を学ぶことで従業員のみならず、そのチームやコミュニティ、そして雇用主も勝利を摑《つか》むことができることを物語っています。

マイケル・フォーマンはＦＳインベストメントの会長兼ＣＥＯです。彼がいるのは、従業員が大きなストレスにさらされながら、膨大な量の仕事を背負っている業界です。その中で彼は、「従業員が午前8時に全力で仕事に向き合うように、午後8時には全力で家族に向き合える」カルチャーを作りたいと考えました。[※3] 従業員がもっと体を動かし、体に良い食生活をし、元気を回復することを後押しするプログラムが職場環境の中に組み込まれていれば、彼らはきっと仕事でも私生活でもより健康で、幸せで、生産的になるに違いないというわけです。ＥＸＯＳと提携したＦＳインベストメントのプログラムに参加した３２７人（55人はリモートワーク）のうち、22パーセントは太り過ぎ、または肥満、74パーセントが体に痛みがあり、43パーセントが1週間のうちで体を動かすのは3日以下、53パーセントが心臓血管に問題があり、85パーセントが不健康な食生活を送っていました。

ＥＸＯＳが導入されたのは、パフォーマンスと運動のプログラムを作るためでした。それは、個別のプランやデジタルツールを使って従業員の運動量を追跡、記録すること、健康的な食事やスナックを無料で提供するカフェ、そしてマインドセット・トレーニングやサポートなどです。その成果は目覚ましく、参加者たちはより健康になり、回復力もつきました。健康状態が改善したことで、従業員一人当たり年間２０５２ドルの経費の削減が見込まれました。また、プログラムの初年度に、従業員たちの体脂肪率は10パーセント減少しました。[※4] 80パーセント以上の従業員から、ストレスが減り、体力がつき、フィットネスへの理解が高まったとの声が上がりました。
参加者の70パーセント以上がプログラムのおかげで生産性が上がり、会社に居続けたい気持ちが高まったと報告しています。太り過ぎの従業員の割合は（22パーセントから）16パーセントに減少し、痛みを訴える従業員も（74パーセントから）17パーセントに激減しました。
1週間のうちで体を動かすのは3日以下という従業員は（43パーセントから）13パーセントに、心臓血管に問題がある従業員も（53パーセントから）13パーセントに減少しました。健康リスクが非常に、または比較的高いと分類されていた参加者のうち42パーセントは、健康リスクが低い、またはない、のカテゴリーに移行しました。[※5] リスクが高かった参加者たちは、全員の身体活動のレベルが向上し、ほとんどの人のストレスが軽減しました。[※6]
ある従業員は、これに参加したことで「FSインベストメントだけでなく家族に対しても、以前より良い自分を見せられるようになった」と報告しています。別の参加者は、「日常的に受けるダメージを和らげるために体を労《いたわ》ることを意識するようになった。ストレス緩和のための簡単なテクニックを家で実践している」と述べています。食生活の変化の恩恵を挙げる人もいて、「カフェで出される料理の量が少ないおかげで、食べる量が減った。職場以外でも健康的なものを食べるようになった」とあります。[※7]
FSインベストメントのEXOSプログラムのマネージャーは参加のメリットとして、従業員の健康改善に加えて、雇用主への感謝の念が高まったことを挙げます。「自分たちを尊重し気遣っているからこそ、会社は自分たちのために投資をしてくれているんだと感じることで、従業員の士気が向上しました」。

２０１７年、ＥＸＯＳは産業界のアスリート――倉庫でフォークリフトや選別機を操作する人たち――の痛み、怪我、そして作業中の事故の削減に取り組みました。その目的は、生産性を上げて怪我のダウンタイム（怪我による休業時間）を減らす、従業員の出勤率と定着率を上げる、そして従業員の士気を上げるというものでした。12週間のプログラムは、「１対１のコーチングや栄養指導」「個別の食事プラン」「１週間に一度の進捗《しんちょく》確認」「運動前と後のセッション、パフォーマンス」の４つの柱を元にした教育セッション、そして健康的な食べ物や飲み物が手に入る場所のインターネット上の案内などで構成されていました。

各自には、体の動きのメカニズムを向上させて正しい姿勢を保つ、反復作業をするときの動きの質を高める、健康的な習慣を築くなど、それぞれ具体的な目標が設定されました。たとえコーチが側にいなくても、健康を促進するために取り入れることができる習慣はいろいろあり、そのほとんどは気軽に始められるものばかりです。調査によって従業員の70パーセントが水分不足だと知ったマークは、朝目覚めたらコップ１杯の水を飲み、ストレッチのポーズ３種類を数分かけて行い、その日一日、そしてこれからの人生でもずっとこまめに水分を摂り、なるべく自然に近い食べ物を摂取することを心がけるよう指導しました。

プログラムの前と後の調査では、体の動きの質のスコアが13パーセント上昇しました。ある参加者は「生産性が15～20パーセント上昇して、今ではトップレベルの選別機の使い手になりました。今は寝る代わりに、家族と一緒に時間を過ごせています」と言います。別の参加者は「作業の前にウォーミングアップをすることで、10時間のシフトの後も痛みをあまり感じなくなりました。そのおかげでよく眠れて、プライベートタイムが増えたことで、結果的に仕事にも前向きになり、パフォーマンスも向上しました」と語ります。従業員たちの体組成――除脂肪組織に対する脂肪の割合――は総合的に向上し、健康度も生産性も上昇しました。離職率は前12カ月と比べて123パーセント減少し、これによって従業員の流出による経費が130万ドル削減されたと試算されています。傷害補償の請求も減少し、賠償金は（年換算で）230万ドル削減されました。

産業界のアスリートたちの49パーセントが活力の増大を、74パーセントが眠りの質の向上を、21パーセントが生産性の向上を報告しています。12週間のプログラムの最後の30日間で、参加者たちの生産性は35パーセント上昇し、怪我の報告は1件もなく、新入社員の93パーセント以上が会社に留まりました（ベンチマークは30パーセント）。

では医療現場の介護士たちはどうでしょう？　EXOSのプログラムは、彼らにとってメリットはあるのでしょうか？　医療従事者は肉体の健康の専門家だと思われがちですが、彼らは日々、普通の人なら倒れてしまうくらいまで、肉体的にも精神的にも酷使されている人たちです。積み重なった負担は並大抵のものではありません。そこで米国がん治療センターでは1週間に3日以下しか運動をしていない介護士たちを特定し、EXOSが考案した12週間のプログラムを受けさせることにしました。

その成果は目覚ましいものでした。精神と肉体双方の活力は平均23パーセント増加し、痛みは激減しました。体脂肪と、病気による欠勤も減少しました。そのうち10人の結果を精査した第三者のコンサルタント会社は、85万ドルの経費削減につながったと試算しました。

患者を世話する能力も明らかに向上しました。婦人科の腫瘍《しゅよう》科のチーフは、「外科医には体の柔軟性が重要ですが、私は肩を怪我したことがあり、痛みのために手術を行うのが困難でした」と述べています。それが改善したのはトレーナーによるきめ細かいサポートのおかげだという彼女は「可動域が広がり、痛みが軽減しました。そのおかげで、以前よりも患者さんの世話をするのが楽になりました」と語ります。また放射線科のアシスタントはこう述べています。「生まれて初めての経験です。体の調子が整い、体力がつき、加齢による痛みが軽減しました。関節にも効いているようでとても嬉しいです※8」。

ウェグマンズ

ニューイングランドと中部大西洋沿岸地域に店舗を展開するスーパーマーケットチェーンのウェグマンズ・フード・マーケットもまた、従業員のウェルビーイングに投資することの大切さを認識した企業です。2007年、ウェグマンズの医療費は跳ね上がっていました。医療保障制度を含む会社が提供する福祉手当の中で、従業員が何を重視しているかを知るために、ウェグマンズは調査を実施しました。その結果、従業員たちが医療保障を高く評価しており、それがウェグマンズへの入社および留まることの理由になっていることが判明しました。また、現在医療保険に入れていない従業員に基本的な医療保障を提供するのには一人当たり107ドル（約1万5000円）、全体で150万ドル

（約2億1000万円）かかるものの、それが従業員にとっては3250万ドル（約45億5000万円）の価値があることもわかりました。この数字は、従業員が求める医療保険と補償の「パッケージ」とそれにかかる会社側の費用を検証することで算出されました。[※9]

店舗運営のシニア・バイス・プレジデントであるジャック・デピータースは、この数字を受けてウェグマンズが取った対応について教えてくれました。現在、ウェグマンズは生活給付金（有給休暇、育児や高齢者介護、法律相談やファイナンシャルプランニングの補助金も含む）と、血圧検査、インフルエンザの予防接種、禁煙プログラム、そして年に一度のオンラインでの健康診断といったウェルネスのためのサービスを無料で提供しています。イートウェル・リブウェル・プログラムでは食事と身体活動の習慣を変えることを奨励し、ノウ・ユア・ナンバーというイニシアチブでは血圧の数値への注意を促しています。また、薬剤師や管理栄養士によるコーチングや指導、オンサイトのヨガ、ウエイトウォッチャーズ・アット・ワーク（職場向け団体ミーティング）、ジムの会員権の割引、そして従業員とその伴侶への無料の禁煙プログラムなども提供しています。2008年には、ウェグマンズは店舗での煙草の販売を停止しました。

2008年から2013年の間に取られたデータでは、4万4000人のウェグマンズの従業員のうち、高血圧の人の割合は24パーセントから14パーセントに減少しました。それに伴い、肥満度指数が高い従業員の割合も同様に減少しました。[※10]同じ期間で、健康的な体重の従業員の割合は29パーセントから40パーセントに上昇し、肥満と診断された人の割合は32パーセントから25パーセントに減少しました。[※11]

ウェグマンズはさらに一歩踏み込んで、自分たちの属するコミュニティ全体のウェルビーイングに投資することにしました。その積極的な姿勢ゆえに業界内で大使と称されるＣＥＯのダニー・ウェグマンは、肥満や糖尿病、そしてそれに関連する社会問題と積極的に戦うことを業界全体に呼びかけました。マーク・バーステーゲン同様、彼は社会がこうした問題に負け続けていると考え、ウェグマンズがその解決策を提供する存在になろうとしたのです。

地域の人々にもっとアクティブになってもらうための試みの一環として、ウェグマンズは「ファミリーウェルネス」というプログラムのパスポートを発行することにしました。市がスポンサーのレクリエーションおよびフィットネスのプログラム、そして自然公園管理団体と提携して、地元のネイチャー・トレイルを散策したい家族にポケットサイズの「パスポート」を配布したのです。そこには見やすい地図と、フィットネスのヒント、そして散策したトレイルに応じてご褒美《ほうび》がもらえるシステムが盛り込まれています。

例えばニューヨーク州のジェネシー・バレー・グリーンウェイ（ＧＶＧ）の場合、ウェグマンズのパスポートには２～７・５マイル（約３・２～12キロメートル）の長さの14本の散策道の地図が掲載されています。それぞれの散策道のどこか一カ所にはマーカーつきのポストが設置されており、参加者はその場に行ったという証拠に、パスポートマークを記載するのです。６本の散策道を制覇すれば、ウェグマンズの商品と交換できるクーポン券が、さらに10本の散策道を制覇すれば、１年間ニューヨーク州の全ての州立公園へ行くための車両が無料で提供されるエンパイア・パスポートがもらえます。[※12] 別のコミュニティでは、６本の散策道を制覇したパスポートを店舗に持っていくと、ファミリーウェルネス・Tシャツがもらえます。ウェグマンズは、コミュニティの運動場作りへの貢献や、青少年スポーツに資金提供をしています。

従業員、そしてコミュニティの身体的なウェルビーイングへのこうしたコミットメントのおかげもあり、ウェグマンズは『フォーチュン』誌の「働きがいのある会社ベスト100」に23年間連続でランクインし、2020年には第3位を獲得しました。※13 時間給の従業員が大半を占める地方のスーパーマーケットがこのリストに名を連ねるのは、きわめて稀《まれ》なことです。また、調査会社ハリス・ポールによる2019年の企業評価指数の調査では、ウェグマンズは認知度の高い100社の中で1位に輝きました。

ウェグマンズはこれまで幾度となくメディアで好意的に取り上げられ、大勢のファンがより健康になるためにパスポートを始め、様々なプログラムを利用しています。全国のスーパーマーケットを対象にした顧客満足度ランキングでは、常に上位にランクインしています。※14

ウェグマンズの取締役会長だったロバート・ウェグマンの口癖は「従業員のニーズをまず満たさないことには、顧客を満足させることはできない」※15 というものでした。マリオットやサウスウエスト航空のカルチャーにも見られたその哲学は、従業員の満足度と愛社精神へと形を変えます。そしてその従業員たちが顧客を満足させ、ウェグマンズへの愛を高めるのです。

エクササイズ：心と体に効く万能療法

ＥＸＯＳの仕事は全てが「人々を解放すること」を目指しています。戦略担当シニア・バイス・プレジデントのアリソン・シュープは、「その人を押さえつけているものが何かを明らかにすれば、最善の自分になって全力で仕事に取り組めます」と言います。従業員のためにＥＸＯＳのプログラムを導入してきた数多くの企業を見てもわかるように、エクササイズは最善の自分を引き出すのに役立ちます。このことは、私とトニー・シュワルツが様々な業界や組織の２万人の従業員を対象に行った調査を始め、いくつもの調査で繰り返し証明されています。

エクササイズは脳を活性化させ、ストレスと、[※16]ストレスに起因する疾患の緩和に大いに役立ちます。[※17]定期的なエクササイズは神経系統をよりバランスの取れた状態に導き、「闘争・逃避反応」（動物が示す恐怖への反応）を起こりにくくします。[※18]エクササイズは即応力、集中力、認知能力を高めるので、学習能力も向上します。定期的なエクササイズは、記憶力、論理的思考、注意力、問題解決能力、さらには流動性知能（新しい情報を獲得し、それをスピーディーに処理・加工・操作する能力）の向上にもつながります。[※19]

エクササイズは幸福感を増大させます。[※20]定期的にエクササイズを続ければ、その成果を自らへのご褒美と捉えるようになり、憂鬱な気分が和らいで喜びが広がります。私たちの筋肉は薬局のようなもので、私たちがエクササイズに取り組むと「希望の分子」（マイオカイン）を分泌するのです。[※21]『スタンフォード式人生を変える運動の科学』（大和書房）の著者で心理学者のケリー・マクゴニガルは、定期的なエクササイズをルーティンとして取り入れることで、力強い内的な変化が起こると考えています。「自らに関する凝り固まった考えも、肉体による直接的な経験によって揺らぐことがあります。新しいセンセーションが古い記憶や物語を凌駕《りょうが》するのです※22」と彼女は言います。

エクササイズをすると、目標を達成した、障害を乗り越えた、壁だと思っていたものを壊したなどと自分自身に(そして周囲に)宣言できるので、自信のなさが消え去ります。

マクゴニガルは、体を動かすことで勇気が育まれるとしています。それは本音を徹底的に告げたり、自分の考えを共有するリスクを取ったり、大胆な目標を設定したりといった行為につながり、コミュニティにも恩恵をもたらします。「炎の中を歩む」「重荷を背負う」など、勇敢さを表す言い回しに、体を動かすものが多いのも不思議ではありません。私たちは戦士です。週末だけの、またはパートタイムの戦士かもしれませんが、シューズの紐《ひも》を結んだ瞬間に、私たちの言葉や考え方は体と共に変わり始め、なりたい自分へとつながる道の上に立つのです。マクゴニガルはそれをこう表現しています。「精神は本能的に、肉体の動きの意味を理解します。実際に丘を登ったり、重荷を背負うために力を合わせたりすることで、自分の中にある力を認識することができます」。

私はこのことを、身をもって知っています。仕事や私生活で嫌なことがあり、自分が小さく縮こまってしまっていると感じるとき、私を救ってくれるのはエクササイズです。それが立ち直るための第一歩であり、穴から自分を引っ張り出す手段なのです。エクササイズを通じて感じるささやかな勝利は、私という人間の一部になり、他の場面でも力を与えてくれるのです。

自信は、瞬間ごとの体の動きによって形作られます。ウエイトを持ち上げていると強い気分になり、走っていると力が湧いてきます。ヨガやピラティスは、調和やセルフケアの感覚を引き出します。尻込みしていたエクササイズのクラスに行く勇気を奮い起こすことは、恐怖心を乗り越える一つの手段です。こうした行動が全て、自分を表現する言葉になります。覇気がなく、無力感に取り憑《つ》かれ、不安定で、怯《おび》えていた自分から、強くて、自分をコントロールでき、安定して、集中力があって、勇敢な自分になるのです。「体を使って何かを成し遂げることで、自分や自分の能力への見方が変わります。その効果は決して侮《あなど》れません」とマクゴニガルは記しています。体調が良いと、仕事への取り組み方が変わるのもそのためです。アクティブな体は、自分の存在意義を感じるのに一役買うのです。[※23]

ＥＸＯＳの現ＣＥＯであるサラ・ロブ・オヘイガンは、ナイキの役員、エキノックスの社長、そしてフライウィール・スポーツのＣＥＯを歴任して、フィットネス関連のキャリアを築いてきました。エクササイズこそ肉体と精神双方のフィットネスの鍵であるとする彼女の考えは、マクゴニガルのアプローチと共通します。著書『Extreme You』では、身体的に自分を駆り立てることで、より高い目標を設定できると説いています。彼女が開発した６週間のプログラムは、フィットネスチャレンジ、栄養指導、自己啓発のコーチングを組み合わせ、身体的なフィットネスと精神的な強さの間にある結びつきを活用することを目的としています。

彼女は、目の前のチャレンジに圧倒されそうになったら、まずは身体的な面から始めることを勧めています。チャレンジの大小にかかわらず、ひとたびそれを選び、周囲に宣言すれば、それはほぼ達成でき、「魔法の活力が勢いよく背中を押してくれる」のを感じるはずです。「身体面の目標を達成することで、他のチャレンジに適用できる活力が湧いてくる」[※24]のです。

体を動かすと、誰かと一緒にいることの喜びがわいてきて、関係性も深まります。エンドルフィンは人を良い気分にさせるだけでなく、絆や人間関係を深めるのにも貢献するのです。[※25] ある研究では、一緒にエクササイズをした夫婦は、2人とも相手からの愛情やサポートを感じ、親密度が増したと答えたそうです。[※26] 別の研究では、エクササイズをした人は、その日ずっと友人や家族とポジティブに関われたと答えています。[※27]

燃料：コミュニティの栄養

食物は私たちの体と脳の燃料となります。健康的な食生活はウェルビーイングを向上させ、より健康で生産的な労働力へとつながります。しかし正しい食生活を実践するには、食物に関する選択を日々200以上下さなくてはならず、その多くは間違っています。だからこそ私たちが購入する食べ物の60パーセントは加工、糖分、脂肪、塩が過多なのです。[※28]

その結果、アメリカは今、肥満という深刻な問題に直面しています。米国疾病予防管理センターの2017〜2018年のデータによれば、この数十年で肥満率は42パーセントへと急上昇しています。肥満は、それを原因とする疾患がアメリカ企業に2250億ドルの負担を生じさせるだけでなく、早期死亡の主な要因にもなっています。

従業員により良い選択を促すために、グーグルのフードチームは健康的なスナック類の提供を始めました。そしてあまり健康的とは言えない——でも従業員みんなが大好きな—— M&M'S®（アメリカのチョコレートブランドの一つ）に関しては、巨大な容器から4オンス（約113グラム）入るカップに自由に入れられるようになっていたそれまでのスタイルから、より少量を個別包装にすることにしました。

それにより、1回の提供量は平均で58パーセント減少し、カロリーも３０８から１３０キロカロリーに減りました。また、クッキーやクラッカーなどのスナック類をドリンクバーから遠いところに置いたほうが、コーヒーを取りに来た人がスナック類を手に取ることが減るということもわかりました。

１０００人以上の従業員を対象にした調査では、ドリンクバーとスナック類との距離が６・５フィート（約2メートル）のときに人々がスナック類を手に取る確率は、17・５フィート（約５・３メートル）のときと比べて50パーセント上昇しました。これは男性の場合、年間1ポンド（約４５４グラム）の脂肪の増加につながりました。[※29]

グーグルはまたビュッフェの野菜コーナーの隣に、「今日の野菜」（カリフラワーや芽キャベツやビーツなど不人気な野菜）の豆知識を記したカラフルなポスターを掲示しました。その結果、その野菜を試す従業員の数は74パーセント、皿に取る量も64パーセント増加しました。

全ての職場に、健康的な食事を無料で提供する余裕があるわけではありません。シュワルツと私が調査した2万人以上の従業員のうち、職場で健康的な食べ物やスナック類が提供されていると答えたのはたった21パーセントでした。

しかし、従業員にもっと健康的な選択を促すために、会社ができることは他にもいろいろあります。第1章に登場したマーク・ハイマン博士は、社内の自動販売機で売る食べ物をより健康的なものにするよう企業に勧めています。キャンディの代わりに果物やナッツ、ソーダ類の代わりにフレーバーウォーターを、といった具合です。[※30]

食事を共にする：消防士方式

グーグルを始め多くの企業には、従業員が無料または割安で食事ができる社員食堂があります。こうした共用の食事スペースを提供する主な理由は、健康的な食事習慣の促進と、外に食べにいく時間を削減することによる生産性の向上です。それ以外に、従業員が食事を共にすることで仲間意識が高まり、仕事での協力態勢の強化につながるということも挙げられます。「一緒に料理をする」はトレガーの5つのバリューの1つでもあり、従業員たちは月曜日から金曜日にかけてこれを実践しています。

食事を共にすることが長年の伝統になっている場所の一つが消防署です。消防士たちのカルチャーで特徴的なのが、一緒に食事や料理をしたりすることです。というのも、消防士たちは通常10時間、12時間、14時間といったシフトで勤務し、食事のために外に出ることはできません。もちろん、自宅からお弁当を持ってきたり、デリバリーを頼んだりという選択肢はありますが、共に食事の準備をして食べるという行為は彼らの中に根付いており、参加するのが当然になっています。

消防署には普通、冷蔵庫やガスレンジやシンクなどの調理施設が備えられています。しかし食べ物は置いていないので、消防士たちはお金を出し合って食材を買い、メニューを決め、調理をし、後片付けを一緒にします。彼らの和気藹々《わきあいあい》とした食事風景は世間にもよく知られています。コーネル大学の研究者で、論文「Eating Together at the Firehouse（消防署で食事を共にする）」の筆頭著者であるケヴィン・ニフィンは、消防士の息子という立場から、食事を共にするというこのカルチャーが仕事のパフォーマンスに影響するのかどうかを調べたいと考えました[※31]。

調査の一環として、彼はアメリカの大都市にある13の消防署を訪ね、消防士とその上官たちにインタビューを実施しました。その中で、一緒に料理や食事をする理由として、経費や時間の削減を挙げた人は一人もいませんでした。代わりに、彼らは食事を共にすることで家族のような感情が生まれ、それはチームを有効に機能させるためには必要不可欠だと答えました。彼らは、一つのテーブルを囲んで同じものを食べることで、団結や信頼が生まれると考えていたのです。

彼らがしばしば直面する危険な状況下においては、お互いへの思いやりと信頼は、時に生死を分ける要因となります。彼らは、この共同体的なカルチャーがより多くの命を救うことにも貢献していると言います。

消防士一家の出身であるボブという消防士が、それをよく表しているエピソードを話してくれました。ある日、彼と一緒に昼食を食べていた同僚のドミニクがこう言ったそうです。「意外に思うだろうけど、俺は子供の頃、そして今でも時々、高いところが怖いんだ」「高いところが怖い？」。ボブは言いました。「本当に？」。消防士で高いところが怖いなんて、ボブには思いもよらないことでした。

その4時間後に出動要請が入ったとき、ボブはドミニクに関する新情報を踏まえて、チームメンバーの配置を決めました。かなりの高さまでよじ登る任務からは外し、ドミニクがより有効に活躍でき

る役割を与えたのです。その甲斐あって、チームは見事に（そして安全に）火を消し止めました。[※32]
395人の上官を対象とした追加調査は、消防士が食事を共にすることが正しいことを裏付けました。実際、食事を共にすることとチームのパフォーマンスには、相関関係があったのです。上官たちは、食事を共にしているチームの協力行動は、そうでないチームに比べて、約2倍優れていると評価しました。[※33] 食事を共にするメリットは、お金を集める、買い物をする、メニューを考える、調理をする、後片付けをするといった他の共同作業によって強化され、仕事のパフォーマンス向上へとつながっていたのです。[※34]「一緒に食事をすることは、一緒にエクセルのスプレッドシートを見るよりも親密な行為です。その親密さは仕事に反映されます」と、この論文の著者であるケヴィン・ニフィンは言います。「これはある種、社会の糊《のり》なのです[※35]」。

この研究結果は、会社が従業員のための食堂に投資することの重要性を示唆しています。それでも、2万人の従業員を対象にしたトニー・シュワルツと私の調査では、上司がデスクから離れて昼食を食べにいくことを推奨してくれると答えたのは、たった23パーセントでした。社員食堂や割安の食事を提供する余裕――またはそうした試みへの経営陣のサポート――がない組織でも、食事を通じて従業員の団結を高めることはできます。マネージャーがチームに呼びかけて、会議室でテイクアウト料理のランチ会や、近所のレストランでのブレイン・ストーミングなどを開くのもいいでしょう。または職場を離れたミーティングの場で、チームメンバーに手の込んだ料理を一緒に作らせることで、普段とは違う環境での共同作業を実現できます。

私自身、初めてそうしたイベントに参加させてもらったときのことは鮮明に覚えています。15年以上前になりますが、私はミシガン大学のロス・スクール・オブ・ビジネスで開かれたポジティブ・オーガニゼーション・スカラシップに参加しました。日中は素晴らしいプレゼンテーションを聞いたり、（第4章で登場した）ジンガーマンズのケータリングによる美味しいランチを食べたり、少人数での活発な討論に参加したりしました。

しかしなんといっても忘れられないのは、夜のイベントでした。ミシガン大学のイベントではお馴染みの、難易度の高いアクティビティが用意されたのです。私たちは3つのグループに分けられ、それぞれがアナーバーにある3人の教授たちの自宅のどちらかに出向いて、そこで料理をするよう指示されました。私たちのチームは暗い森を抜けて、納屋を改装した美しく温かい雰囲気の家宅に向かいました。到着すると、私たちはキッチンに案内され、豊富な食材を好きに使ってメニューを考えることになりました。

キッチンカウンターには色とりどりの新鮮な野菜、果物、山盛りのレタスがずらりと並び、農家風のダイニングテーブルにはジャガイモ、パスタ、トルティーヤ、そしてオリーブオイルや小麦粉、バターといった食材がのっていました。私たちはメニューを考えながら、それぞれが自分の能力に合った役割に名乗りを上げていきました。料理はまったくダメだから後片付けを担当すると冗談交じりに言う人もいれば、自分の好きな料理をアレンジしたものを作ってみると提案してくれる人たちもいました。メニューは迅速に決まり、そこから私たちは担当を決め、作業の時間配分をしました。

そんな話し合いを進めるうちに、何人かがもう数カ月、さらには何年も料理をしていないと告白しました。そしてそれをきっかけに、自らの研究者としての野心が私たちにとっていかにプレッシャーになっているかが浮き彫りになってきたのです。私たちはいつも時間に追われていて、大学の終身雇用資格を得るために役立つこと以外は一切やらない傾向にありました。それゆえに買い物や料理、そして時には食事をすることすら負担になっていたのです。

それはまるでグループセラピーのようでした。良かったのは、みんなが互いに同情し合うだけではなく、試練に対処するための自分なりの方法を共有できたことです。私が尊敬する仲間や先輩たちであり、その分野では一流の人たちが、私と同じような不安を抱いていることを打ち明けてくれたのです。行き詰まったり、無力感に襲われたりすることがあるのは自分だけではないと知ることができたのは、私にとって何物にも代えがたい経験でした。

チームとしてディナーの準備をすることで、私たちは思いもよらない形で腹を割ることができました。仕事上の不安や希望をさらけ出すことができたのです。キャンドルの明かりの中、ソテーした野菜を添えたパスタや美味しいサラダを堪能しながら、私たちは自分が将来どうなりたいか、仕事を通してどんな貢献をしたいかなどをとことん話し合いました。食事が終わると、私たちは自作のチョコレートケーキを包んで森を散策し、そこで他のチームと合流して、各チームが作ったデザートをお互いに振る舞いました。その夜は全ての瞬間が私たちの絆を強め、関係を深めてくれるように思えました。

年月を経た今でも、知り合ったばかりの人たちと懐中電灯を持って、見知らぬ森を歩いたあの頃のことは瞬時に蘇《よみがえ》ります。あのときの私はこの先に何があるのかわかりませんでしたが、一つ確かなことがありました。それは、自分が仕事上のコミュニティを見つけたということです。

その他のナッジ

◎歩きながら仕事をする

歩きながらのミーティングは、従業員たちの運動量を増やすと同時に、慢性的な孤独感の軽減にも役立ちます。人が一日に座っている時間は、合計で９・３時間になります。[※36] 数多くの雑誌で指摘されているように、座りっぱなしは喫煙と同じくらい健康を蝕《むしば》みます。１対１の歩きながらのミーティングを設ければ、従業員は立ってオフィスから外に出て、体を動かします。また楽しい時間を共有することで関係も深まります。

しかもその効果は、健康や仲間意識に留まりません。ある調査では、人は歩いているとき、通常より60パーセントもクリエイティブになるとされており、クリエイティブの蜜はその後も溢れ続けます。[※37] デザイン会社のＮＢＢＪでは、決まった議題の従来の着席ミーティングを廃止し、決まった「道程」の「ミーティング散歩」を取り入れました。[※38]

屋外、またはオフィス内を歩きながらのミーティングを従業員に奨励しましょう。立ったまま使用するデスクを設置するのも一案です。

◎フィットネス用の空間を作る

たとえ社内に本格的なジムがなくても、会議室の隅にランニングマシンやストレッチ、重量挙げ、ヨガやピラティスができるスペースを作ることはできます。そこにスペースがあれば、従業員は使うはずです。

◎個人トレーナーをスタッフとして雇う

これは従業員にとっては特典であり、とても喜ばれます。第6章で登場したトム・ガードナーによれば、モトリー・フールにとってこれは「従業員の生産性を上げ、健康保険費を削減し、満足度を大幅に向上させるためには好都合な解決法だった[※39]」そうです。

◎セルフケアを会社のカルチャーの一部にする

マリオットをお手本にして、従業員がウェルビーイングを周りに広めることを推奨しましょう。こうした人たちは、身体的にも精神的にも自らをケアするカルチャーを作り出すはずです。彼らは他の従業員のためにフィットネスチャレンジを企画したり、メンタルヘルスに役立つマインドフルネスや瞑想のクラスを作ったり、セルフケアという目標達成のために互いに支え合うグループに入るチャンスを提供したりするはずです。こうしたグループやクラスはウェルネスを楽しくしてくれると同時に、友情も育みます。

◎特別な一日を設ける

身体的なウェルビーイングに捧げる日を、会社として設定しましょう。2019年、ザ・ノース・

フェイスはアースデイを世界中で祝日にする試みの一環として、４月22日を従業員の休日としました。その日は本部も１１３の店舗も休業になり、従業員たちはインターネットから離れてアウトドアへ出かけたり、地元のコミュニティでボランティアをしたりするよう推奨されました。彼らは当日したことを、ザ・ノース・フェイス内部のソーシャルネットワークでシェアし、これは会社としての価値観やアウトドアライフへのコミットメントの促進に貢献しました。

アウトドアブランドのＲＥＩもまた、従業員をアウトドアに送り出すことを方針としている会社です。２０１５年以降、ＲＥＩは1年で一番のかき入れ時であるブラックフライデーの日に店を閉めることにしています。この日を「#optoutside day（外に出る日）」として、ウェルビーイングのために自然の中で過ごすことを従業員に奨励しているのです。また年に2日、半年に1回のペースで「Yay Day」を従業員に与え、「外へ出て、好きなアウトドアアクティビティを楽しむことで、英気を養う」ことを勧めています。

ＥＸＯＳの戦略的パートナーシップとインサイトのシニア・バイス・プレジデントであり、２００３年以降同社の栄養プログラムとリサーチを監修しているアマンダ・カールソン・フィリップスはこう言います。「ビジネスの世界では、まず作ってしまえば結果はついてくると言われますが、まず作って、それをあなたが使って、組織のカルチャーに組み込めば、結果は必ずついてきます」。そしてありがたいことに、「別に最高級のものでなくても、効果は十分にあります」。

あなたのチームのカルチャーにウェルビーイングを組み込むには、何をすればいいでしょう？　大切なのは習慣です。マーク・バーステーゲンの口癖である「シンプルなことがとてつもなく効く」のとおり、毎日のささやかな行為が進歩をもたらすのです。今いる場所から始めましょう。一度始めれば、勢いが生まれます。

次の章では、マーク・バーステーゲンのウェルネスとハイパフォーマンスへのアプローチにおける残り2つの柱について説明します。これらは、さらなる推進力をもたらしてくれるはずです。

第9章

リカバリー

睡眠は、
明日効率的に動くためのエネルギーへの投資である。

——トム・ラス

ジェン・フィッシャーは2001年、税務・財務のコンサルティングサービス企業のデロイトにシニア・マーケティング・コーディネーターとして入社しました。それ以降彼女は昇進を重ね、チーフ・オブ・スタッフから最高執行責任者（後にCEO）になり、やがて最高マーケティング責任者として働くようになりました。[※1] 彼女はエネルギッシュで、最高幹部たちとの仕事から学び、成長していきました。いつでもどこでも際限なく仕事をし、一日に19時間働くことも珍しくありませんでした。

そんな中でも彼女は、毎日必ずエクササイズのために時間を割くことで、自分へのケアを行っているつもりでした。マイアミ大学在籍中はサッカー選手として活躍した彼女にとって、「自分のための時間」と称するその時間は譲れないものだったのです。睡眠は3～4時間で十分だと考え、健康的な食事を心がけてはいたものの、忙しさのあまり食事を抜くことも多々ありました。「がむしゃらにやり抜く」彼女の姿勢は、しばらくは功を奏しているように見えました。しかし時を経るにつれて、この無茶なスケジュールは彼女を蝕んでいき、彼女のことを気にかけている人たちにも気づかれるようになりました[※2]。

最初は彼女の夫でした。しかし彼から異変を指摘されたとき、彼女にはそれに耳を貸す心の準備ができておらず、特に夫からは言われたくありませんでした。「配偶者からそういうことを言われるってイヤなものですよね。だから当然私は否定しました。受け入れたくなかったのです。私にとってそれは、失敗を意味しました。いつでも誰に対しても全てのことを完璧に対処したいのに、それができなかった。言い換えれば、スーパーウーマンになり損ねたということだったのです[※3]」。

しかし彼女にのしかかるプレッシャーは、職場の人間関係にも影響を及ぼし始めました。あるとき、フィッシャーの下で働いていた親しい友人がチームを去ることになりました。その際彼女は、自分が去るのはフィッシャーと一緒に働くのが大変だからだと率直かつ親切に伝えてくれました。それでもフィッシャーは、問題は自分のせいではないと思おうとしました。しかし同僚や上役、そして自分のことを真に大事に思ってくれている人たちから次々と無理をしすぎだと言われるようになり、彼女は徐々にその言葉を受け入れるようになりました。

ちょうどその頃、当時彼女の指導役だったダイアナ・オブライエンが、フィッシャーを最高マーケティング責任者に抜擢しました。しかし、フィッシャーが彼女らしさを失っていることに気づいた彼女は、新しい役職で何をすべきかと意気込んで尋ねるフィッシャーに言いました。「そうね、まずあなたがすべきことはしばらく休みを取って、ジェン・フィッシャーが今後どうなりたいかを考えることね」。最初フィッシャーは「休みなんか必要ない。新しい任務に飛び込む準備はできているのだから」と考え、抵抗しました。[※4]

それでも、オブライエンは強制的に休みを取らせ、自分のウェルビーイングについて考えるようフィッシャーに命じました。ウェルビーイングとは何を意味するのか、自分がそれを実践できているかどうか、なぜそれが重要なのか。ひとたび仕事から離れると、フィッシャーは自分がいかに疲れていたかを痛感しました。彼女は3週間、ほぼベッドから出られなくなってしまったのです。これを機に、彼女は自分の健康習慣や睡眠のルーティンのみならず、人生の方向性全体を見直すようになりました。[※5]

仕事に復帰する際も、彼女は数カ月かけて徐々に仕事を再開しました。それは人生と仕事に再び向き合うためのリカバリー期間であり、彼女はこのときに、自分にとって何が大切か、どんな人間になりたいのかを考え続けました。彼女は、それまでウェルビーイングの意味をあまりにも狭く捉えていました。「私は休むことなく働きながら、毎日の運動を欠かさなければ大丈夫と思い込んでいました。でも実際は、睡眠やリカバリー、人とのつながりといった、人生における大切な要素を全て無視していたんです。ウェルビーイングは身体面だけではなく、メンタル面や感情面にも関わるものなのです[※6]」。ジムでの時間ももちろん必要ですが、休んだり、考え事をしたり、読書をしたり、瞑想をしたり、ソファでのんびりしたりする時間も同様に必要です。そして自分に必要なものが何かがわかってくるにつれ、彼女は他の人たちにもそれに気づいてほしいと思うようになっていきました。「どんなに仕事に情熱を燃やしていても、休息とリカバリーのための時間を取らなければ燃え尽き症候群に陥ってしまうのです[※7]」。

結局のところ、燃え尽き症候群は彼女を変えました。彼女は、燃え尽き症候群は成功のために払わなければならない代償ではないこと、より有意義な人生を送るためには「忙しさのバッジ」を外さなくてはいけないことに気づいたのです[※8]。やがて彼女の中で、このメッセージを他の人たちにも伝えたいという気持ちが膨らんでいきます。それが自分にとっていかに意義があることかに気づき、その道のコーチのようなものになろうと考えたのです。

しかしデロイトにはそうした役職がないことから、彼女は退社を決意しました。そしてダイアナ・オブライエンに、新しい夢を追いかけるために会社を辞めると告げると、オブライエンの返事は意外なものでした。「あなたにそれが必要なら、他の人にも必要なんじゃない？」。彼女は言いました。

「辞めるなんてダメよ。その役職がないなら作ればいいのよ」。

オブライエンはフィッシャーに、なぜウェルビーイングがデロイトというコミュニティのパフォーマンスと収益にとって重要なのかを文書にまとめ、経営陣にプレゼンするよう進言しました。フィッシャーがそのとおりにしたところ、2015年6月、デロイトの経営陣は彼女を最高ウェルビーイング責任者に任命しました。

新しい役職に就いたフィッシャーの第一歩は、包括的なウェルビーイングのための戦略を立てることでした。それは、アプリやツール、プログラム開発に資金をつぎ込むことではなく、カルチャーを変えることでした。職場の日常の中に、変化を組み込まなくてはいけないのです。デロイトの従業員たちに何が必要かを把握するために彼らと向き合った彼女は、ウェルビーイングには全ての人にフィットする「フリーサイズ」はないことに気づきました。それを踏まえて彼女が開発したのが、デロイトのウェルネスプログラム「エンパワード・ウェルビーイング」です。これが目指すのは、成功の定義を広げ、仕事のパフォーマンスや収益のみならず個人のウェルビーイングも内包することでした。「従業員のウェルビーイングをサポートしなければ、彼らの潜在能力を最適な形で生かすことはできません」とフィッシャーは言います。「プロフェッショナルサービスを提供する企業として、デロイトが取り組む複雑な問題に対処するには、従業員が１００パーセントの能力を発揮する必要があるのです」[※9]。

エンパワード・ウェルビーイングは、メンタルや気持ちの健康、個人的なパーパス、そして財政的なウェルビーイングなど多面的に取り組みます。デロイトは現在、仕事上の柔軟なオプション、長期有給休暇の選択肢、マインドフルネスのための瞑想、ヨガ、ミーティングの途中でのストレッチ、従業員が電子機器から解放される「ウェルビーイングの日」、そして栄養やストレス管理やテクノロジーがウェルビーイングに及ぼす影響などに関する講座を提供しています。

フィッシャーが特に誇りに思っているのは、他の企業のウェルビーイング・プログラムにはほとんど見られない、メンタルヘルスへの取り組みです。このプログラムでは、睡眠と休息をパフォーマンスの促進剤と捉えて重視しています[※10]。また、１年の最後の１週間に従業員全員が電子機器から離れる「コレクティブ・ディスコネクト」といったプログラムもあります。従業員には年間を通じて有給休暇が与えられていますが、それとは別にコレクティブ・ディスコネクトがあることで、休息とリカバリーの両方に専念できるのです。

新しい役職に就いて1年も経たない2016年5月、フィッシャーは胸にしこりがあることに気づきました。その数日後、乳がんが発見され、フィッシャーは打ちのめされます。彼女は健康でしたし、家族でがんになった人もいませんでした。せっかくデロイトというコミュニティのために有意義で必要な仕事を始めたというのに、彼女は死を覚悟し、これ以上仕事を続けることはできないと決意しました。しかし、上司であり元チーフ・オブ・タレントのマイク・プレストンに電話で病気のことを打ち明け、最高ウェルビーイング責任者は健康でなくてはならないので一線を退きたいと告げたとき、彼女に決定的な瞬間が訪れます。

彼女の話を聞いた彼は1時間にも感じられるくらい黙り込みました。彼はとても思慮深く、優しく、思いやりのある人です。その彼がこう言ったのです。「ジェン、きみみたいな賢い人が、そんなバカなことを言うなんて信じられないよ」。彼はこう続けました。「きみなら必ず乗り越えられる。そしてこれを乗り越えた後のきみは、これまでとは違った形でウェルビーイングについて語れるようになる。自らがウェルビーイングで苦しんだことがない人間が、ステージに上がって健康やウェルビーイングの大切さについて語るのと、メンタル面にしろ身体面にしろ健康問題で苦しんだ人が自分の体験を語るのとでは説得力がまったく違うよ」。

フィッシャーは言います。「目から鱗《うろこ》が落ちる思いでした。私のがんとの向き合い方も変わりました。私は電話を切り、『やってやる』と腹を決めたんです」。

彼女の上司は希望だけでなく、新しい目的も彼女に与えてくれました。彼女は、がんと闘うだけでなく、この経験を利用して、自らをケアすることの大切さを人々に教えようと決意したのです。仕事に情熱を燃やす彼女は、治療期間中もなるべく普通の生活を送るため、そして自分の経験がデロイトというコミュニティにとっても有意義だと判断して、会社に残ることにしました。しかし、仕事への向き合い方はより柔軟になりました。リカバリーを一番の優先事項として、睡眠時間を増やし、毎日必ず休憩時間を取るようにしたのです。また、昼寝のときは邪魔しないでほしいなど、自分の要求をはっきりと周りに示しました。そうやって明確な線引きをすることで、周囲もそれを尊重してくれました。

フィッシャーは、8カ月に及ぶ2回の手術、化学療法、そして放射線治療を見事乗り越えました。そして彼女自身も、デロイトが2016年9月に導入したプログラムの恩恵を受けました。それは、子供が生まれたばかりの従業員や老齢の両親、または病気の家族の世話をしなくてはならない従業員に16週間の有給休暇を与える有給家族休暇制度でした。フィッシャーの夫もデロイトの従業員だったことから、妻のサポートをするために有給休暇を取得することができたのです。[※11]

闘病経験を経て、フィッシャーはウェルビーイング、特にリカバリーへの理解を深めました。健康を取り戻した後、彼女は治療期間中に続けていた健康的な習慣を一部やめてしまっていました。病気が治った後も堂々とそれを続けることは、自分勝手ではないかという気がしていたからです。しかし熟考の末、彼女はこう自問しました。「病気のときには自分を労っていいのに、健康になったらダメな理由なんてある？」。そしてそれこそ、現在彼女がデロイトの従業員たちに伝えているメッセージの一つです。病気でなくても、日常生活に休息とリカバリーのための時間を組み込んで構わないのです。

幸いにもフィッシャーには、燃え尽き症候群を指摘してくれる先輩や仲間がいました。「ストレスは、仕事や人生にはつきものです」と彼女は言います。「だからと言って、それを蔓延《まんえん》させる必要はありません。組織は、燃え尽き症候群を防ぐためにもっと積極的な役割を果たすべきです」[※12]。フィッシャーによれば、会社が積極的に従業員をサポートすれば「彼らの仕事への向き合い方にも、生産性にも、クライアントにも変化が現れます。そしてそれは積み重なり、私たちの心身の状態を左右するのです」[※13]。

この章では、なぜ企業が健康とウェルビーイングを重視すべきなのかを、人道的な観点からだけでなく、それがいかに収益を左右するかの観点からも探っていきます。ジェン・フィッシャーが、自分へのケアを怠《おこた》ることは自らを傷つけることであると学んだように、企業はその傷がやがてコミュニティ全体を蝕み、マイナスの影響が波及的に広がっていくことを知るべきです。

リカバリーは、私たちのウェルビーイングと有用性にとって非常に重要です。ここから先は、リーダーやマネージャーが職場でリカバリーを促進するための、実践的な提案をしていきます。マーク・バーステーゲンが言うように、リカバリーはバランスです。ストレスは日々体や心にのしかかってくるので、リカバリーも日課として実践されるべきです。リカバリーのルーティンを絶えず行うことでストレスへの耐性が育まれ、倒れてもすぐに復活できるようになります。

睡眠は健康の鍵

まずは健康の基本とも言える、あるものの話をしましょう。あなたは、最後に目覚まし時計なしで起きたのはいつか思い出せますか？　カフェインの刺激に頼らずに、スッキリと目覚めたのはいつでしたか？

成人は一晩に7～9時間の睡眠を取ることが推奨されていますが、先進国の成人の3分の2はこれを取れていません。「健康に関する話題の中で、睡眠はある意味ネグレクトされた義姉妹のような存在になっています」。そう語るのは、カリフォルニア州立大学バークレー校の神経科学および心理学の教授で、人間睡眠科学センターのディレクター、そしてベストセラーとなった『睡眠こそ最強の解決策である』（SBクリエイティブ）の著者マシュー・P・ウォーカー博士です。「健康に欠かせない要素として、食生活や運動についてはよく語られます。それにひきかえ睡眠は、健康のための柱の3番手と見なされてきたような気がします。でも実際は、睡眠こそが他の2つを支える基盤となるものだと思うのです[※14]」。

もし睡眠が健康の基盤であるなら、その基盤を強化するためにすべきことは山ほどあります。1910年、アメリカの成人の一晩の平均睡眠時間は8・25時間でした。現在、その数値は6・75時間となっています。さらに規模を広げた調査によれば、アメリカ人の29・9パーセントの一晩の睡眠時間はそれを下回る6時間以下であるとされています[※15]。韓国、フィンランド、スウェーデン、イギリスでの調査結果でも同じような数値が出ています[※16]。「睡眠のエピデミック」は世界的なものなのです。そしてその影響は幅広く、壊滅的です。

先進国における主な疾患――アルツハイマー病、がん、心血管疾患、心臓発作、糖尿病など――は全て睡眠不足と関係しています[※17]。つまり、コミュニティの健康に睡眠は欠かせないのです。

睡眠は企業の収益も大きく左右します。ハーバード大学医学大学院のロナルド・ケスラー博士が実施した調査では、睡眠不足による生産性の低下により、アメリカの企業には年間632億ドルの損失が生じているとされています[※18]。このエピデミックに関するランド研究所のレポートは、アメリカ、イギリス、ドイツ、日本、カナダの5カ国で、睡眠不足により年間で最大6800億ドルが失われているとしています[※19]。

睡眠の量と質の低下は、仕事へのやりがいの欠如[※20]、モチベーションの低下[※21]、機能性の削減[※22]、革新的な思考の減少[※23]、作業成果の衰え[※24]などとも関連づけられてきました。また睡眠不足は、安全管理上の落ち度や仕事中の怪我の原因にもなります[※25]。睡眠の不足や浅さは、欠勤[※26]や勤務中のネット使用[※27]、無礼な言動などの職場での態度の悪さ[※28]、さらには不道徳な行いまで引き起こします[※29]。

一晩の平均睡眠時間が6時間以下だと、死亡リスクが13パーセント上昇します[※30]。その一因として、睡眠不足による免疫系の働きの低下が挙げられます。ある実験で、被験者の一晩の睡眠を4時間に制限したところ、(免疫系の秘密諜報員のような存在で、病気の初期の兆候を感知し、攻撃してくれる)免疫系のナチュラルキラー細胞の活動に70パーセントの低下が見られました。ウォーカー博士はこれを「憂慮すべき免疫不全の状態」としています。

それを踏まえると、睡眠時間の短さが大腸がん、前立腺がん、そして乳がんなど様々ながんに結びつくのも説明がつきます。実際、睡眠不足とがんとの関連性は高く、世界保健機関(WHO)はあらゆる形態の夜間勤務を「発がん性あり」と分類しています[※31]。「真実は単純です。睡眠時間が短いほど、寿命も短くなります。睡眠不足はあらゆる死因と結びつくのです[※32]」とウォーカー博士は言います。

さらに恐ろしい事実があります。加齢による記憶力の低下は、年齢を重ねると共に睡眠時間が減ることと関係しているかもしれないのです。実際、睡眠の質と量の低下が認知症やアルツハイマー病の一因であることを示す調査結果もあります。

逆に救いとなる事実もあります。適切な睡眠は認知機能を高めるというものです。睡眠とはリフレクション（内省）に他ならないとウォーカー博士は言います。睡眠は、記憶すべき新鮮な事柄と忘れてもいい事柄を区別するのに役立ちます。端的に言うと、心の中の貯蔵スペースを掃除して、必要なものを入れるためのスペースを作ってくれるのです。このように、睡眠は様々な形で私たちの生存確率を高めてくれます。[※33]

コミュニティを結びつける睡眠

コミュニティという観点から見ると特に興味深いのが、睡眠が社会的つながりの形成に不可欠であるという点です。ウォーカー博士とエティ・ベン・サイモンは、睡眠の量が様々に異なる1350人を対象に、ある実験を行いました。参加者をｆＭＲＩスキャナーに入れて、人が自分に向かって歩いてくる映像を見せ、その際の脳の活動を調べたのです。

十分に睡眠を取ってきた人の場合、近づいてくる人の姿を見ると「心の理論」と呼ばれる神経網の働きが活発になりました。心の理論の神経網は、相手の精神状態を理解するのに役立ち、それは他人と絆を結ぶ能力の基盤となります。したがって、この領域の細胞が活性化するのは、向社会的な反応なのです。睡眠が足りていない人が同じ映像を見ると、向社会的な神経網は、向かってくる相手に対して危険信号を発する別の神経網によって閉ざされてしまいます。

ここからわかるのは、睡眠不足だと他人とうまく関わることができなくなり、それは仕事（そして人生におけるその他の様々な領域）での共同作業や協力関係をも左右するということです。この実験によって明らかになったのは、どれだけよく眠れたかが、翌日の社交性に影響するということです。「一晩ぐっすり寝ただけで、自信を持って人と積極的に関われるようになります。すると、周囲も自ずと近寄ってくるのです[※34]」とウォーカー博士は言います。

睡眠が足りないと、コミュニティの仲間とつながる能力は大幅に制限されます。「人間は社会的な生物です」「しかし睡眠不足は、人を社会と乖離《かいり》させます[※35]」。さらにウォーカー博士はこう付け加えます。「人間は一人で生きるようにはできていません。生物学的にも心理学的にも、睡眠は私たちをつなげる糊のような役割を果たします。皮肉なことに、睡眠は往々にして、人を社会活動から遠ざけるものと捉えられます。しかし真実はその逆です。睡眠は私たちを、友人や同僚やパートナー、さらには赤の他人といった社会的集団と結びつけてくれるものなのです[※36]」。

睡眠が足りないと、人は自らの気分や感情を制御できなくなり、それはコミュニティ全体を蝕みます[※37]。睡眠不足はフラストレーション、焦燥感、敵意、不安を煽《あお》ります。また、リーダーと部下の関係も悪化させ[※38]、互いに相手を助けようとしなくなります[※39]。

しかし悲観的になることはありません。睡眠というのは治療可能であり、心がけ次第で向上させられるものなのです。ウォーカー博士を始め数々の専門家たち曰く、睡眠こそ脳と肉体を毎日リセットするために私たちができる、最も効果的な手段です。質の良い睡眠習慣を育むための方法は書籍、雑誌や新聞の健康コラム、健康関連のウェブサイト、医師や心理学者のオフィスなどからいくらでも入手できます。この章でも、従業員たちに質の良い睡眠習慣を習得させるために雇用主に何ができるかをご紹介します。

労働時間を減らして業績を上げる

労働時間を短縮すれば従業員の幸福感と生産性は向上することが、数々の調査で明らかにされています。経済協力開発機構（ＯＥＣＤ）の統計でも、労働時間が長い国の1時間ごとの生産性とＧＤＰは、往々にして低いスコアを記録しています。

トニー・シュワルツと私が2万人の従業員を対象に実施した調査でも、同様の結果が出ています。私たちは、労働時間が長いほど、従業員の体調もパフォーマンスも悪化することを発見しました。それに対して、1週間の労働時間が40時間ないしそれ以下の従業員の仕事への集中力、エンゲージメント、充実感、ポジティブなエネルギーは最高レベルでした。

また、1回1回の休憩が、パフォーマンスを前向きに後押しすることもわかりました。およそ90分ごとに休憩を取っている従業員の集中力は、一日を通して30パーセント高かったのです。加えて、休暇も生産性を向上させます。より多く休暇が取れると、より集中して熱心に仕事に取り組めるようになるのです。

会計事務所アーンスト・アンド・ヤングの調査では、休暇が10時間増えるごとに、年末に行われる上司からのパフォーマンス評価が8パーセントずつ上昇していました。[※40] また頻繁《ひんぱん》に休暇を取ると、離職率は著しく下がります。そして寿命も長くなることが、1919〜1934年生まれの男性管理職1222人を数十年にわたって追跡したヘルシンキビジネスマン研究の調査によって明らかになっています。[※41]

それなのに、このメッセージはまだアメリカの労働者たちに届いていません。USトラベル・アソシエーション、オックスフォード・エコノミクス、そしてイプソスの調査では、2018年に消化されなかった有給休暇の日数は、7億6800万日という記録的なものでした。労働者の半分以上（55パーセント）が、有給休暇を使い切らなかったと答えています。それはおそらく、業績を上げなければというプレッシャーゆえでしょうが、実際は働く時間を減らしていたほうが業績は上がったはずなのです。

休息と再生はチーム全体で取り組む

ここまで何度も登場しているトニー・シュワルツは、個人や組織がより賢くエネルギーを使って燃え尽き症候群に陥らないようにするのを助けるコンサルティングサービス、エナジー・プロジェクトの創業者およびCEOです。彼は、自分たちのグループとアーンスト・アンド・ヤングが共同で行ったプロジェクトについて話してくれました。会計士にとって、1月から4月にかけての納税シーズンは神経が張り詰める、きわめて忙しい時期ですが、２０１８年、彼らのチームはその繁忙期にことさら難しいプロジェクトに取り組むことになりました。その結果チームメンバーは疲弊し、その後、大半が事務所を去ってしまったのです。

この危機的な状況を変えるため、アーンスト・アンド・ヤングは40人のチームを組み、チームはエナジー・プロジェクトと共同で、２０１９年の繁忙期にレジリエンス・ブート・キャンプを立ち上げました。これは、１週間休みなしで、一日に12～13時間働くこともままある繁忙期にこそ、エネルギーを管理するために良質な休息をより多く取ることを従業員に推奨するものでした。エナジー・プロジェクトが提唱した、鍵となる５つの行動は次のようなものでした。

1. 一番重要な仕事は、オフィス到着後すぐに取りかかりましょう。邪魔の入らない状態で60～90分間作業をし、その後、休憩を取りましょう。
2. 昼休みは、最低30分はデスクを離れましょう。何らかの形で体を動かしましょう。
3. 90分働いたら、５分またはそれ以上の休憩を取りましょう。それが無理な状況なら、１分間深呼吸をしましょう。
4. 一日の仕事が終わったら、職場から家に帰るまでの間に、何か気分転換になるようなことをしましょう。
5. 就寝前に行うルーティンを決め、７時間またはそれ以上の睡眠を確実に取るようにしましょう。

エナジー・プロジェクトは繁忙期の初めに、エネルギー管理の法則と実践法を伝授するための講座をアーンスト・アンド・ヤングの従業員のために開きました。その後、14週間の繁忙期の間も、アーンスト・アンド・ヤングの従業員は隔週で1時間のグループコーチングに参加して、直面している課題や逆境について話し合い、支え合いました。参加者は2人一組でペアを組み、より個人的な形で相手をサポートしたり、自分の置かれている状況を説明したりしました[※42]。

エナジー・プロジェクトの協力を受け、アーンスト・アンド・ヤングの従業員たちの行動には著しい変化が見られました。そのおかげで能率が向上し、より少ない時間で仕事を完遂できるようになったため、彼らは週末に1日だけ休みを取れるようになりました。そして彼らの多くは、前年の繁忙期に比べて遥かに早い時間に退社するようになりました。「同じ量の仕事をこなしつつ、1週間の労働時間は、12~20時間減少したのです」とシュワルツは言います。

繁忙期が終わる頃、チームメンバーは前年の同じ時期に比べて体調が遥かに良いことを感じていました。チームリーダーは「自分を内側からケアすることの大切さを、身をもって知りました」と語っています。そして繁忙期から5カ月後、通常なら疲労や燃え尽き症候群を理由に従業員が相次いで辞めていくこの時期、従業員の定着率は97・5パーセントでした。これは前年に比べると目覚ましい進歩でした[※43]。

シュワルツによれば、彼がこの経験から得た「一番の学び」は、「コミュニティの力」だそうです。彼とエナジー・プロジェクトのチームは、同様の手法を用いて他の組織でも素晴らしい成果を上げています。しかし彼は、アーンスト・アンド・ヤングがコミュニティ全体でこのプロジェクトに取り組み、積極的に支え合ったからこそ、飛躍的に成果が上がったのだと感じています。

休息と再生を企業が後押しするには

◎眠りを推奨する

ヘルスケア企業エトナのＣＥＯを２０１０年から２０１８年にかけて務め、その前は同社の社長だったマーク・ベルトリーニは、眠りの重要性を信じています。「万全の体調で職場に来れば、仕事をより迅速に終わらせることができます。寝ぼけ眼《まなこ》では、万全の体調とは言えません。ちゃんと職場に来て、より良い決断を下すことが、ビジネスの基盤です[※44]」。

ベルトリーニはこの言葉を行動で示しました。彼の指示の下、エトナは睡眠を7時間以上取った従業員には一晩につき25ドル（約３５００円）の、それを20日間続けた従業員には年間最大５００ドル（約7万円）のボーナスを出したのです。大した額ではないかもしれませんが、これによってトップからのメッセージが強力に伝わりました。

そしてそのメッセージを自ら実践することも、リーダーの仕事です。ラスムス・ホーハードとジャクリーン・カーターが、リーダー３万５０００人を調査し、２５０人以上にインタビューをしたところ、地位が上の人ほど睡眠時間が長いことが明らかになりました[※45]。世界的な大企業の幹部でもはや説明不要の大物たちも眠りを重視しており、ジェフ・ベゾスは8時間、ビル・ゲイツは7時間、アリアナ・ハフィントンは8時間の睡眠を欠かさないと言います[※46]。マイクロソフトのCEOサティア・ナデラは8時間睡眠を公言して、自ら従業員たちに手本を示しています[※47]。

◎仮眠の時間(と場所)を提供する

従業員に十分な睡眠を取らせたいなら、仮眠を推奨することも一つの方法です。ナイキ、シスコ、グーグル、ベン&ジェリーズ、ザッポスを始め数多くの企業が、勤務時間中の仮眠が従業員のウェルビーイングと仕事のパフォーマンスにとっていかに重要かを認識しています。グーグルのように1万3000ドルもの仮眠用ポッドを導入することはできなくても、従業員が仮眠を取れる、静かで暗い場所を職場の隅に確保することは可能なはずです。

◎短い休憩を推奨する

従業員のストレスを軽減したければ、定期的に短い休憩を取ることを推奨しましょう。長時間である必要はありません。元気を取り戻すには5~10分で十分ですし、特に立ち上がって体を動かせば効果的です(これは、主に下肢の深部静脈に血栓ができる深部静脈血栓症〈DVT〉の予防にも役立ちます[※48])。

◎休むことを優先する

私たちの調査では、勤務時間中に休憩と回復するチャンス、夜や週末には仕事から離れること、適切な睡眠を取ること、そして休暇を取ることといった、リカバリーの重要性が証明されています。

それでも多くの従業員たちが十分な休暇を取ろうとしない事態を受けて、一部の組織は様々な工夫を始めました。なかでもテクノロジー企業のフルコンタクトは、秀逸な休暇システムを打ち出しています。入社から1年後に、従業員は有給休暇と共に、旅行費用として7500ドルを付与されます。しかしそれは条件付きで、休暇の間は完全に仕事から離れなくてはならず、仕事のメールをチェックしたり、Slack（ビジネスチャット用アプリ）を使ったりするのは禁止です。そして休暇に出かけないのなら、お金ももらえないのです。[※49]

◎サバティカルを提供する

再生を促すためのもう一つの方法が、サバティカルの提供です。6カ月もしくはそれ以上のサバティカル休暇はストレスレベルを下げ、特に完全に仕事から離れるとその効果は絶大です。[※50] 多くの企業は実験的に短期間のサバティカルを導入しており、従業員は1～3カ月程度の期間、日常の業務を離れて非営利団体や、貧困地域出身の起業家たちのサポートなどをします。

テクノロジー企業のあるリーダーは、2カ月間のサバティカル休暇を取ることで、職場で背負った「マイナス思考が取り払われ」「内面的な対話が途絶えていた」ことに気づけたと言います。そしてテクノロジーから離れたことで、自分の本来のパーパスに気づき、「従業員を一つにまとめることに尽力しよう」と心に決めたそうです。

職場に復帰した彼は、従業員たちの孤立感を軽減してよりチームの絆を強めるために、従業員と交流するためのルーティンを確立しました。また、朝と夕方に瞑想や散歩のための時間を設けるなど、エネルギーの維持に役立つと思われるルーティンも導入しました。

◎チームが電子機器から離れるための手伝いをする

マルチタスクは仕事への充実感を下げ、人間関係を損ない、記憶力を低下させ、健康に悪影響を及ぼします[※51]。マルチタスクを助長するのは、あらゆる電子機器です。職場では今や、ミーティングで同僚が喋っている最中にスマートフォンを見ていても咎《とが》められることはありません。しかし、私たちは知らず知らずのうちにその代償を支払っています。スマートフォンが私たちの心を乗っ取ることは、いくつもの研究で証明されています。たとえ電源を切って画面を伏せて置いていても、スマートフォンが視界にあるだけで、認知能力などの脳の力は著しく低下するのです。

ある研究では、デスクの上にスマートフォンがあるだけで、被験者のワーキングメモリは10パーセント、流動性知能は5パーセント低下しました[※52]。ただ幸いなことに、スマートフォンを別室に移動させると、――スマートフォンへの依存度に関係なく――全ての被験者の認知能力テストでのパフォーマンスは通常のレベルに戻りました[※53]。

ハーバード・ビジネススクールの教授で、『Sleeping with Your Smartphone（スマートフォンと共に眠る）』の著者レスリー・パーロウは、デジタル機器から離れることの影響を調べるために、ボストン・コンサルティング・グループで綿密な調査を実施しました。慌ただしく張り詰めた職場環境で、当初は6人のチームと懐疑的なマネージャー1人から始まったこの実験は、従業員の仕事のあり方、チームの作業プロセス、そして当時一緒に仕事をしていたクライアントたちにまで大きな影響を及ぼし、やがて世界的なイニシアチブになっていきました。

そして４年後、５大陸30カ国のボストン・コンサルティング・グループの従業員９００人以上が、これに参加しました。パーロウは、毎週モバイル機器の電源を切って仕事から離れる時間を作ったコンサルタントたちは、コミュニケーションにオープンになり、学びも進歩も大きいことを発見しました。また彼らはクライアントに対する理解とコミュニケーションを深め、より良いサービスを提供できるようになりました。さらに従業員のワークライフバランスへの満足度も上がり、ボストン・コンサルティング・グループの採用率および定着率も上昇しました。

エナジー・プロジェクトとアーンスト・アンド・ヤングの共同プロジェクトが、コミュニティ全体で取り組むことで勢いがついたのと同様、ボストン・コンサルティング・グループの成果も協力や相互サポートを求められたことが勝因だとパーロウは考えています。電子機器から離れることを可能にするには、チームメンバー間で休みのスケジュール（「予測可能な休暇」）について毎週同意し、休みではないメンバーがクライアントに対応する必要がありました。「お互いにカバーすることを学ばなくてはならなかったのです」とパーロウは言います。「今日はこの人が休みで、別の日はあの人が休みでという感じで……そしてそれは本当の意味での休みです。スマートフォンもパソコンも仕事のためには使いません。そうすれば対応を迫られるメールを受け取ることはなくなり、その時間を仕事とは関係のない好きなことをして過ごせるのです」。休みを取るためには、互いのサポートが必須です。チームメンバーは定期的に仕事の進捗状態について話し合い、必要なときはスケジュールの変更に柔軟に対応しました。これらはささやかな変化ですが、大きな成果をもたらしました。

・「予測可能な休暇」チームのメンバーの51パーセントが、朝張り切って仕事に取りかかっていました。一方、それ以外のチームは27パーセントでした。
・72パーセント（別のチームは49パーセント）が仕事に充実感を抱いていました。
・54パーセント（別のチームは38パーセント）がワークライフバランスに満足していました。
・協力態勢が強化されて仕事のプロセスが効率的かつ有効になったと感じるメンバーが、著しく増加しました。※54

端的に言えば、電子機器から離れたことで従業員の仕事生活のみならず、仕事のプロセスの効率と有効性も向上しました。幸いなことに、これらは全て、組織全体の改革やCEOからの応援なしに実行することができます。必要なのは、意欲的にささやかな変化を起こそうとするチームメンバー同士の協力だけです。

自分自身とチームのためにも、お互いの許容範囲をはっきりさせておくことが大切です。例えば、ジェン・フィッシャーは、特に緊急でなければ、週末にメールを送ることを遠慮するよう指導しています。また、かつてデロイトの従業員だったヤ・ティン・リーフは、平日の午後4時から6時の間は完全にオフラインにすると決めていました。

◎手本を示す

トップの人間が手本を示すことができれば、それに越したことはありません。マリオットのCEOだったアーン・ソレンソンは、数時間のミーティングにスマートフォンやパソコンなどのデバイスを持ち込むことを禁じていました。[※55] リーダーとして、自分の行動の影響力を侮ってはいけません。動物学者のライオネル・タイガーの研究によれば、ヒヒは20〜30秒に1回、指示を求めてボスのほうを見るそうです。

人間も大した違いはありません。私たちはその時々で最も力を持っている人物に、許される行動とそうでない行動のヒントを求めるのです。

◎ワークライフバランスを優先する

ワークライフバランスも、リーダーが手本を示すことが非常に効果的な分野です。

ダン・ヘルフリッチはデロイト・コンサルティングのCEOです。実は、彼には2つの仕事があります。CEOでありながら、ジョージタウン大学男子サッカーチームの（実況中継担当の）アナウンサーなのです。大学時代このチームに所属し、卒業後には実況担当アナウンサーになることを考えたほど筋金入りのスポーツ好きである彼は、この16年間、チームの試合のアナウンスを担当してきました。両方とも、彼にとっては重要な役割です。事情を知らない人は、何だかんだ言っても、ヘルフリッチがアナウンサーよりもCEOとしての仕事を優先させているに違いないと思うかもしれません。

しかし、それは見当違いです。デロイトのウェルビーイング・プログラムは、組織としてのパーパスと同様、個人としてのパーパスを持つことを推奨しており、ヘルフリッチは2つの仕事に没頭する姿を、身をもって示しています。彼にとってアナウンスの仕事は重要であり、決しておろそかにはしないのです。

「CEOとして成功するためのエネルギーと意欲を備えた完全な人間になるために、私には妻と4人の子供との満たされた生活、そして仕事以外でエネルギーを与えてくれる何かが必要です。それこそが、仕事で力を発揮するのに必要な酸素を生み出してくれるからです。私にとって、アナウンスの仕事がそれです。だから私は5万6000人のチームメンバーに、もし水曜日の午後2時30分に試合があり、それが重要なビジネスミーティングと重なった場合、私はアナウンスを選ぶと公言しています。私がそうすることで、仕事以外で人生を充実させるために必要な何かをする許可を、彼らに与えることになると思うのです[※56]」

ヘルフリッチは自らの行動を通してワークライフ・インテグレーションのメッセージを従業員に送ることは、リーダーとしての責任だと考えています。「私は今まで一度も、嘘をついてアナウンスの仕事をしたことはありません。病気や家族の用事だとか言ったことはありません。これは私にとって大事なことなのだと公言してきたし、従業員にも同じようにしてほしいのです。だから私はずっと、優先順位をはっきりさせるよう彼らに言ってきました。自分にとって大事なことを隠す必要はないとね」と彼は言います。

ジェン・フィッシャーも言います。「駆け出しのコンサルタントだったときからCEOになるまで、彼はずっと手本を示してきました。常に、自らのパーパスを意識し続けてきたんです」。

フィッシャーも、自らのチームに同様のバランスを推奨するためにできるだけのことをしています。新しいプロジェクトが始まるときには全員で集まって、連日6~8時間勤務を要するかもしれないその過酷な仕事についてだけでなく、その中でどうやってウェルビーイングを維持するかについても話し合います。

パーロウが調査したボストン・コンサルティング・グループのチームと同様、フィッシャーのチームも各自が最も優先することは何かについて事前に話し合います。サッカーの練習があるので毎週木曜日は早く帰りたいという人もいれば、子供の大学の卒業式があるので、納期の直前の週末に休みを取りたいという人もいます。どんなケースであれ事前に話し合っておけば、負担を強《し》いられる期間中でも自分の要望が通ることを、それぞれが確認できます。

ヤ・ティン・リーフはデロイトにいた頃、ワークライフ・インテグレーションを重視することは健全な境界線を定める上で欠かせなかったと言います。「バランスを優先することで大きな違いが生まれます」。また、チームとしてこれに取り組み、全員で優先順位について話し合ったことも大きな意味を持っていました。「私たちはそれぞれがコミュニティの大きなピースであり、私たち全体で一つの塊なわけではありません。それぞれが孤立して機能しているのではないという自覚は、メンバーとしてもリーダーとしても常に持っているべきでしょう」。

ビジョンがある教育大臣と夢がある若い女性

ここまで、コミュニティ全体での取り組みの事例として、企業内のチームに関する様々なものを挙げてきました。国民総幸福量でよく知られているブータンには、国全体でウェルビーイングに取り組んだ事例があります。ブータンでは、教師や政府職員たちがマインドフルネスを基盤とした心の知能指数関連のスキルを学び、その教えがブータン国内の学校で、教師から生徒たちに伝えられるのです。[※57]

きっかけは2017年、当時ブータンの教育大臣だったノルブ・ワンチュクが、『サーチ・インサイド・ユアセルフ――仕事と人生を飛躍させるグーグルのマインドフルネス実践法』（英治出版）の著者チャディー・メン・タンのキーノートスピーチを聴いたことでした。神経科学を基盤にしたマインドフルネスへのアプローチに感銘を受けた彼は、そのスキルを教える「サーチ・インサイド・ユアセルフ・リーダーシップ・インスティチュート（SIYLI）」に興味を持ちました。SIYLIのCEOリッチ・フェルナンデスとSIY認定の指導者イザオ・チャンのもとでプログラムを受け、心の平安と明瞭さを獲得するのに役立つ呼吸法や精神的習慣を学んだ彼は、これを教師への2日間のプログラムとしてブータンに導入することを決意しました。

何世紀も続いてきた、農耕を中心としたブータンの生活様式は、昨今急激な近代化にさらされています。ワンチュクは自分が学んだことが、急激な変化によるストレスに対処する上でブータンの人々に役立つのではないかと考えたのです。

ブータンはインドと中国の間、ヒマラヤ山脈の東の端に位置する、小さな仏教王国です。歴史ある豊かな伝統、修道院、要塞、そして亜熱帯地方の平原から険しい山や谷にいたる雄大な景色で知られるこの国は、近年まで世界のほとんどの国にとっては秘境の地でした。それでも、ストレスや孤立感、孤独、そして自殺といった私たちの社会が直面している問題は、徐々にこのコミュニティにも忍び込んできています。

中でも子供たちにとって指針となる存在である教師たちは、マインドフルネス・キャンペーンの主要なターゲットです。ワンチュクはこのプログラムを「ブータンの未来を見据える」取り組みと捉え、※58 変わりゆく世の中に適応し、たくましく生き抜くのに役立つ精神的習慣を教師たちに伝授したのです。

「ブータンの未来を見据える」取り組みの一つとして、ノルブ・ワンチュクは自分がＳＩＹＬＩのプログラムで学んだ心や感情の知能指数のスキルを、ブータンの子供たちにも教えるべきだと考えました。共感のスキル――相手の立場に立って親切にする能力――など、ＳＩＹＬＩがもたらすものは教師だけでなく子供たちにも有益なはずです。ＳＩＹＬＩが教える価値観――寛大さと相互依存、そして思いやり――は、彼らが２５００年の間受け継いできた価値観の一部でもあります。それに神経科学の視点を取り入れることで、瞑想やマインドフルネスといったブータンの伝統は、教師たちにとっても説得力のあるものになりました。

教育省の地域教育責任者で、元教師のタシ・ナムゲルはこう語ります。

「教師に対する社会の期待は非常に高く、所定勤務時間はあってないようなものです。仕事はどこまでやっても切りがなく、時としていっぱいいっぱいになって、本来やるべき仕事ができないこともあります。そして常に休みなく全力で取り組んでいるにもかかわらず、子供たちに何が必要かを突き詰めて考えると、中には成長できていない子供たちがいることに気づくのです。そうしたプレッシャーが、教師を燃え尽き症候群や失望感へと追いやります。そして教師が不幸だと、生徒も不幸になりま

す」[※59]

ジェレフ中学校の校長ワングモの体験談も、タシ・ナムゲルの言葉を裏付けます。「私はストレスのあまり、うつ病になりかけました。少し休みたいとだけ言って、ひっそりと学校を去った日のことは今も覚えています。自分に何が起こっているのかもわからないまま夜通し泣き続け、幾晩も眠れぬ夜を過ごしました」。仕事から離れられなかった彼女は「校長という責務にがんじがらめになっていて、私生活を顧みることもありませんでした」。彼女は「一日24時間仕事をして、休日も学校にいたのです」。

ブータンにSIYLIのプログラムを導入するために招かれたプロジェクト・マネージャーのイザオ・チャンは、ワンチュクから与えられたこのチャンスに胸を躍らせました。中国の北京で生まれ育った彼女は、14歳の頃からマインドフルネスのクラスで指導をしています。著名な指導者たちと共に、世界中で50回以上の瞑想のリトリートやトレーニングに参加した彼女は、そこで授けられたものを還元するようにと助言されました。彼女はヨーロッパで11年間、東南アジアで4年間、グーグルのサーチ・インサイド・ユアセルフ・リーダーシップ・プログラムの一環としてマインドフルネスと心の知能指数を指導しました。

2018年にブータンの地に降り立った彼女にとって、それはまさに夢の実現でした。グーグルのシンガポール支社で働いていた2013年、彼女はほかのグーグル従業員たちと共にボランティアのためにブータンを訪れていました。そして子供たちのための育成センターで、現地の子供たちとお互いの文化について語り合ったり、絵を描いたり、歌を歌ったりしました。彼女にとって、それは人生観を変える出来事でした。

　そのとき彼女は、何かに集中したり、共感を持って人の話に耳を傾けたり、衝動に穏やかに対処したりする方法などのマインドフルネスのプログラムを子供たちに教えるために、５年後にまた必ず戻ってくると誓ったのでした。そしてほぼ5年の月日を経て、その願いは叶ったのです。今回もまた短期の滞在のつもりでいた彼女には、教育大臣が壮大な計画を抱いているとは知るよしもありませんでした。

　２日間のプログラムは間もなく、国内の教師1万人全員に研修をするという目標を掲げた、ＳＩＹＬＩプログラムへと変貌しました。チャンの指導の下、まずブータン各地から集められた１２５人の教師がＳＩＹＬＩの研修を受けることになりました。彼らは首都のティンプーで2日間の研修を直接受け、その後は地元に戻って9カ月間リモートで課題をこなし、それが終わるとまたティンプーで直接研修を受けました。

　２０１８年から２０１９年にかけて約1年に及ぶ研修を終えた教師たちは、学んだことをほかの教師たちに教えるために各地に派遣されました。彼らが目指すのは、いつかこの教えがブータンの生徒たち全員に伝わることです。チャンが受けたフィードバックの中で一番多かったのは、「もっと早くにこれを学びたかった。子供の頃に心の知能指数やマインドフルネスのスキルを教えてもらえたらどんなに良かったか」というものでした。

　３０００人近くの教師たちは全員プログラムを受ける前と後に調査を受け、プログラム後の調査では全ての項目にポジティブな変化が見られました。プログラムに参加した教師たちは異口同音に、自己認識、自己管理、思いやり、共感力、リーダーシップ、打たれ強さ、そして人生への満足度が高まったと報告しました。

例えば、ワングモは、ここで学んだことがたくさんの幸せをもたらし、人生をより有意義で素晴らしいものにしてくれたと言います。別の教師は、宿題を忘れた生徒と「マインドフルネス」な会話をしてみたところ、前日に彼女の両親が離婚をしていたことがわかったそうです。どうして彼女が宿題をやってこなかったかを理解した教師は、こう言います。「そのとき、教師にはいろいろな役割があるのだと気づいたのです。我々は勉強を教えるだけでなく、まず心を込めて生徒に向き合わないといけないのです[※60]」。

プログラムの評判が広がるのに、時間はかかりませんでした。およそ1年後、ブータンのリーダーたちは、国内2万8000人の公務員にマインドフルネスの研修を受けさせることを決定しました。チャンとＳＩＹＬＩは、ヘルスケア、農業、林業、そして法執行機関といった幅広い分野にまたがる10の省庁と71の公的機関の公務員たちに研修を行いました。

ブータンのリーダーたちはその後もプログラムへの投資を続け、現在は、新人の職員はもちろん、60歳で定年退職する職員たちも研修を受けています。ブータンの都市部で仕事をしてきた職員たちの多くは、定年後は故郷の農村地帯へと戻ります。この大きな人生の変化を乗り越えるのにも、プログラムは有効なのです。

ほかのコミュニティでも、ブータンのようにプログラムを実践することは可能であり、その恩恵を示す証拠は数多《あまた》あります。マインドフルネスには、自分の呼吸や体や周囲の環境を意識したり、優しさと好奇心を持って相手の話を聞いたり、自分の感情を受け入れて自分に優しくしたり、思いやりを持って他人に接したりするためのトレーニングも含まれます。マインドフルネスが利他主義[※61]、従業員の健康[※62]、エンゲージメント[※63]、パフォーマンス[※64]、そしてリーダーシップの有効性に役立つことは、数々の研究で証明されています[※65]。

昨今の研究結果では、瞑想によって不安や落ち込みが軽減し、集中力が上がることが示唆されています。マインドフルネスのトレーニングは免疫系を強くし[※66]、血圧を下げ[※67]、心拍数を下げるとされています[※68]。よく眠れるようになり[※69]、ストレスも減ります[※70]。毎日短時間マインドフルネスを実践すれば、脳の構造と機能が変化し、自己認識が高まるとの研究結果もあります[※71]。シリコンバレーを本拠地とする世界的なＩＴ企業では、毎日10分間マインドフルネスのセッションを実践することで、自己認識が35パーセント向上することが、研究者たちによって確認されました。

特筆すべきは、マインドフルネスが健康に恩恵をもたらすだけではなく、経費の削減にも貢献することがいくつかの組織で明らかになったということでしょう。デューク大学の医学部は、1週間に一度ヨガを1時間行うことで、エトナの従業員のストレスレベルが3分の1に減少し、それを受けて年間平均2000ドルの医療費が削減されたとしています[※72]。マーク・ベルトリーニはエトナの社長だった2008年に、マインドフルネスが従業員に及ぼす影響に関する調査を行いました。

その結果、マインドフルネスのおかげで従業員のストレスが軽減し、睡眠の質が向上し、体の痛みにうまく対処できるようになったことがわかりました。2012年にはエトナの医療費は7パーセント減少し、ベルトリーニはそれをヨガと瞑想を通じてストレスが軽減されたことが理由だとしていま

す。[※73]

2018年にCVSヘルスの傘下に入ったエトナは、マインドフルネスのプログラム「マインドフルネス・チャレンジ」を拡大してきました。4週間かけてマインドフルネスの様々なトピックを学ぶこのコースには、ウェルビーイングの向上を目指す8000人以上の人々が参加しました。その結果、ストレスは18パーセント軽減し、従業員のエンゲージメントは4パーセント上昇。従業員の87パーセントがこのプログラムを推薦しています。[※74]

リーダーとして、リカバリーを促進して燃え尽き症候群を防ぐためにできることはたくさんあります。

- 疲労、集中力の欠如、気分の落ち込み、敵意、失望感といった危険信号を見逃さないようにする。
- 定期的に従業員の様子を確認して、彼らの身体、メンタル、そして心のエネルギーを見定める。
- 仕事量に限界を定め、許容範囲や納期について従業員と定期的に話をする。
- 理不尽または横暴な顧客や患者やクライアントといった、外的プレッシャーから従業員を守る。
- 休息と回復のための時間を取ることを奨励する。
- 休暇を取って、その間は電子機器を使わずに英気を養うよう勧める。[※75]

トニー・シュワルツと私の共同研究では、こうした持続可能な働き方を奨励しているリーダーはたったの20パーセントしかいません。

何度も言いますが、自分が推進したい行動の手本を示すことは、メッセージを伝えるのに最も有効な手段です。トニー曰く、リーダーは「最高エネルギー責任者」です。なぜなら彼らのエネルギーは、良くも悪くも周囲に伝染するからです。しかし私たちの調査によれば、健康的で持続可能な働き方を体現しているとと従業員たちから思われているリーダーはわずか25パーセントしかいません。こうした行動の手本を示さなかったリーダーの下で働いている従業員は、自身がそれを実践することに抵抗を示しました。おそらく、たるんでいると批判されるのを恐れてのことでしょう。反対に、こうした行動の手本を示したリーダーの下で働いている従業員は、それに追随することに躊躇《ちゅうちょ》がありませんでした。そして彼らは、会社に残りたい気持ちが91パーセント、仕事への集中度が85パーセント、健康とウェルビーイングのレベルが71パーセント向上したと答えています。また、上司への信頼度は2倍以上上昇しました。

リーダーが両方――健康的な働き方を推進することと、その手本を身をもって示すこと――を実行すれば、その効果は絶大です。彼らの従業員は、会社に残りたい気持ちが1・2倍、仕事へのエンゲージメントが55パーセント、集中力が53パーセント上昇したと報告しています。

要するに、職場でウェルネスやウェルビーイングを優先させる理由は山ほどあるのです。リーダーとして、あなたの影響力は甚大です。全員が力を合わせてリカバリーに取り組めば、その効果はさらに増幅していきます。ジェン・フィッシャー、トニー・シュワルツ、レスリー・パーロウが、デロイトやアーンスト・アンド・ヤングやボストン・コンサルティング・グループで起こしたような変化が、あなたの職場でも起こるはずです。

第10章 マインドセット

誰にも私の心を
土足で踏みにじらせはしない。

――ガンジー

マーク・バーステーゲンによれば、マインドセットはウェルビーイングの4つの柱の1つです。彼曰く、マインドセットは「私たちが毎朝目覚める理由であり、私たちを前進させる推進力」です。[※1] それは、なりたい自分になるための価値観や憧れ、行動計画と私たちを結びつけてくれます。マインドセットは、私たちがストレスや試練や逆境とどう向き合うか、そしてそうした障害に直面しても長期的な目標を追いかける情熱と忍耐力を育めるかどうかを左右します。

マインドセットのおかげでそうした情熱と忍耐力を育んだ人物、そして長期的な目標を追いかける中でそのマインドセットを周りに伝染させていったある女性をご紹介しましょう。

彼女と出会ったのは2年ほど前、リーダーシップ会議でプレゼンテーションをするためにシンシナティ大学医学部を訪れたときでした。その日の早朝、シャロンビル・コンベンション・センターのテーブルについたリーダーたちは、期待と興奮に胸を高鳴らせて、ある人物の到着を待っていました。私自身はジェス・トウズというその名前に聞き覚えがありませんでしたが、周囲の反応に否《いや》が応でも期待は高まりました。

果たして登場した彼女は温かく朗らかな女性で、満面の笑みと共に浮かぶエクボがくっきりと頬に刻まれていました。ケンタッキー州の小さな町で育ったジェスは元気いっぱいの陽気な少女で、一日として学校を休んだことはありませんでした。モアヘッド州立大学を卒業後は大学時代からの恋人ティムと結婚し、ケンタッキー州ウィンチェスターで銀行の出納係として働き始めました。そう語る彼女は、幸せな結婚生活を送り、所属するバプテスト派教会の子供たち相手のボランティア活動に夫と共に精を出す、いかにも満ち足りた人生を送る女性に見えました。

ところが2009年に、彼女はひどい頭痛に悩まされるようになります。まるで脳がつるような痛みなのですが、足がつったときとは違って、揉《も》んで良くなるようなものではありません。医師に相談に行っても、毎回副鼻腔炎と言われるだけ。時を同じくして、彼女は左耳の調子がおかしいことにも気づきました。まるで水中にいるように音がこもって聞こえるのです。医師たちからは耳の感染症の治療をされましたが、何か別の病気だという気がしたジェスは、医師の一人を説得してようやくMRI検査にこぎ着けました。翌日、医師は電話でこう言いました。「MRI検査の結果が出ました。すぐに来て下さい。でも一人ではなく、誰かに付いて来てもらって下さい」。

病院でティムとジェスに告げられたのは、聴覚神経に両側性聴神経腫瘍《しゅよう》があるということでした。最終的に下された診断名は、神経系腫瘍を生じさせる遺伝性疾患の神経線維腫症Ⅱ型でした。腫瘍はどこに転移してもおかしくありません。もし聴覚神経の腫瘍が大きくなれば、平衡感覚や聴覚の異常、目眩《めまい》、顔の麻痺《まひ》などを引き起こす可能性があります。治療法はなく、彼女を診察したケンタッキー州の医師たちは全員、聴覚神経と脳幹を圧迫している左側の腫瘍は命に関わるので切除すべきだと口を揃えました。[※2] しかしあまりにもリスクが高い手術だったため、医師たちはみな手術には及び腰でした。

当時まだ25歳だったジェスは、自分が「時限爆弾を抱えて」おり、いつ耳が聞こえなくなっても、さらには死んでもおかしくないのだと自覚しました。彼女は一日――たった一日だけ――思い切り泣きました。彼女は怒り、怯えていました。そして翌日、目覚めた彼女は考えました。「これが私の人生。これから私は何をすればいいの？　どうやって生きていこう？」。彼女は銀行の仕事と教会のボランティアに、再び精を出し始めました。

その頃彼女の母親が、ロサンゼルスの一流の耳鼻科医デラルド・バックマンに連絡を取っていました。３週間後、左側の腫瘍――ジェスがバーサと名付けた――を切除するためにロサンゼルスに来るようにとの連絡が医師から入りました。腫瘍の切除によって左耳が聞こえなくなる恐れもありましたが、手術の際に、耳の全ての神経を直接脳幹に接続する聴性脳幹インプラント（ＡＢＩ）が同時に行われることになり、どうやら聴覚は失わずにすみそうでした。しかし、一つだけ問題がありました。手術費用がなかったのです。大がかりな手術ゆえに、術後3～4週間の入院と、その後は長期に及ぶ理学療法が必要でした。この問題は、彼女の教会と地元のコミュニティの集まりが協力して必要な資金を集めてくれたことで――少なくともその時点では――解決しました。２００９年11月、ジェスはロサンゼルスへ向かいました。

16時間の手術に向けてストレッチャーで手術室に向かっているとき、彼女は予想外の計画変更を知らされました。保険会社が土壇場で、左耳の聴力を確保するための施術である聴性脳幹インプラントを認めないと言ってきたのです。右耳の聴力が残るのだから、「医療的に必須」とは見なされないというのが先方の言い分でした。というわけで、バーサは切除されるものの、聴力を助けるための施術は行われないことになりました。それでも腫瘍の切除は必要だとわかっていたジェスは、穏やかな気持ちで手術を続けることを選びました。彼女は夫にキスをし、愛してると伝えてから、改めて手術室へ向かいました。

ＩＣＵで目覚めたジェスは、生きる意志に満ちていました。彼女は術後たった2日で歩けるようになり、病院のスタッフを驚かせました。そして術後の経過があまりにも良かったことから術後4日で退院を許されました。片耳の聴力は失ったものの、彼女は嬉々として元の生活に戻り、２０１１年には養子を引き取りました。

その後、数年の間に、右側の腫瘍も大きくなり、右耳の聴力も落ちていきました。彼女は読唇術や手話を学んで子供や夫とコミュニケーションを取っていましたが、辛《つら》い時期であったのは間違いありません。この頃から彼女は、奇抜で楽しい柄のソックスを履くようになりました。「変な柄のソックスを履いていたら、落ち込んだ気分で一日を過ごす気になれません。私にとってソックスは、元気を出すための視覚による合図なのです」[※3]。

そんな折り、ジェスはアメリカ国立衛生研究所で行われる治験について知り、参加することになります。ケンタッキー州ウィンチェスターとメリーランド州ベセスダを何度も往復した甲斐あって彼女の腫瘍は小さくなり、聴力も向上しました。しかし治験が終わると腫瘍は再び大きくなり始めました。今度は、ジェスはシンシナティ小児病院のトレント・ハンメル医師を頼り、「奇抜で楽しい柄のソックス」を履いて28回の化学療法を乗り切りました。腫瘍は小さくなりましたが、遠方の病院へ通うことで、彼女が子供と過ごす時間は大幅に減っていました。そこで彼女は、一旦治療を休むことを決断します。しかし、そのせいで腫瘍は再び大きくなり、彼女の耳はほとんど聞こえなくなってしまいました。

この頃紹介されたのが、UCヘルスのラヴィ・N・サミー医師でした。最初の診察のとき、ジェスは思わず「ズボンをめくって、ソックスを見せてもらえませんか?」と口走りました。それを聞き入れてくれたサミー医師の、ジェリービーンズ柄の派手なソックスを見て、彼女は息を呑みました(後に彼が語ったところによると、それは8歳の双子の娘たちから贈られたものでした)。彼女は、この人なら大丈夫と確信しました。「あのソックスを見たら、他のことはどうでもよくなってしまったんです」と彼女は当時を振り返ります。「この人の言うことを聞こう」と。

彼が勧めたのは、放射線治療をして腫瘍をもう一度小さくしてから、右耳に人工内耳インプラント——聴覚を補助する小型の医療用電子機器——を行う方法でした。彼女はそれを受け入れましたが、一つ条件を出しました。手術室でも楽しい柄のソックスを履いてほしいと頼んだのです。「いいですよ。それがあなたの望みならばね」と彼は答えました。そして、今回はジェスが事実上完全に聴覚を失っていたことから、手術には保険金が下りることになりました。

人工内耳が作動したその日、ジェスが最初に聞いた言葉は、娘の「ママ、大好き」というものでした。そのときのことを思い出したジェスは、感極まった様子で私に言います。「子供の声を聞くことができたあのときの気持ちは、言葉では言い表せません。私はそれまで一度も、大きくはっきりした子供たちの声を聞いたことがなかったんです」。

続いてサミー医師は、左耳にＡＢＩを行うことを提案しました。彼のことを全面的に信頼しているジェスは今回も奇抜なソックスを履いてくれるならという条件の下、それに同意しました。6カ月後、ストレッチャーで手術室に運ばれる途中、彼女は手術チームに見せたいものがあると言い出しました。そして手術着をめくり上げて、鶏の足が描かれた膝丈ソックスを見せると、どっと笑い声が起こりました。手術に向けて明るいムードを演出したかったジェスの目論見《もくろみ》は、見事に成功したのです。当日、手術室に入った人たちは全員、奇抜なソックスを履いていました（ジェスは、万が一履いていない人のために予備のソックスを買い込んでいました）。2日後、ジェスは無事に家に戻ることができました。

ジェスがＡＢＩの手術を受けることにしたのは、腫瘍が大きくなれば人工内耳が機能しなくなるかもしれないと考えた外科医たちに勧められたからでした。こうして、2種類のインプラント手術を受けた最初の患者（大半の人はどちらか一方だけです）となったジェスですが、左耳が聞こえなくなって8年も経っていたこともあり、手術の成果にはそれほど期待していませんでした。

手術から6週間後、機械を作動させるために彼女は病院を訪れました。ＡＢＩが作動すると、左耳に大きなブザー音が鳴り響き、彼女はたじろぎました。実際に音が聞こえたことに、彼女は感激のあまり泣き出し、やがて室内にいる全員が目に涙を浮かべていました。

彼女がリーダーシップ会議で語った内容には、こんなメッセージが込められていました。「人生は険しく、時に打ちのめされることもあります。でも立ち上がって下さい。そこでやめてはいけません。与えられた全ての瞬間を楽しんで下さい。それから絶対に楽しい柄のソックスを履くように。それが人生を変えるかもしれないんですから」。

実際、彼女はその日、私に奇抜なソックスを買ってくれました（私と同じテーブルにいた他の人たちはすでに彼女からもらっていました）。手術以降、彼女は大勢の人に、マインドセットに関するメッセージを添えてソックスをプレゼントしてきました。

スピーチと、一緒に流された映像が終わる頃には、観客は明らかに胸を打たれ、中にはすすり泣いている人もいました。映像からは、治療や手術で彼女に関わった医療従事者のソックス・チームが、彼女によって変わったことが伝わってきました。サミー医師は映像の中でこう語っています。「ジェスは、一度会うと、もうこちらの人生の一部になってしまう人です。彼女のことを忘れることができなくなりますし、彼女といると笑顔になれます。彼女ほど寛大で優しい人にはめったにお目にかかれません」。

患者が医療従事者を元気づけ、鼓舞し、意義と喜びと笑いをもたらすことで、リスクの高い困難な病状を乗り越えたのです。彼女のマインドセットは本人にも医療従事者たちにも大きな意味を持ち、その記憶は手術後もずっと彼らの中に残っていました。

ジェスの物語からは、マインドセットがいかにコミュニティに影響を及ぼすかがわかります。また、たとえコミュニティを率いる立場ではなくとも、変化を起こすことはできることも伝わります。しかし、もしあなたがリーダーならば、変化を起こす努力は一層重要になります。チームが何か困難に直面している場合はなおさらです。

苦しい最中《さなか》でチームを率いるリーダーにとって肝心なのは、メンバーが抱えている恐れを認識しつつ、同時にあなたが前を向いている姿を彼らに見せることです。メンバーが耐えている痛みを軽視することなく、希望と自信を打ち出すのです。それは、ポジティブかつ現実的なマインドセットです。覚えておいてほしいのは、あなたはリーダーとして、常に周囲の人たちから読まれているということです。一つひとつの仕草は精査され、言葉は吟味され、表に出した感情は誇張して受け取られます。あなた自身のマインドセットは、良くも悪くも周りに伝染します。リーダーは、そこで改めて考えないといけません。試練の前に萎縮するのか、それとも高みを目指すのか。あなたの決断がどうあれ、チームはそれに従うでしょう。

これから説明しますが、有益なマインドセットには、「ニュートラル」「成長型」「ポジティブ」（ジェスのエピソードでご紹介した）の3つのマインドセットがあります。これら全てを、マーク・バーステーゲンは「ソフトウェア」と称しますが、あなたとあなたのコミュニティが前に進み続けるための日々の選択や習慣、そして作法を育むのに役立ちます。

この章では、マインドセットがいかに大切か、そしてあなたとチームの力を最善の形でコミュニティにもたらすために、どんな戦略をとればいいのかを明らかにしていきます。

ニュートラルなマインドセット

シアトル・シーホークス（NFLのチーム）のクォーターバックで、スーパーボウル制覇も果たしたラッセル・ウィルソンは、2015年、スーパーボウル史上最も悲劇的と思われるインターセプトを経験しました。試合終了まで1分、彼のチームは4ポイント負けており、ボールは敵陣1ヤード（約0・9メートル）地点にありました。優勝目前というこの時点で、彼はそのインターセプトを食らったのです。

シーホークスは、彼らが滞在していた近隣のリゾート施設で、（勝っても負けても）試合後の大スーパーボウルパーティーを計画していました。予定どおり開かれたパーティー会場で、演奏した生バンドの一部は演奏を省略し、中には来ないバンドもいました。まるで風のないときの帆のように、しょぼくれた雰囲気でした。そう語るのは、ラッセルの兄ハリソン・〝ハリー〟・ウィルソンⅣです。「リゾート施設の敷地全体にネガティブなムードが漂い、選手たちは家族、友人、いとこやチームメイトたちと少人数で固まって、外に立っていました。きっと、試合終了間際に何があったんだと話し合っていたんでしょう。みんな一刻も早く部屋に戻って、ツイッターなんか見ずに消えてしまいたいという雰囲気でした」。

その頃、総勢15人ほどのウィルソンの家族と友人は、リゾート施設内の彼の部屋に集まり、彼が戻って来るのを待っていました。「とにかくラッセルに会って、大丈夫かどうかを確認したかったのです。彼の目を見て、どんな様子かを確かめたかった」とハリーは言います。「みんな、どんよりとして落ち込んでいました」。ハリーの母親は彼を部屋の隅に呼び、小声で言いました。「あの子はどんな様子だと思う？　何て言うかしら？」。ハリーは、弟がこんなことで挫《くじ》けることはないとわかっていましたが、さすがに試合直後のそのときは、明るく振る舞うのは無理だろうと思っていました。

　しかし、しばらくして現れたラッセルは、上機嫌に見えました。彼はそこにいる全員とハグをして感謝の言葉を述べ、心配しないでくれと声をかけました。「僕はこのために鍛えてきたんだ」と彼は言いました。

「つまり彼が言いたかったのは」とハリーは説明します。「彼は長年かけて逆境に耐える力を設計してきた。たとえ大敗北を喫しても、倒されることのないようにね。彼は、この瞬間が自分の全てを決めるわけではないとわかっていました。打ちのめされるような出来事があっても、そこから復活するために鍛えてきたからです」。

　ラッセルが「逆境に耐える力を設計」するのを助けたのが、『It Takes What It Takes』の著者で、メンタルコンディショニングのコーチだったトレバー・モアワドです。ラッセルは、２０１２年のＮＦＬドラフト以前から彼の指導を熱心に受けていました。モアワドは、アスリートが避けては通れない敗北によって心が折れたりすることを防ぐために、「ニュートラルな思考」の重要性を強調していました。

　これは、批判的になることなく、問題を評価して危機を分析する方法です。また、次の動きをどう達成するかを前もって考えつつ、今という瞬間と向き合い、一瞬一瞬に反応するということでもあります。過去の失敗を分析するのに手一杯になったり、未来への恐れに心を乗っ取られたりしてはいけません。目の前の一日、目の前のプレーに集中するのです。[※4]

モアワドとのトレーニングでこれを習得していたラッセルのことを、モアワドはこう評しています。「多くの人が、些細なことで大げさに騒いで頂点から転げ落ちてしまうが、ラッセルは違います」[※5]。スーパーボウルの後、ラッセルはモアワドの元でオフシーズンを過ごし、精神と肉体双方の進歩のためにモアワドが考案したプランに従いました。そこで重視されていたのは、常に前進することでした。モアワドによれば、シアトル・シーホークスがなぜあんなふうにシーズンを終えねばならなかったのかなどに関して、長々と話し合うことはなかったそうです。「そんなことを振り返る必要はないのです」とモアワドは言います。あのインターセプトはあくまでも「あのときだけのプレーで、これからあなたは素晴らしいプレーもすれば、悪いプレーもするでしょう。最終的にあなたの評価は、次に何をするかで決まるのです」[※6]。

モアワドはラッセルを「素晴らしいプレー」に集中させるために、長年の選手生活において彼が第4クォーターで逆転を果たしたシーンばかりを集めた動画を作りました。「彼は、それこそが自分なのだと知っています。彼は最後に決める男であり、それが高校時代に遡《さかのぼ》る彼のDNAです。ずっと最後に決めてきた彼の実力は世界レベルです。彼はずっとこの映像のようにやってきたのです」[※7]。

その映像を見たとき、ラッセルは鳥肌が立ったと言います。「これまでの勝利と、これまで成し遂げてきた全てのことが頭の中を駆け巡りました。苦しかったことも蘇りましたが、準備を怠らなければ何度でも同じことができるという自信も与えてくれました」[※8]。

しかしこの映像は、力強く復活できる自信をラッセルに与えるためだけに作られたわけではありませんでした。これは、モアワドが推奨するニュートラルで分析的な思考を実践するためのツールでもあったのです。「我々は、彼が最高のレベルでプレーをした、選手生活のハイライトの瞬間を一緒に見ました。そして、同じようなパフォーマンスを再現できるよう、そのとき彼が具体的に何をしていたのかを理解しようとしました」。

果たしてラッセルは復活を遂げたのでしょうか？　翌年、彼はNFLのパサーレイティング（選手個人のパス成績を総合的に判断する指数）で上位陣に入りました。

ネガティビティ：ニュートラルの敵

私は研究を通して、人を迷わせる一番の要因はネガティビティであることに気づきました。ニュートラルなマインドを維持することの重要性を提唱していたトレバー・モアワドも、もちろん、それを承知しています。それはアスリート相手の仕事のみならず、彼自身の人生においても実践されています。

ネガティビティが及ぼす破壊的な影響に対する彼の理解は、父親によって形成されました。世界的に有名なピークパフォーマンス・エデュケーターだったボブ・モアワドは、息子のトレバーに自尊心を植え付け、成長期にある彼をネガティブなものから守ることに尽力しました。トレバーは子供の頃、全国ニュースの番組を見ること、カントリーミュージックやリズム＆ブルースを聴くこと、「できない」という言葉を使うこと、そして不満を言うことを禁じられていました。そんな彼にとって、そのメッセージをコーチングという自らの仕事に取り入れるのは自然なことでした。

しかし2018年の末、アメリカ海軍の特殊部隊ネイビーシールズの元隊員からの挑戦に応える形で、彼は内なるネガティビティを管理することが人生の試練を乗り越える上で必須であるという長年の信念を試すために、自ら1カ月間の実験を実施しました。ネガティブな思考の影響力を測るために、様々なネガティブな考えや意見と向き合い、それに助言をすることにしたのです。

彼は、そのことによって自分の感じ方や、人との接し方が変わるかどうかを知りたかったのです。彼は心の中にネガティブな騒音を送り込むために、一日に3〜4時間、外的な刺激に身をさらしました。これには、彼が一番苦手なニュース番組を毎日1時間見ること（見ると怒りや恐怖が湧いてくるそうです）、そして、ヘビーメタルを1時間半、カントリーミュージックを1時間半聴く（彼は両方とも嫌いです）ことも含まれました。

モアワドは、ネガティブな砲火を浴び続けることで、自分の中に馴染みのない感情が湧き上がってきたと言います。それは恐怖心、最悪の事態になるのではないかという不安、未知のことに対処する自身の能力への疑念などです。急にハイウェイを運転することが怖くなり、恐ろしいことを言われるのではないかと思うと医者や歯医者にも行けなくなりました。

この時期彼が送ったメールはあまりにも彼らしくない内容ばかりで、友人たちからも心配されました。仕事中や人前で話すときはなんとか頑張ろうとしましたが、実験開始から26日目、モアワドの心は遂に折れました。あるイベントの途中で涙が止まらなくなり、逃げるように帰宅したのです。帰ってからも真夜中にいきなり目が覚めてしまい、どうにもならない状態でした。彼は、自分の心も体も壊れていくような気がしました。翌日、彼は実験を終わらせることにしました。もう限界だったのです。[※9]

モアワドの事例は彼特有のもので、かなり極端な面もありますが、ネガティビティが人の心を蝕むことは十分に証明しています。

しかし、自らネガティビティに身をさらし、そのあまりの辛さから実験をやめることを決めた彼と違って、私たちがついネガティブなことへ向かいがちな傾向はなかなか変わりません。人の脳は、どうしても物事をネガティブに解釈する傾向があります。それは、心理学者のポール・ロジンとエドワード・ロイズマンがネガティビティバイアスと呼ぶ、ネガティブな出来事のほうがポジティブな出来事よりも記憶に残りやすい性質のせいです。[※10]

ネガティビティのパワーを説明するのに、彼らが引用するロシアの古い格言があります。「スプーン1杯のタールは樽1杯のハチミツをダメにするが、スプーン1杯のハチミツは樽1杯のタールに何の作用も及ぼさない」。

ネガティビティのパワーは、大規模なものから日常の些細なものまであらゆる出来事や経験に当てはまり、人間関係や社会的つながり、さらには学びのプロセスにまで影響を及ぼします。ジャーナリストのジョン・ティアニーと心理学者ロイ・バウマイスターは著書『The Power of Bad』の中で、ネガティビティがいかに人間関係を破壊し、コミュニティを汚染するかを詳述しています。

ネガティブな言葉や思考、行動は非常に危険です。そしてそれらは、ポジティブな言葉や思考、行動で簡単に相殺できるものではありません。『The Power of Bad』に登場する「4の原則」は、1つの悪いことを克服するには4つの良いことが必要であることを示唆しています。[※11]

この言葉の裏付けとなっているのは、製造業関連の会社数社の従業員を協調性、誠実性、神経症的傾向といった基準でランク付けしたある調査です。調査員たちの狙いは、こうした特質がチームのパフォーマンスにどう影響するかを調べることでした。そして彼らは、チームのパフォーマンスは平均的なスコアのメンバーによってではなく、最低のスコアのメンバーによって決まるということを発見しました。協調性に欠け、やる気がなく、精神的に不安定なあるメンバーがチームとそのパフォーマンスの足を引っ張り、その人物の影響はスコアの高いメンバーをもってしても消すことができなかったのです。[※12]

『幸せになれる脳をつくる――「ポジティブ」を取り込む4ステップの習慣』（実務教育出版）の著者で神経心理学者のリック・ハンソンは、ネガティビティバイアスについて、脳は悪い体験にはマジックテープのようにくっつき、良い体験はテフロン加工のようにはじくと要約しています。

これには理由があり、それは人間の生存のメカニズムに関連しています。脳は進化の過程で、辛い経験から過剰に学習する構造になっていきました。人はそうやって、命が危険にさらされる状況を避けてきたのです。「私たちの脳は悪い報せを精査し、それに過剰に集中して、過剰に反応して、過剰に学ぶ構造になっており、それに伴って徐々にネガティブなことに敏感になっていったのです[※13]」とハンソンは言います。

そしてこの敏感さゆえに、私たちは過去のネガティブな経験の記憶を呼び覚ますものを避けようとします。その結果、私たちは「行動を起こしたり、あらゆる種類の変化に挑んだりすることに身構え、緩慢になってしまうのです[※14]」。

つまり、かつては私たちの身を危険から守るための心の戦略だったものが、新しい経験や学びに対する柔軟性やオープンさが求められる現代社会では、逆効果になってしまうのです。またネガティビティバイアスは、ポジティブなことに対する反応も鈍らせます。良い経験は脳をすり抜け、「幸福が脳に届くのを阻《はば》むのです[※15]」。

中には、ネガティブなことに対して人一倍過敏に反応する人がいますが、その原因は過去の経験だけにあるのではなく、アドレナリンやセロトニンなど、ストレスを感じると分泌される神経伝達物質に対する脳の感度が人によって違うということもあります。『サイエンス』誌に掲載されたある論文によれば、ストレスでうつ病になるかどうかは遺伝子によって大きく左右されるそうです[※16]。また、脅威、屈辱、喪失や敗北にどう反応するかも遺伝子によって決まるそうです。

端的に言えば、ネガティブな出来事に対処するのが人一倍辛い人もいるのです。しかし私たちは誰でも、ネガティブなことに対してある程度の感度は持ち合わせています。その感度の違いの影響が様々な形となって出ることが、私の行った研究により明らかになりました。

同僚のアミール・エレズ、ジェイク・ゲール、トレバー・フォルクと私は、ネガティブまたは不作法な行為に接すると、人の思考プロセスにどんな影響があるかを調べました。私たちは214人の大学生を集めて6つのグループに分けました。そして政治、スポーツ、芸能の3つの分野における、野蛮またはニュートラルな行動が映ったインタビュー映像を見せました。例えば、野蛮な映像には、へッドコーチが記者に無礼な態度で応対している様子が、その比較対象となる映像には、同じヘッドコーチが普通またはニュートラルな態度でバスケットボールのトーナメントについて答えている様子が映っているといった具合です。

映像を見終わった参加者たちには、覚えている内容についてのアンケートに答えてもらいました。その結果、無礼な態度の映像を見た参加者たちのほうが、情報を処理したり思い出したりするのに苦労していました。彼らが思い出せた内容は、無礼な態度の映像を見ていない参加者たちに比べて12パーセントも少なかったのです。

次の調査では、4〜5人ずつのグループをランダムに作って、不作法グループと比較対象グループに分け、個人調査のアンケートに答えてほしいと依頼しました。参加者たちがアンケートに記入している最中に、学生に扮した役者が遅れて登場し、遅刻を謝罪します。どのグループでも、この学生は退室を促され、調査に加わることは許されません。ただ、比較対象グループの実験者は、遅れてきた学生にニュートラルな態度で退室を促します。一方、不作法グループの実験者は乱暴に「遅れてくるなんてどういうつもりだ？　無責任すぎるよ。そんなんで社会に出てやっていけると思ってるのか？」となじります。

その後、各グループの参加者たちには能力やクリエイティビティを試す様々な課題をやってもらいます。その結果、不作法なシーンを目撃した参加者たちは、アナグラム（ある単語や言葉の入れ替えによって異なる意味を持つ単語や言葉を作る言葉遊び）の出来は24パーセント悪く、思いついたクリエイティブなアイデアは29パーセント少なく、ブレインストーミングの課題でのクリエイティビティの水準は23パーセント低くなりました。別の調査では、不作法なシーンを目撃した参加者たちは、目撃していない参加者たちよりも、大切な情報を聞き逃している確率が27パーセント高くなりました。

次に私たちは、不作法に関連する言葉を読んだら、人はどうなるかを調べることにしました。まず参加者たちに言葉のリストを提供し、それを使って文章を作ってもらいます。参加者の半分には、「攻撃的に」「煩《わずら》わしい」「不快な」「イラつく」「妨げる」など、不作法を想起させる言葉を与えます。残りの半分の参加者には、不作法とは無関係な言葉を与えます。すると、不作法な言葉を読んだ参加者が使用した言葉の数は、そうでない参加者の3・5分の1でした。さらにアナグラムの出来は86パーセント悪く、ブレインストーミングの課題で出したアイデアは89パーセント少なく、そのアイデアはクリエイティビティが33パーセント低いと評価されました。

最後に、不作法な言葉を読んだ参加者は、集中するのにも苦労していることが見て取れました。彼らは、不作法な言葉を読んでいない参加者に比べて、決断を下すにも、回答を用紙に書き込むにも、著しく長い時間を要しました。ネガティビティが彼らを麻痺させたのです。トレバー・モアワドのようにあえてネガティビティを増幅させなくても、ほんのわずかな量で、私たちの潜在能力はダメージを受けるのです。

伝染するネガティビティ

ネガティビティはウイルス性です。それは、私たちが思う以上の破壊力を持っています。人のパフォーマンスの質を大幅に下げ、コミュニティ内の人間関係を蝕むだけでなく、最悪なことにそれは周囲の人々に伝染するのです。たとえほんのわずかな量でも、ネガティビティはチームメンバーに伝染します。

アレクサンドラ・ゲルバシとの共同研究では、ネガティブな感情が職場のネットワークを通じて広がることが明らかになりました。本人が、自分のネガティブな感情が他人に伝染し、それがチームや組織に甚大な損害を引き起こしていることに気づいていなくても、その影響は確実にあります。

例えば、私はクリスティン・ピアソンと共同で行った研究で、エグゼクティブMBAに登録したマネージャー137人が抱くネガティブな感情が、どんな影響を及ぼすかを分析しました。ネガティブな感情はやがて組織への悪感情へと姿を変え、その結果、彼らが仕事に費やす労力や時間は減少し、パフォーマンスのレベルは下がり、組織へのコミットメントも下がりました。また彼らは、同僚、上司、顧客、クライアントにもネガティブな感情を抱くようになりました。職場におけるネガティビティはコミュニケーションの断絶、協力態勢の欠如、情報や知識の共有の停止、そして生産性の低下へとつながりました[※17]。

メンタルでのウェルビーイングの低さも、伝染性の疾患と似ています。1万7000以上の企業の25万人の従業員を12年以上にわたって調査したある研究では、不安、うつ病、ストレス関連障害といったネガティブなメンタルヘルスは伝播《でんぱ》することが明らかになりました。精神障害の診断を受けていたり、（ネガティブなメンタルヘルスが蔓延している）不健全な組織を辞めたりした末に別の組織に移ってきた人は、ネガティブなメンタルヘルスの「キャリア」の役割を果たし、うつ病や不安やストレス関連障害などを周囲の人々に「植え付ける」そうです。それがマネージャーだと影響力は特に強く、「スーパースプレッダー」として、いともたやすく低いメンタル・ウェルビーイングをばら撒きます。[※18]

ネガティィビティの恐ろしさについてまだピンとこない人たちのために付け加えますと、近年の研究では、年を取ってからネガティィブ思考を繰り返すと認知機能の低下や、アルツハイマー病の原因となる2つの有害なタンパク質の脳への沈殿につながることがわかっています。[※19]

自分の周囲に、どのようなネガティィビティがあるかを考えてみましょう。新聞のニュース、ソーシャルメディア、耳に入ってくる会話、家族、友人、同僚や上司からのフィードバックなど、いろいろあるはずです。そしてさらに重要なのが、もしあなたがリーダーなら、どのようなネガティィビティを周囲に与えているか、ということです。

ネガティィビティに立ち向かうには

◎職場から排除する

無礼で暴力的で侮辱的で侮蔑的な言葉は決して許されないことを、スタッフに周知しましょう。あなたが本気であることを示すためにも、そうした言動には何らかの処分が下されることもはっきりさせておきましょう。

◎口に出す言葉に注意する

ネガティブな言葉には陰湿かつ潜在的な力があります。自分が何を考えるか、そして特に何を言葉にするかに注意して下さい。口に出して言ったことには、大きな力が宿ります。モアワドは彼の父が昔行った調査を元に、ネガティブな思考は、ただ考えるよりも口に出すと、10倍の威力で気力を挫《くじ》くことを発見しました。

◎ニュートラルな言い方に変える

目の前の状況の捉え方を変えてみましょう。「こんなひどいの見たことがない」、または「最悪だ」と言う代わりに、もっとニュートラルな言い方に変えてみるのです。例えば「挑戦しがいがある」という言い方なら、その状況の難しさと同時に、成長や学びのチャンスであることも感じさせます。事実を認識した上で、あなたとチームの足を引っ張る力を最小限に抑えるのです。

劇団セカンド・シティ（119ページ参照）では、オーディションやショーを前にあがっているパフォーマーに、「緊張する」ではなく「ワクワクする」と声に出して言うように指導します。またコミュニティ全体でのサポートも行っており、パフォーマーたちは本番前に「お互いに支え合おう。私はあなたを支えるから」という言葉を全員で唱えることにしています。

実験してみて下さい。24時間、ネガティブな言動を抑えるよう努力してみましょう。もちろん、どうしてもネガティブな考えは頭をよぎるでしょう。ただ、それを言葉にしてはいけません。自分の喋る言葉に意識的になり、賢く言葉を選んで下さい。それがあなたや、あなたの人間関係、仕事の成果

にどんな影響を及ぼすかを実感して下さい。[※20]

◎進歩を強調する

ハーバード・ビジネス・スクールのテレサ・アマビールとスティーブン・クレイマーは、クリエイティブなプロジェクトに携わる複数のチーム組織を対象に、日々の業務の遂行状況に関する日誌調査を10年以上続け、人々を日々突き動かすのは、進歩している実感だという結論に至りました。

にもかかわらず、集団の中で進歩というのは見過ごされがちです。[※21]高い成果を上げるチームは往々にして、日々のささやかな勝利を讃《たた》える手段としてスコアボードを活用しています。「ザ・マイティ」のオフィスには大きなホワイトボードが設置されており、記事を読んだ読者の数、イベントに参加したコミュニティメンバーの数などの推移が記録されています。従業員たちは頻繁にその数字を更新し、健闘を讃え合っています。

このアプローチは、変革の時期に特に役立ちます。リーダーシップと変革の研究者として世界的に有名なハーバード大学のロザベス・モス・カンターは、変革が難しいのは特に中盤だと言います。張り切っている序盤と、成果が現れる終盤はやる気に火がつきます。しかし中盤には、全てが困難で失敗しそうに思えます。見通しは崩れ、責任者は出費を渋り、往々にして想定外の障害や原因不明の遅れが生じます。中盤には、思ってもいなかったような苦労を強いられることが多々あるのです。

優れたリーダーは、この「惨《みじ》めな中盤」の中に進歩できるポイントを見出し、コミュニティを支え、鼓舞します。この時期を、新しいスキルや能力を伸ばすための絶好の機会と部下たちに思わせ、

少しずつでも前に進ませることができれば、そのマインドセットはどんどん広がっていくことでしょう。[※22]

リーダーは、チームが中盤の苦しい時期を乗り越えられるよう助ける必要があります。しかしそれだけではなく、時として最後に待ち受けている敗北に対処できるよう、力を貸さなくてはいけないときもあります。

非営利団体のパートナーシップ・フォー・パブリック・サービスのバイス・プレジデントであるティナ・サンは、組織がこの数十年の間に変革やM&Aや試練に遭遇するたびに、スタッフたちを導いてきました。会議室のテーブルの上に1箱のティッシュペーパーを置いて、チームと共に席に着き、（買収による）会社の喪失を嘆きつつ説明をするのです。ただしサンは、喪失感を認めることの重要性と共に、チームをそこから前進させることの重要性も承知しています。彼女の言葉を借りるなら、「嘆きの町を訪れるのは構いませんが、そこに住むわけにはいかないのです」。

◎思い出を作り、ノスタルジアとして利用する

チームを前進させるには、過去のポジティブな出来事や成果を思い出させると効果的です。勝利を蘇らせるのです。ノスタルジアを使って、目の前の心理的脅威に耐える力を増幅させましょう。[※23] 一日の仕事の前にノスタルジアに浸ると、嫌味なマネージャーなど仕事上のストレスにうまく対処できる傾向が高まります。[※24]

ノスタルジアは、不安や孤独感を和らげます。楽しかった過去の思い出話を頻繁にするカップル

は、えてして関係が良好です。[※25] ノスタルジアは人を寛大にし、それによって人間関係やコミュニティに恩恵をもたらします。[※26] また、クリエイティブな文章を書くのにも役立ち、課題を遂行したり、逆境を乗り越えたり、目標に向かって突き進む力にもなります。

チャペル・ヒルからイギリスへ移り住んだ社会心理学者のコンスタンティン・セディキデセスは、ノスタルジアの研究に革新を起こしました。彼はノスタルジアを「過去と現在をつなぎ、楽観的に未来を指さす内なる政治家」[※27] と称します。彼が推奨する「予期されたノスタルジア」は、未来にポジティブな思考となる思い出を、今作ろうというものです。[※28] 彼によれば、会社のイベントに関連するノスタルジックな記憶が多ければ多いほど、転職を考える従業員は減るそうです。誕生日のディナー、記念日、週末の旅行といったイベントの共通の記憶は長く残り、従業員ひいてはコミュニティへの賢い投資となるのです。[※29]

成長型マインドセット

モチベーション研究のパイオニアであり、『マインドセット 「やればできる!」の研究』（草思社）の著者キャロル・S・ドゥエックは、子供がなぜ成功するのか（あるいはなぜしないのか）、そしてどうやって成功を促進するかを研究する中で、「成長型マインドセット」という考え方を提唱しました。成長型マインドセットを持つ人は、努力、賢明な戦略、周りからのフィードバックなどを通じて自分の才能を伸ばすことができると信じています。

一方、「固定型マインドセット」の持ち主は、自分の才能は生まれつきで変えられない、あるいは才能など元々ない（だから自分には変化を起こす力がない）と信じ込んでいます。[※30]

ドゥエックたちは数十年もの研究を経て、成長型マインドセットが人々やコミュニティに有益であることを発見しました。[※31] それは努力をしようという意欲、そして努力が成功につながるという考えに結びつきます。[※32] 成長型マインドセットは粘り強さ、自己決定力、そして助けやフィードバックを進んで求める姿勢を生み出し、[※33] またこれが強いと、自発的に自らを成長させようとする傾向が高まります。

2010年、ドゥエックとそのチームはコンサルタント会社のセン・デラニーと共同で、成長型マインドセットが企業にどのような恩恵をもたらすかを調べ始めました。彼らは「フォーチュン1000」にランクインしている7つの企業の従業員たちを調査し、企業――そしてその従業員――は成長型か固定型どちらかのマインドセットに分類されるという結論に至りました。固定型マインドセットの企業の従業員たちは、重用されるのは一握りの花形社員たちだけだと感じていました。仕事へのコミットメントは低く、失敗することを恐れ、革新的なプロジェクトに挑む意欲も低めでした。また、仕事で手を抜いたり、周囲を出し抜いたりする傾向もありました。

成長型マインドセットの企業の上司たちは、固定型マインドセットの上司たちに比べて、革新的または協力的な姿勢を高く評価し、自分の部下には将来性があると信じていました。こうしたポジティブな気持ちは双方向で、成長型マインドセットの企業の従業員たちの会社への信頼度は47パーセント、会社への責任感とコミットメントは65パーセント、リスクを取ることを会社から後押しされているという感覚は65パーセント高くなりました。[※34]

◎成長型マインドセットを育むには
成長型マインドセットを伝授し、自ら手本を示す

リーダーや組織は、人々を成長型マインドセットへと促すことで、その恩恵にあずかることができます。[※35] マイクロソフトでは、まさにそれが起こりました。サティア・ナデラは2014年に同社のCEOに就任した際、マイクロソフトのカルチャーの刷新を自らのミッションに掲げ、その変革の軸に成長型マインドセットを据えることを決意しました。彼にとって、CEOのCは「カルチャーのキュレーター（curator）」を意味していました。著書『Hit Refresh（ヒット・リフレッシュ）――マイクロソフト再興とテクノロジーの未来』（日経BP）の中で彼は、マインドセット、とりわけ成長型マインドセットはマイクロソフトを刷新する上で一番重視したものであり、会社の魂を再発見する助けになったと述べています。

最初の数カ月間、彼は「全てを知れ」というカルチャーではなく、「全てを学べ」というカルチャーの価値について説き続けました。「私は機会があるたびにその話をしていました。そして、成長型マインドセットをより鮮明かつリアルにするために、仕事のやり方や行動を変えるチャンスを探していました[※36]」。

彼は率先して手本を示しました。自分が学んだことについて語る動画を毎月共有し、社内のチームにも自分たちが学んだことについて語るよう促しました。また、従業員に成長型マインドセットを教えるために対話形式のオンラインモジュールを作りました。さらに、チーム内で成長型マインドセッ

トについて有意義な対話が促進されるよう、マネージャーたちに手引き書を作成しました。

成長型マインドセットを実行に移す

２０１４年、マイクロソフトのカルチャーを変革し、世界をより良い場所にするためにリスクに挑むことを従業員に促すためのナデラの試みの一環として、マイクロソフトは1週間のハッカソンを開くことにしました。ハックは元々コンピュータプログラマーたちの間で長く受け継がれてきた伝統で、各々のプログラミング・スキルを持ち寄って問題解決のための近道を見つけようというものです。

しかしナデラの打ち出したハッカソンは、まったく別物でした。それは全社を挙げてのイベントであり、通常の職務から離れたプロジェクトにスキルやアイデアを提供することを、全部署の従業員やインターンに呼びかけたのです。

参加は各自の自由であり、マイクロソフト側はどれほど集まるか半信半疑でしたが、蓋《ふた》を開けると83カ国から1万２０００人以上の従業員が参加しました。彼らはテレビゲームの中の性差別をなくす、産業サプライチェーンのオペレーションを向上させる、ディスレクシア（文字を読むことに困難がある障害）の子供たちの学力を上げるといった目標を掲げて、３０００以上のハックを行いました。その年優勝したのは「アビリティ・アイ・ゲイズ」です。ＡＬＳ（筋萎縮性側索硬化症）などの障害を持つ人々が目の動きで車椅子やパソコンを操作できるようにするインターフェースでした。

大好評を博したハッカソンは毎年恒例のイベントとなり、参加者の数は年々増え続けています。さらにこれは、成長型マインドセットに対するナデラの考え方を具現化した働き方および考え方へと進化していったのです。

成長型マインドセットを見つけたら、それを認める

マイクロソフトのゲーム部門のバイス・プレジデントであり、Ｘｂｏｘチームとクリエイティブおよびエンジニアリングチームを統括するフィル・スペンサーは、ナデラが考える成長型マインドセットを体現する人物です。数年前、スペンサーと彼のチームは、大ヒットゲームのマインクラフトを開発したスウェーデンの会社モヤンに興味を抱きました。マインクラフトはゲーム愛好家にはもちろん、クリエイティビティや共同作業や探索力が求められるその特徴ゆえに教師たちからも支持されていました。ナデラがＣＥＯに就任する前、スペンサーはマイクロソフトがマインクラフトを獲得すべきと進言していましたが、当時の彼の上司は動こうとしませんでした。

それでもスペンサーはめげませんでした。マインクラフトはマイクロソフトにぴったりのゲームだと信じ、モヤンと良好な関係を続け、信頼関係を育みました。その後、ナデラがＣＥＯに就任してから間もなく、モヤンが売りに出されているというメールを受け取ったスペンサーは、このチャンスをナデラに報告しました。今回彼の進言は受け入れられ、マイクロソフトは25億ドルでモヤンを買収しました。

それ以降、スペンサーとそのチームは、マインクラフトを様々なプラットフォームでプレーできるように開発してきました。今ではＸｂｏｘはもちろん、ニンテンドーやプレイステーション、さらにはタブレット、スマートフォン、パソコンでもプレーができ、マインクラフトは今や、史上最大のヒ

ットゲームの一つとなっています。[※37]

ナデラはマインクラフトを、成長型マインドセットの象徴的存在と捉えています。なぜならそれは、「我が社のモバイルやクラウド技術の利用者たちの間に新たなエネルギーとエンゲージメントを生み出し、教育やソフトウェアの分野に新しいチャンスをもたらしたから」です。彼にとって、マインクラフトを追いかけ続けたスペンサーは、成長型マインドセットがあれば困難を覆して大きなことを成し遂げられることを体現した人間なのです。

ナデラが成長型マインドセットを重視した結果はどうなったでしょう？　２００１年から２０１４年まで、マイクロソフトの時価総額と株価に大きな変動はありませんでした。しかしナデラが指揮を執るようになってからは、時価総額と資本金と株価は3倍以上に増加しました。[※38]

コミュニティの学びに投資する

第8章に登場したＥＸＯＳの現ＣＥＯであるサラ・ロブ・オヘイガンは、ずっとファイナンスには近寄らないようにしてきたそうです。実際、彼女はそれを「忌み嫌って」いたのです。しかし、「ゲートタレード」のグローバル・プレジデントに就任した際、彼女は事業の全ての側面を統括しなければならないことに気づきました。そこで彼女は、上司のマッシモ・ダモアにファイナンスの講座を受けたいと直訴します。彼はそれを聞き入れただけでなく、名門のハーバード・ビジネススクール・エグゼクティブ・エデュケーションに彼女を送り込みました。

プログラムの期間中、彼女は毎晩のように夫に電話をして「私、完全なファイナンスオタクになりそう」と話していたそうです。オヘイガンは、このとき学んだことのおかげで、より経験豊かでバランスの取れた重役になれたと感じています。ファイナンス関連の会話を理解し、的を射た質問ができるようになり、それに対して返ってきた答えから、会社に必要なものに対する理解をさらに深めることもできるようになりました。「もうファイナンスをちんぷんかんぷんとは思いません」[※39]と彼女は言います。

ポジティブなマインドセット

ジェス・トウズは、ポジティブなマインドセットを体現しています。彼女はどんな状況にあっても生き残って繁栄するための道を見出し、周囲の人たちにパーパスと喜びを感じさせることができる人です。彼女と同じ魂を持ち、それを数十万人もの従業員を雇用する世界的企業で発揮してきたのが、第6章に登場したマリオットの最高人事責任者デヴィッド・ロドリゲスです。

２０１４年5月、ロドリゲスは家族と休暇を過ごしていました。午前中はビーチのゴミ拾いに参加し、昼食のために休憩を取った彼は、かかりつけの医師から至急連絡が欲しいというメッセージを受け取りました。電話をかけ直した彼に告げられたのは、深刻な状態のがんが見つかったので、今すぐジョンズ・ホプキンス病院に入院してほしいということでした。助かりたいなら過酷な治療を耐えねばならず、それも今すぐ始めなくてはならないと。

打ちのめされてもおかしくない状況でした。彼は、待ち望んでいた末にようやく訪れた休暇をこのまま家族と共に過ごし、治療を先延ばしにすることもできました。待ち受ける試練への恐怖に溺《おぼ》れ、グズグズと迷うこともできました。あるいは、そんなに辛い治療など受けたくないと拒否することもできました。しかし彼は、医師の助言に従ってすぐに帰宅し、翌日には病院を訪れてネガティブな報せに向き合いました。

その後、数カ月に及ぶ入院生活では、毎日3時間ごとの化学療法に耐えなくてはなりませんでした。免疫力が低下しているので見舞い客もごく限られており、彼はまるで「バブルの中にいるような気分」だったと言います。

担当医師たちからは、入院期間は1年ほどと言われていましたが、ロドリゲスはいずれ退院して、通院しながら治療を続けたいと思っていました。その願いに後押しされるように、彼は行動を起こし始めます。「体が治療に慣れてきた頃、ある考えが浮かびました」。彼は、「通院治療に移行するには、体力がついただけではなく、精神的にも強くなったと医者から思ってもらわないといけない」ことに気づいたのです。彼は体力をつけるために、精力的に病院の廊下を行ったり来たりするようになり、その距離を記録につけ始めました。「私が病棟内をウロウロ歩き回っていることはすぐに病院スタッフたちに知られ、〝ウロウロキング〟というあだ名を付けられました」。

見舞い客が制限されている中で孤独に苛《さいな》まれた彼は、心の健康を取り戻すために、毎日接する人たちとの距離を縮めることにしました。担当医療チームの面々です。

彼は持ち前のユーモアのセンスを生かして、看護をしてくれる人たちに冗談や一発ギャグを投げかけ始めました。「するとみんな笑ってくれるようになりました。病棟内を歩くことで顔見知りも増えていき、点滴スタンドを引っ張りながら彼らと歩く速さを競うこともありました」。ポジティブな時間を感じられるようになったロドリゲスは、ユーモアこそが献身的なスタッフたちに自分が贈れるプレゼントだと感じていました。[※40] こうして、彼の孤独感は徐々に和らいでいきました。彼は「私はコミュニティを作りたかったんです」と言います。日々のささやかな行動が、「私たちの間にある壁を崩しました」。

退院予定日を早めて、通院治療に切り替えるかどうかの決断が下される日、ロドリゲスは「アカデミー賞並みの芝居」を打ちました。早朝に目覚めると、彼は点滴スタンドをつなげた状態で、デスクにラップトップパソコンなどの仕事道具を並べました。そしてブルートゥースのスピーカーでお気に入りの曲を大音量で流しながら、iPad でメールを打ち始めました。医師と病院スタッフたちが朝の回診にやって来たとき、ファレル・ウィリアムスの「ハッピー」が流れる中、ロドリゲスは iPhone で友人と笑いながら話していました。その後しばらくして、退院が決まったとの報せが彼の元に届きました。そして彼の思惑どおり、「〝仮釈放〟の決め手となったのは私のパフォーマンスだと、看護師から言われた[※41]」のでした。

３カ月間の入院生活と、その後９カ月間の週２度の化学療法を経て学んだことは、個人的にも仕事上でも彼の財産となりました。彼はネガティブな感情――メンタルヘルスの不調から来る不安、憂うつ、ストレスなど――は伝染することに気づき、周囲に広めないよう注意するようになりました。それだけでなく、自分が前向きな態度でいることで、看護師や医師たちが日々受ける衝撃――苦しむ患者の泣き声やうめき声、悲観的な診断、患者が亡くなったときに部屋に張り巡らされる黄色いテープ

――を少しでも和らげられたらと考えたのです。

マリオットに戻ったロドリゲスは、テイクケア（Take Care）プログラムをもっと包括的に捉えるよう従業員たちに呼びかけました。彼は入院期間中に、ウェルビーイングとは一緒に働き、交流し、暮らす人たち、さらには社会全体とのつながり全てを含むものだと気づきました。そうしたつながりを構築することで、人はパワーを得られます。看護師たちを笑わせることができたときの彼が、まさにそうでした。

ロドリゲスが学んだのは、「大がかりなことではなく、些細な言動でいい」ということでした。彼はこう付け加えます。「人生には、自分ではどうしようもないことが山ほどあります。でも、私たちはそこで重要な選択をすることができます。ポジティブでいることを選べるのです。些細なことにユーモアを見出せば、毎日笑いによって心を癒やすことができます。自らの逆境を、希望の贈り物に変えて他の人に与えることができるのです[※42]」。彼は経験から、どんなときでも他人の人生に変化をもたらすことができると学びました。それは、辛い時期に一緒に笑うといった、シンプルなことでいいのです。

かつては「全ては考え方次第」というのは、現実は変えようがないということを前提にした言い方で、思考や感情の重要性を蔑《ないがし》ろにしたものでした。しかし今の私たちは、心の働きが良くも悪くも現実に変化を起こすことを知っています。この章に登場する人たちは皆、マインドセットで自分自身やそのコミュニティにポジティブな変化を起こしました。

自分のマインドセットがチーム、家族、組織やコミュニティにどのような影響を及ぼしているか考えてみましょう。あなたのマインドセットは彼らを力づけもするし、弱らせもします。ニュートラルなマインドセットは、過去から学んでより良い未来へ進んでいくことで、喪失や失望を乗り越える助けになります。成長型マインドセットがあれば、最善の自分を引き出し、それをコミュニティに生かすことができます。ポジティブなマインドセットを保てれば、試練と向き合うことが容易になり、周囲の人たちを鼓舞することもできます。なぜならネガティビティが感染力の高いウイルスであるのと同様、ポジティビティも伝染性だからです。

デヴィッド・ロドリゲス、ラッセル・ウィルソン、ジェス・トウズ、サティア・ナデラ、そしてトレバー・モアワドは全員、どうすればマインドセットを使って自らのみならず、周囲の人たちの人生までより良いものにできるかの手本を見せてくれています。私たちはチームの再生力を高めることもできますし、彼らが失敗に囚われずに前に進めるよう助けることも、気持ちを行動に移すにはどうしたらいいかを教えることもできます。人生に流れ込むネガティビティを止めることはできなくても、自分を取り囲む人や物、取り入れるマインドセット、消費する情報を賢く選ぶことで、その悪影響に抗《あらが》うことはできます。

そうした選択は、あなただけでなく周囲の人たちにも幸せをもたらします。ロドリゲスたちのように、あなたもマインドセットを通じてコミュニティを活気づけることができるのです。ラッセル・ウィルソンは「最高の時はこれから」を座右の銘としており、コミュニティにも頻繁にそう呼びかけています。あなたには、自分が思う以上の感染力があります。私たちはウイルスのキャリアであり、良くも悪くも他の人たちのマインドセット、メンタルヘルス、潜在能力に影響を及ぼしているのです。

コンクルージョン　ウブントゥを探して

私の国には〝ウブントゥ〟という言葉があります。それは人間であるための本質です。ウブントゥは、孤立の中では人は人として存在できないことを表す言葉であり、相互の結びつきを表す言葉です。ひとりぼっちでは、人は人たり得ません。ウブントゥを備えた人の寛大さは知れ渡り、その行為は広まっていきます。そしてそれは人類全体のためになるでしょう。

——デズモンド・ツツ

2007年の秋、マーケット大学の理事会が開かれ、その昼食の席で、理事会メンバーで、かつて同級生だった2人の人物が会話を交わしました。1人は大学のミッション&アイデンティティ事務室の代表ステファニー・ラッセルで、もう1人は当時NBAのボストン・セルティックスのコーチだったドック・リバースでした。

セルティックスはちょうど、24勝58敗という不振のシーズンを終えたばかりでした。数週間後には合宿が控えていましたが、参加予定の選手15人のうち9人が新人という状況でした。「私たちには、お互いを結びつける何かが必要でした」とリバースは振り返ります。

そしてこのとき、ラッセルの口から語られたのが「ウブントゥ」という言葉でした。「彼女からそれを聞いた瞬間、私は『それだ！　その言葉だ。それこそが理念だ。まさに求めていたものだ』と言いました」。

リバースがウブントゥを教えると、チームからはエゴが消え去り、選手たちは与えられた役割を何でも受け入れるようになりました。共通の目標とそこへ至る道筋を見据え、チームは一つになったのです。「あの言葉がなかったら、まったく違ったシーズンになっていたでしょう」とリバースは言います。「私たちのチームにとって、完璧な理念だったのです」。

２００８年、セルティックスは前シーズンの24勝58敗から66勝16敗という史上最大の巻き返しを見せ、優勝を果たしました。

選手たちの多くは、この巻き返しは彼らのスローガンとなったある言葉のおかげだと語っています。彼らはその言葉をブレスレットやTシャツにプリントし、ロッカールームに貼り出し、円陣を組むたびに叫びました。[※1]

ウブントゥは魔法のスローガンであり、彼らが戦う理由全てがそこに集約されていました。

ウブントゥはバントゥー族の言葉で、「あなたがいてくれるから私がいる」という理念を表しています。

ウブントゥはあなたの職場やコミュニティを根本から変える理念となるでしょうか？　ウブントゥには様々な意味があります。

- 同じ目標に向かって共に進む。
- チーム内の互いの役割を理解する。
- 互いに成功へ向けて後押しし合う。
- 互いに敬意を持って接する。
- フィードバックを与え合うことで互いに導き合う。
- 良いときも悪いときも互いに支え合う。
- 勝利を讃える。
- 敗北から学ぶ。

生活の中にウブントゥを取り込むにはどうしたらいいのでしょう？　人とつながるチャンスを探して下さい。しばしの間電子機器から離れて、コミュニティの人たちと向き合いましょう。誰かと一緒に自然の中にハイキングに出かけましょう。自ら進んで、ご近所さんやコミュニティのメンバーの力になりましょう。感謝状を贈りましょう。家族や友人を訪ねましょう。一緒に料理をしましょう。皆で集まる場を設けましょう。人を優先するのです。

２０１７年、テクノロジー業界に入って20年になるカーラ・ピネイロは、２年半前からラックスペースの最高マーケティング責任者を務めていました。それはちょうど会社に売却の話が持ち上がった時期で、最終的には売却が決まったものの、カーラのキャリアの中で最も大変なときでした。「ある朝キッチンに座って視線を上げると、子供たちがお弁当をバッグにしまい、夫が朝食を作っているのが目に入りました。お互いに一言も口をきいていませんでした」とカーラは言います。「自分の家にいるのに、幽霊になった気がしました。そんなのは私の望んだ人生ではありません。私は途方に暮れ、ひとり取り残された気分でした」。

キッチンでのその瞬間によって、彼女は自分の人生において最も重要な者たち――主に当時14歳と11歳だった子供たちと夫――ともう一度結びつかなくてはいけないと気づきました。彼女は仕事を辞め、彼らそして自分自身へと戻るために、まるまる1年間休むことを心に誓いました。

当初は具体的なプランは何もありませんでしたが、約1カ月後、コミュニティ意識が高い次世代のリーダー育成を目指すヘンリー・クラウン・アンド・カンパニーの特別研究員として、彼女はグローバルリーダーシップに関するアスペン研究所のセミナーに参加しました。彼女はそこで、「とにかく人との結びつきを重視する」※2ネルソン・マンデラやデズモンド・ツツの理念について学びました。

そこで過ごした1週間で、彼女はこの1年で自分ができる最も有意義なことは、子供たちの「バブルを弾けさせる」ために世界に連れ出すことだと思いつきました。彼女の家族は4回の大旅行を計画し、インド、ブータン、メキシコ、クロアチア、フランス、イタリア、日本を訪れることにしました。それぞれ数週間に及ぶ旅の中で、様々な文化に触れることにしたのです。彼女たちは「ウブントゥを探して」と名付けたこの旅に、電子機器はほぼ何も持っていかないことを決意しました。持っていくのは、「私たちは無事だと親戚に知らせるため」の旅の日誌をアップロードするためのノートパソコン1台だけでした。

1年に及ぶこの休暇で、カーラは「仕事抜きでの自分は何者なのかを考えるようになりました。それまで私は、調子はどうだと人から聞かれると、仕事の調子について答えていました。それに私は、自分の心と完全に断絶していました。私は家庭用と仕事用の2つの人格を形成していて、それぞれが分離していました。でもこの1年で、その2つが融合したのです」。

その1年でカーラが最も驚いたのは、子供たちが見せる絆の作り方でした。それは互いに対するものであるのはもちろん、旅先で出会う文化や年齢を超えた人たちとのものでもありました。子供たちは、彼女が時に見過ごしてしまうような状況の中にもコミュニティを見出していました。

インド旅行中の夕食の席で、彼女は息子に、その日にオールドデリーとアグラで見た光景についての感想を尋ねてみました。コミュニティがあったと答える息子に、彼女はさらに尋ねました。「路地で水浴びをしていた男の人たちがいたけれど、どう思った？」。彼は答えました。「だから何？　あの人たちはそれでうまくやっているんだよ」。カーラは、自分が憐憫《れんびん》の情で眺めた光景に、息子は共同体としての有意義な行為を見ていたことに気づきました。「息子の言うとおりでした。私たちは家族、友情、仕事、食べ物、楽しみ、宗教などの在り方を、そしてそれがいかに普遍的なものかを目の当たりにしたのです」。

カーラはこの旅によって自分自身、そして世界における自分の場所への理解を深めましたが、その一方で彼女と家族は、世界の果てまで行かなくても人との結びつきは見つけられるという教訓も学びました。それは身近な場所から、1銭もかけずに実行できます。ただしそれには、テクノロジーから離れて、相手と向き合うという決意が必要です。相手の話に耳を傾けたり、一緒に食事をしたり、その日の出来事を話したりするのです。

彼女が仕事から離れているとき、親しい友人が彼女にこんなことを書いて送ってきました。「たくさん旅行をしたけれど、私にとって一番大きな気づきだったのは、旅先で学ぶ様々な教訓は自宅にいても学べたということでした。私たちが求めてやまない人とのつながりや愛情は、すでにここにあります。そしてより深く成長するチャンスもすぐそこに、なんなら鏡の中にあるのです[※3]」。

それでも、ウブントゥ――帰属意識と相互の結びつきへの実感は、多くの人にとってとらえどころのないものです。それを見つける方法の一つが、すでにそれを習得していると思われるコミュニティや組織に身を置くことです。

「ウブントゥを探して」の旅に出かける前、カーラの目標はＣＥＯになることでした。しかし旅が終わった後、彼女はその価値観を心底素晴らしいと思える会社の、最高マーケティング責任者の職を選びました。「旅を通して気づいたのは、仕事を選ぶ際、最も重要な要素となるのは、誰と一緒に働くかということです」と彼女は言います。様々な組織がある中、彼女の選択の基準となったのは、人と人との結びつきに価値を置いているかどうかでした。

適切な展望の下に組織やコミュニティを育めば、そこは人々や社会が輝く場所となります。人々が集《つど》って一つになり、互いに支え合う場所となるのです。そこで私たちは、たとえささやかな行動でも、同じコミュニティにいる誰かのために変化を起こすことができると学ぶのです。

家族、友人、宗教的な集い、職場など、コミュニティは様々あります。そこをウブントゥのある場所にできるかどうかは、私たち一人ひとりにかかっているのです。

謝辞

私は素晴らしい両親、家族、友人、教師、教会、コミュニティたちに鼓舞され、繁栄するコミュニティとは何かを教えられてきました。ギルモア、カレッジ・オブ・ザ・ホーリークロス、そしてノースカロライナ大学チャペル・ヒル校での経験が、私の未来と興味を形作ってくれました。また本書を書くきっかけとなった「ザ・マイティ」のコミュニティにも感謝を贈ります。

本書でご紹介した数々の鋭い洞察は全て、私に話をしてくれた数千もの人たちが生み出したものです。彼らの率直さは、20年以上も私を導き、鼓舞してくれています。特に感謝をしたいのがサラ・レイ、マーシャル・ゴールドスミス、ドリー・クラーク、アリサ・コーン、マリアンヌ・スメゴ、タウニー・ジョーンズ、アドリエンヌ・ボアシー、フラン・カツオダス、キム・スコット、ラルフ・ボイド、ベッキー・カニス・マージオッタ、ジョー・マッキャノン、ロザンヌ・ハガティ、ライアン・マルティネス、ゲイリー・ケリー、ホイットニー・アイヒンガー、ラクエル・ダニエルズ、マイケル・ニクソン、アマン・ブータニ、ジェン・オトゥームニー、カレン・ティルマン、レベッカ・オニー、ジェレミー・アンドラス、ジェン・ウォルターズ、ジョーダン・パック、クリス・ルー、スチュアート・プライス、マット・デイリー、ケリー・レオナルド、クリスタ・クオールズ、クリス・オニール、アラン・フリードマン、エイミー・ダンブラ、エリー・ダンブラ、キム・マレク、ジーン・シャロン・アボット、デヴィッド・ロドリゲス、リー・エバート、ミン・タム・クアン・ツィ、ディーアン・ホブス、ヨーゼフ・ラダニー、ジュリアン・ロウリー、ジェハン・スアニコ、トム・ガードナー、デヴィッド・ガードナー、リー・バーデイジ、カラ・チェンバース、スティーブン・M・R・コヴィー、サンジェイ・アミン、エリック・ディクソン、トッド・ウィーズマン、ローラン・フリン、ジェナ・アダムス、キャロル・フリン、ターシャ・ユーリック、ピーター・シムズ、スーザン・デイビッド、アンソン・ドランス、マーク・バーステーゲン、エイミー・バーステーゲン、サラ・ロブ・オヘイガン、アリソン・シュープ、アマンダ・カールソン・フィリップス、マイケル・フォーマン、アレクサンドラ・ウィックセル、ジェン・フィッシャー、ダン・ヘルフリッチ、イザオ・チャン、ジェス・トウズ、ラヴィ・サミー、アニヤ・サンチェス、リック・ロフグレン、ラッセル・ウィルソン、ハリソン・〝ハリー〟・ウィルソンⅣ、トレバー・モアワド、D・J・エディソン、ティナ・サン、ニーナ・バカ、カーラ・ピネイロ・サブレット、ヤ・ティン・リーフ、ジェフ・マクヘンリー、ミミ・ウィーバー、マシュー・デイビス、メアリー・マリガン・ソーン、ジョー・ソレット、バーバラ・レイノルズ、そしてティナ・クインです。ラズロ・ボック、ジェニファー・カーコスキ、グーグルのリ・ワークカンファレンスとグローバル・ピープル・オペレーションのミーティングにも感謝します。

フレッチャー&カンパニーのチームにもお礼を言います。私を導いてくれた文芸エージェントのグレイニー・フォックスとクリスティ・フレッチャーにも感謝しています。2人が私を鼓舞し、揺るぎないサポートをしてくれたおかげで、この本は出版に漕ぎ着けました。絶えず貴重なアドバイスをしてくれながら、率直な意見と思慮深い編集をしてくれた優秀な編集者ベス・ラシュバウムにも感謝を。

この本の立ち上げの時点でフィードバックをくれたセス・シュルマンとレイチェル・ゴステンホファーにもお礼を言います。師であるクリスティン・ピアソンと、数十年もの間一緒に仕事をしてこられたことをありがたく思っています。私は彼女から多くを学びました。またジェーン・ダットン、トム・ベイトマン、エド・ローラーにも多くを教わりました。

　私を信じてこのプロジェクトを支えながら、比類なきフィードバックをくれたグレッチェン・ヤングとグランド・セントラル・パブリッシングにも心から感謝しています。レビューをくれたキャロリン・レビン、見事な校閲をしてくれたアンジェリーナ・クラーンにもお礼を。グランド・セントラル・パブリッシングのヘイリー・ウィーバーたちがしてくれた全ての仕事に感謝しています。

　トニー・シュワルツ、アミール・エレズ、アレクサンドラ・ゲルバシ、グレッチェン・スプライツァー、クリスティーナ・ギブソン、ロブ・クロス、クリスティン・カレン・レスター、アンドリュー・パーカーら同僚との共同作業も素晴らしい経験でした。私を励まし、支えてくれたライアン・ガプスにもお礼を。ボブ・サットンのサポートと知恵はありがたく、内なるトライブと繁栄に関するサヌープ・ルークの考えはとても参考になりました。ダニエル・ピンク、マーク・ケネディ、アダム・グラント、キンバリー・パーチュラ、ジョー・マッキャノン、ジェイ・カーソン、エイミー・ヴェジェスニエフスキー、エイミー・ガロ、ヘザー・ナイト・アハーン、ローレン・ジョージ、ベイリー・オドネル、ローラ・ヘイスティングス・フェイスの支えと励ましにも感謝しています。

　そしてとびっきりの感謝を家族に捧げます。いつもサポートしてくれる両親、マーク・ポラス、キャリーとトリップ・チェリー、マイクとサラ・ポラス、姪と甥たち。そして親しい友人たちはいつも私の心を弾ませ、笑顔にしてくれます。

〈著者略歴〉

クリスティーン・ポラス（Christine Porath）

ジョージタウン大学マクドノー・スクール・オブ・ビジネス准教授。
活気ある職場を作ることを目的とし、グーグル、国際連合、世界銀行、マイクロソフト、ジェネンテック、マリオット、3M、ベライゾン、フォード、世界保健機関、クリーブランド・クリニックなどで講演やコンサルティング活動を行う。
その仕事は、CNN、BBC、NBC、MSNBC、CBS、ABC、『タイム』『ウォール・ストリート・ジャーナル』『フィナンシャル・タイムズ』『フォーブス』『フォーチュン』『ニューヨーク・タイムズ』『ワシントン・ポスト』など、世界中の1500を超えるテレビ、ラジオ、紙メディアで取り上げられている。
ノースカロライナ大学チャペル・ヒル校ケナン＝フラグラー・ビジネス・スクールにて博士号取得。博士号を取得する以前は、スポーツ・マネジメントとマーケティングを行う大手企業IMGに勤務。著書にベストセラーとなった『Think CIVILITY 「礼儀正しさ」こそ最強の生存戦略である』（東洋経済新報社）がある。

〈訳者略歴〉

早野依子（はやの　よりこ）

1970年、鎌倉市生まれ。慶應義塾大学法学部政治学科卒業。出版社勤務を経て、青木日出夫氏に師事し、翻訳を学ぶ。
訳書に、『あなたに奇跡を起こすやさしい100の方法』『あなたに奇跡を起こす小さな100の智恵』（以上、ＰＨＰ文庫）などがある。

装丁：一瀬錠二（Art of NOISE）

Think COMMUNITY「つながり」こそ最強の生存戦略である

2023年1月10日　第1版第1刷発行

著　　者　　クリスティーン・ポラス
訳　　者　　早　野　依　子
発 行 者　　永　田　貴　之
発 行 所　　株式会社ＰＨＰ研究所

東京本部　〒135-8137　江東区豊洲5-6-52
ビジネス・教養出版部　☎03-3520-9615（編集）
普及部　☎03-3520-9630（販売）
京都本部　〒601-8411　京都市南区西九条北ノ内町11

PHP INTERFACE　https://www.php.co.jp/

制作協力
組　　版　　株式会社PHPエディターズ・グループ

印 刷 所　　株 式 会 社 精 興 社
製 本 所　　株 式 会 社 大 進 堂

ISBN978-4-569-85347-5